金融普及教育丛书

# Microfinance in Asia

# 亚洲国家的小额信贷扶贫实践

Christopher Gan
Gilbert V. Nartea

[新西兰]克里斯托弗·甘　吉尔伯特·V.纳尔蒂亚　编著
王玮卓　张巨勇　译

东北财经大学出版社
Dongbei University of Finance & Economics Press
大连

辽宁省版权局著作权合同登记号：06-2021-93



**图书在版编目（CIP）数据**

亚洲国家的小额信贷扶贫实践 / （新西兰）克里斯托弗·甘（Christopher Gan），吉尔伯特·V.纳尔蒂亚（Gilbert V.Nartea）编著；王玮卓，张巨勇译. —大连：东北财经大学出版社，2022.7
（金融普及教育丛书）
ISBN 978-7-5654-4651-1

Ⅰ. 亚…　Ⅱ. ①克… ②吉… ③王… ④张…　Ⅲ. 信贷管理-研究-亚洲　Ⅳ. F833.04

中国版本图书馆CIP数据核字（2022）第192744号

东北财经大学出版社出版发行
大连市黑石礁尖山街217号　邮政编码　116025
网　址：http://www.dufep.cn
读者信箱：dufep @ dufe.edu.cn
大连天骄彩色印刷有限公司印刷

幅面尺寸：185mm×260mm　字数：216千字　印张：10.25
2022年7月第1版　2022年7月第1次印刷
责任编辑：李　季　吉　扬　责任校对：张晓鹏　孟　鑫
封面设计：原　皓　版式设计：原　皓
定价：39.00元

教学支持　售后服务　联系电话：（0411）84710309
版权所有　侵权必究　举报电话：（0411）84710523
如有印装质量问题，请联系营销部：（0411）84710711

# “金融普及教育丛书”编委会
## （以姓氏拼音排序）

# 译者序

近几十年来，小额信贷规模迅速增长。小额信贷在减贫和为农村地区家庭提供金融服务方面发挥着重要作用。小额信贷有效弥补了商业银行和其他信贷机构在减贫及为农村地区提供信贷方面的不足。基于这一原则，本书概述了小额信贷项目的发展以及在亚洲国家范围内影响农村家庭获得小额信贷的决定因素。与传统教科书的章节不同，本书的每一章都自成一体，展现了不同国家特定的农村信用特征和实例。该书的结构如下：第1章概述了小额信贷的概念及相关理论；第2章描述了越南农村信贷市场和小额信贷发展状况；第3章介绍了马来西亚的小额信贷机构；第4章概括了泰国的小额信贷系统；第5章介绍了菲律宾农村金融市场和信贷投放系统；第6章介绍了孟加拉国的小额信贷市场；第7章为结论。最后两章分别选取了我国和印度尼西亚小额信贷在扶贫、减贫方面的应用实例。第8章为农村信用合作社小额信贷项目对农户的可及性和影响：以中国湖北省为例；第9章介绍农村小额信贷银行的可行性和推广：以印度尼西亚人民银行为例。

在新西兰留学期间，本人有幸成为克里斯托弗·甘（Christopher Gan）教授的学生，并获得甘教授在硕士论文和博士论文撰写期间的悉心指导。甘教授是新西兰农业经济方面的专家，并多次与世界银行展开科研合作，探索泰国和印度尼西亚椰子种植农户的脱贫及增收机制。本人在攻读学位期间，深受导师勤恳的工作态度和严谨的治学理念影响。导师多年来一直保持着工作到凌晨的科研习惯，对每一位学生的问题及需要修改的文章都是当天回复从不拖延。甘教授在紧张的科研工作之余也一直与海外高校保持紧密的合作，甘教授目前担任新西兰林肯大学-尤努斯社会商务中心主任、农商学院硕博委员会主席，福建农林大学“闽江学者”讲座教授等职务。

在本书的翻译过程中，首先要感谢我的合作者张巨勇教授给予的大力支持。无论是在翻译之前联系出版社，还是在翻译过程中以及翻译完成之后的校对过程中，张巨勇教授都给了我很多建议和帮助。其次要感谢东北财经大学出版社的李季老师卓有成效的工作。此外，译者感谢国家自然科学基金面上项目（批准号：72073099）、辽宁省社会科学规划基金项目（批准号：L18BJY017）以及大连民族大学人文社会科学类研究项目

（批准号：202002037）的资助。

由于本人的能力所限，书中部分内容的翻译未能尽如人意。虽然我们对小额信贷在扶贫及减贫领域的研究和学习还不够深入，尤其是对我国小额信贷在扶贫及防返贫工作中的作用还有待挖掘，但我们将本书中有关小额信贷的概念、理论及其在亚洲国家扶贫和减贫中的作用进行了清晰的描述，这将有助于读者全面理解其在扶贫和减贫领域的作用，进而把握小额信贷在未来经济活动中更深远的应用。最后，在全书的翻译过程中出现的错误和问题，恳请专家和读者批评指正，我们不胜感激并进一步改进。

**王玮卓**

2022年7月

# 目 录

# 第1章　小额信贷概述

*Christopher Gan*, Gilbert Nartea† and Li Xia‡*

*Professor in Accounting and Finance, Faculty of Agribusiness and Commerce, Department of Financial and Business System, PO Box 85084, Lincoln University, Christchurch, New Zealand

Christopher.Gan@lincoln.ac.nz

† Associate Professor, Chairperson, Department of Finance, Waikato Management School, University of Waikato, Private Bag 3105, Hamilton 3240, New Zealand

narteag@waikato.ac.nz

‡ Lecturer, New Zealand College of Business, New Zealand College of Business, 15A Bishopdale Court, Bishopdale 8053, Christchurch

Judy.Li@lincolnuni.ac.nz

**摘　要：** 小额信贷已被公认是为低收入人群，尤其是农村地区的人们提供信贷支持的有效机制。自20世纪70年代在孟加拉国发起以来，小额信贷已逐渐融入许多发展中国家的国家战略并成为其战胜饥饿和贫困普遍使用的策略。本章概述了小额信贷的概念，并讨论了谁是小额信贷的提供者、他们为谁服务，以及他们如何帮助贫困人口。本章还总结了关于小额信贷影响的经验和证据。

**关键词：** 资本、信贷可及性、小额信贷、贫困、农村家庭

## 1.1　简介

长期以来，不能从正规信贷部门获得信贷支持，一直被视作家庭收入提高的最大障碍（McCarty，2001；Pham 和 Lensink，2007）。为满足信贷需求，农户往往只能以更高的利率通过非正规信贷渠道来贷款，以支持他们的生产和消费。这种非正式债务被认为会使家庭收入边缘化，并可能导致借款人陷入债务和贫困的循环。这种金融市场的失灵，在农村金融市场还运作不佳的许多发展中国家尤为突出（Musinguzi 和 Smith，2000）。因此，农村地区在信贷方面的障碍阻碍了其发展。为了增加农村家庭获得信贷的机会，许多政府尤其是发展中国家政府实施了针对全国特别是针对农业和农村地区的小额信贷计划。这些政策旨在帮助农村贫困家庭通过银行以更优惠的利率获得小额信贷

产品。此外，政府已将小额信贷产品视为向农村家庭提供廉价信贷的战略工具。

小额信贷是指向贫困和低收入家庭提供金融服务（亚洲开发银行，2000）。这些服务包括信贷、储蓄、保险、汇款和股权投资，与传统信贷机构（FI）提供的服务是有显著区别的，其特征是交易规模小。因此，小额信贷机构（MFI）主要提供小额信贷、小额储蓄和小额保险。小额信贷的创新包括小额转账和微型股权。

小额信贷包括向没有银行账户的贫困人口提供小额资金，使他们能够投资于自我雇佣类的创业（Kasim 和 Jayasooria，2001）。世界银行（2006）将小额信贷描述为"一个过程，在这个过程中，贫困家庭一次性借入大量资金，并在一定的时间段内以小额、可管理的付款方式偿还这笔款项。在这个借贷过程中，短期使用社会关系作为抵押品，长期则使用在银行机构的信用记录"。不同形式的小额信贷包括个人贷款、团体贷款和农村信用社一类的银行机构信贷，小额信贷计划切实地为农村家庭提供更多的信贷渠道。

小额储蓄是贫困人口把节省下来的钱存在信贷机构（主要是小额信贷机构）。一些小额储蓄计划需要收集客户每日收入和需要支付资金的数据。随着这些小额储蓄的积累，它们为贫困人口未来可能会出现的紧急情况、投资和消费需求提供了具有较强流动性的现金来源（Mersland 和 Eggen，2007）。

在某些情况下，小额信贷计划会涉及储蓄服务，但这些服务仅限于向借款人收取强制性存款，以作为所发放贷款的担保。若借款人无法提供这些强制性存款，则无法在小额信贷计划中拥有自己的储蓄账户，从而不能得到小额信贷计划中资金的帮助（世界银行，2006；Cornford，2000）。

尽管小额信贷在微观金融中发挥了突出的作用，但贫困人口中最贫困的人群似乎认为提供储蓄机会比提供信贷便利更为重要（Collins 等，2010）。有经验证据表明，在世界的某些地区，贫困人口更多地使用储蓄产品而不是信贷产品。例如，Maes 和 Reed（2012）的报告称，马拉维国际银行有 45 000 名借款人和 250 000 名存款人，肯尼亚公平银行有 715 000 名借款人和 400 万名存款人，格莱珉银行（GB）的存款超过 14 亿美元，是其 9.65 亿美元的未偿贷款组合的 145%。Khan 和 Ashta（2012）的报告称，28 家孟加拉国小额信贷机构共有 2 780 万存款人，而借款人约有 2 060 万人，28 家小额信贷机构中有 26 家机构报告存款人多于借款人。

小额保险是一项为贫困和低收入人群以及小企业提供保险服务的计划，它的运作方式与常规保险类似，不同之处在于小额保险客户需要定期支付金额较小的保费。就像常规保险一样，小额保险的常见保险类型包括人寿、健康、残疾和财产，以及农业生产保险。小额保险可以由传统保险公司直接提供，也可以由小额信贷机构提供。一些小额信贷机构还提供贷款来帮助低收入人群支付小额保险费，如菲律宾的农业和农村发展中心（CARD）（Reinsch 和 Metcalf，2010）。

小额转账是一项新的创新，它是指移民和海外工人将少量资金汇回本国。另一项新的创新是微型股权，它指的是提供股权而不是信贷来资助贫困人口的项目。迄今为止，微型股权仅处于发展的早期阶段，主要存在于发达国家。

## 1.2 小额信贷为谁服务?

小额信贷满足包括女性户主、养老金领取者、流离失所者、被裁人员、小农和微型企业家在内的弱势群体的财务需求（CGAP[①]，2003）。此外，小额信贷借款人通常是个体经营者、以家庭为基础的企业家，他们的收入来源相对不稳定，可分为两类人群：来自农村和来自城市的借款人。在农村地区，借款人通常是小农和其他从事食品加工及小额贸易等小型创收活动的人；而在城市地区，小额信贷活动更加多样化，借款人包括店主、服务提供商、工匠、街头小贩和中小型企业主（Sapovadia，2006）。然而，小额信贷的客户的关注点在不同地区有所不同。例如，在拉丁美洲，小额信贷已发展成为一项业务，而不是一项扶贫计划，其成为商业银行的一个分支，更关注城市中小企业而不是农村贫困人口（Poyo和Young，1999）。相比之下，在贫困人口较多的亚洲，尤其是在农村地区，小额信贷不可避免地会作为一种消除贫困的工具服务于农村贫困人口（世界银行，2006）。

微观信贷机构提供的最常见的金融服务是小额信贷，因此微观金融和小额信贷这两个名称通常可以互换使用，但微观金融显然不仅仅是小额信贷。在下一节中，我们将描述小额信贷的基本特征。

## 1.3 小额信贷的特点

与传统贷款相比，小额信贷有其鲜明的特点。小额信贷计划的贷款通常数额较小，而且还款周期相对较短。Du（2004）认为，小额信贷和传统贷款之间的主要区别在于前者针对贫困和低收入群体的借款人。此外，小额信贷强调向在世界最贫困人口中所占比例较多的贫困妇女提供贷款。小额信贷与传统贷款的另一个显著区别是，与传统贷款中的强制性抵押要求相比，小额信贷通常无须提供抵押品（Yunus，2003），而是通过团体贷款等特殊策略对借款人进行约束，这代表了小额信贷的另一个特点：相互问责。借款人组成小组以相互监督。对团体的潜在压力有助于保持个人还款记录的透明度，集体责任可以作为贷款的“社会抵押品”（Hussain，Maskooki和Gunasekaran，2001）。我们将在下文中更全面地讨论这些差异。

### 1.3.1 针对贫困人群

小额信贷与传统贷款的主要区别在于，前者通常针对贫困和低收入群体中的借款人。小额信贷计划以帮扶贫困人口为重点，旨在促进全球贫困人口获得信贷等金融服务，他们通常被视为在从正规信贷机构获得传统金融服务等方面处于不利地位的群体。此外，小额信贷强调向在世界最贫困人口中占比较多的贫困妇女提供贷款。根据Cheston和Kuhn（2002）的数据，世界上大约74%的小额信贷借款人是女性。向女性提

① CGAP指的是援助贫困人口组织，它是一个由33个公共和私营发展机构组成的财团，这些机构共同努力扩大发展中国家贫困人口获得金融服务的渠道。

供贷款背后的基本原理是，大多数女性借款人已被证明比男性借款人更值得信赖，而且女性对贷款使用的控制能力较强（Garikipati，2006；Ang，2004）。

### 1.3.2 无抵押品

抵押品始终是传统贷款中强制要求的申请条件，抵押品也是可以将贷方预期的违约风险降至最低的一种担保方式。如果借款人经济情况不佳，这种抵押要求就会变得更加严格。然而，在向传统信贷机构申请贷款时，贫困人口通常没有可用作抵押品的有价值资产，因此，他们历来被认为无法获得银行贷款并被排除在传统信贷市场之外。小额信贷是一种创新理念，挑战了“无抵押即无信用”的传统借贷理念。它认为贫困人口也有信用，并向其提供无抵押贷款，以帮助其发展创业活动。

### 1.3.3 团贷方案

小额信贷如无抵押品，或存在抵押困难的情况，可通过团体贷款等特殊计划对借款人进行约束。贷款是向作为借款团体成员的每一个借款人发放的。因此，每个借款人对其团体成员的贷款还款承担责任，这意味着所有团体成员都承担还款的连带责任。如果一个团体中有一名成员违约，该团体中的其他成员将来也将无法获得小额信贷计划中的任何贷款。因此，连带责任原则创造了一种激励机制，可以激励个人借款人选择可靠的成员加入团体，在收到贷款后监督其他成员的活动，并在团体成员出现问题时强制其还款。换句话说，集体贷款计划为贷款创造了一种特殊的抵押品，称为“社会抵押品”，它降低了筛选和监控借款人的成本，并确保贷款人及时还款（Anderson和Nina，2000；Besley和Coate，1995）。

## 1.4 谁是小额信贷的提供者?

在过去的20年中，各种组织都参与了提供小额信贷的服务。世界银行（2006）将这些组织分为七类，包括商业银行、批发开发银行/基金、零售开发银行/公司、由多边或双边捐助者和/或政府资助的组织、小额信贷机构、非营利性非政府组织（NGO）、合作社和社区组织。批发开发银行/基金和政府资助的组织等机构仅向小额信贷机构和合作社等机构而非个人提供贷款；相比之下，合作社和社区组织只向个人贷款。

不同的国家已经建立了自己的地方组织来提供小额信贷，这些地方组织一般可以归类为非政府组织和正规信贷机构。例如，孟加拉国农村发展委员会（BRAC）和社会进步协会（ASA）是两个主要的非政府组织，而格莱珉银行（GB）是孟加拉国最大的提供小额信贷的信贷机构。这三个主要的小额信贷提供者为孟加拉国大约1 100万借款人提供服务（亚洲开发银行，2000）。同样，Amanah Ikhtiar Malaysia （AIM） 是马来西亚最大的非政府组织，向大约50 000名借款人提供小额信贷，贷款总额为2亿林吉特（Kasim和Jayasooria，2001）。此外，印度尼西亚人民银行 （BRI-UD） 的Desa部门是一个成功的农村信贷机构，吸引了超过250万借款人，未偿贷款总额为7.81亿美元（世界银行，2006；Timberg，1999）。

最成功的小额信贷计划之一是GB小额信贷，由穆罕默德·尤努斯在20世纪70年代后期推出。作为小额信贷的先驱，英国政府通过其贷款计划推广创新的减贫理念。尤努斯（2003）主张应将信用作为一项人权加以提倡，并应基于“信任”而不是抵押品或具有法律效力的合同。此外，尤努斯强调，要消除贫困，必须对围绕贫困人口的制度和政策进行适当的改变，而不仅仅是向贫困人口提供慈善基金。基于这种信念，英国政府创建了一种机制，让贫困人口能够以合理的条件获得信贷，以改善他们的福利（Yunus，2003；Latifee，2003）。格莱珉模式已在美国、澳大利亚以及亚洲、欧洲的50多个国家实施（Hussain 等，2001）。今天，GB 拥有由近 1 300个分支机构组成的网络，为380万借款人提供服务，其中96% 是女性，并已发放了价值45亿美元的贷款（Chowdhury，2004）。更重要的是，每年有5% 的GB借款人摆脱贫困并维持了他们的生活水平（Hussain等，2001）。

## 1.5 小额信贷如何帮助贫困人口？

人们经常争辩说，信贷、储蓄和保险等金融服务可以对贫困人口的生计产生积极影响，从而改善其收入分配（Latifee，2003；Claessens，2006）。根据 Latifee（2003）的说法，“信贷是对抗贫困的有力工具”，因为“它为自谋职业者创造了机会，而不是让其等待就业”。信贷为贫困人口提供了一种投资和打破贫困“恶性循环”的手段，因为信贷有可能增加信贷使用者的收入和储蓄，从而可以促进投资和巩固更高收入（Mohamed，2003）。

尽管信贷等金融服务在帮助贫困人口改善生活条件方面很重要，但贫困人口被排除在正规信贷体系之外，这种排除范围从发达国家的部分排除到欠发达地区的完全或几乎完全排除（Brau 和 Woller，2004）。传统信贷机构不愿意为贫困人口服务，主要是因为贫困人口不符合信贷机构设定的有实物抵押等选择标准。处理和服务无担保小额贷款所产生的高风险和成本使得信贷机构不愿向贫困人口提供资金，这主要是出于对财务可行性的担忧。因无法获得正规信贷，大多数贫困人口和低收入者继续依靠微薄的自筹资金或非正规信贷，这限制了他们积极参与发展进程并从中受益的能力。

小额信贷计划的主要目标是通过提供小额无抵押贷款向贫困人口提供信贷，这些贷款旨在使借款人能够积极改善经济状况（世界银行，2010）。Islam（2007）假设小额信贷可以为贫困借款人创造一个增长循环，即“低收入家庭需要借助信贷进行投资以创造更多收入，更多收入可以获得更多信贷”。换言之，小额信贷能够促进收入增长，从而提高家庭的消费水平，有助于快速改善福利。例如，增加的借贷收入会鼓励贫困人口增加对流动资本和实物资产的投资，这归因于小额信贷的资本和实物资产积累增强了借款人的创收能力（Aghion 和 Morduch，2005；Hossain 和 Diaz，1997）。

Hulme（2000）进一步认为，传统的小额信贷计划会使家庭收入产生变化，从而导致经济、教育和工作技能水平的变化。最终，这些变化会导致家庭福利及社会政治关系和结构的改变。Morduch 和 Haley（2001）认为，小额信贷有助于减少经济冲击对贫困人口的影响并增加他们的资产和收入。

小额信贷的支持者还认为，以合理的成本增加获得信贷的机会可以使贫困人口平稳消费（食品和非食品），更好地应对危机，发展个体经营企业，提高创收能力并逐步积累资产。此外，Swain（2004）强调，由于小额信贷计划通常将女性作为客户，获得信贷等金融服务可以使女性变得更加自信、更加果断，更有可能参与家庭和社区决策，并能够更好地应对系统性的性别不平等。因此，小额信贷是一种帮助贫困人口尤其是妇女改善生计的机制（Mourji，2000）。Littlefield 和 Rosenberg （2004）认为，虽然小额信贷不是解决贫困问题的灵丹妙药，但贫困人口非常重视它，因为它可以为他们创造就业机会，从而可能带来一系列福利措施的改善，包括收入的稳定和增长、学校出勤率的提升、营养和健康的改善。

Latifee （2003）指出，小额信贷使贫困人口能够开办自营企业、增加收入、稳定消费和积累资本资产，从而改善了他们的经济状况。贫困人口可以用产生的收入来偿还分期贷款，同时保持其原始资本不变。因此，他们的资本基础通常会随着不断借贷而大量增加，这给了他们进行中长期投资的机会。小额信贷借款人进而有可能通过参与创业活动来维持长期发展，通过经济增长摆脱贫困。

就农业而言，信贷是农业生产过程中的一个重要因素，它使生产者能够满足生产周期的资金需求。提供小额保险工具可以让客户有更强的能力承受许多冲击的后果，并为更好的风险管理铺平道路。由于贫困人口应对冲击的能力较弱，他们不太可能从事减少贫困的高收益行业，因为其风险更大（Churchill，2007）。但是，如果农民有农作物保险，他们可能更倾向于采用可以产生更高收入的资本密集型种植系统。此外，小额保险还允许贫困人口充分将贷款用于生产性企业，而不必用贷款来支付不可预见的医疗或丧葬费用，或者不得不拨出一部分贷款作为不可预见的冲击的缓冲资金。

海外汇款的小额转账服务对发展中国家的人民也有很大好处。海外汇款无疑是外部发展资金的主要来源（Hasan，2006）。世界银行（2006）报告称，在全世界 2 320 亿美元的汇款总额中，发展中国家收到了 1 670 亿美元。De Bruyn 和 Kuddus （2005）报告称，受援贫困家庭的总收入中高达 60%~70% 来自汇款。汇款促进了受援国对生产性资产和消费品的投资（Yang，2006）。Rivera 和 Reyes（2011）还指出，虽然大部分汇款用于消费，但剩余部分会转化为用于投资目的的储蓄。

### 1.5.1 经验证据

关于小额信贷影响的经验证据往往是不一致的。虽然微观金融特别是小额信贷对减贫做出了重大贡献，但它并不是减贫的灵丹妙药。Weiss 和 Montgomery （2004）在对调查小额信贷在减贫方面有效性的实证研究的回顾中得出结论：小额贷款不能对减贫起决定性作用。Duvendack 等（2011）的研究也得出了同样的结论。

首先，我们将回顾小额信贷对贫困人口尤其是妇女和低收入家庭产生积极影响的实证研究，然后再回顾得出相反结论的研究。

#### 1.5.1.1 扶贫

有丰富的证据表明，小额信贷对世界各地的减贫产生了重大影响。Pitt 和 Khander（1998）报告称，小额信贷增加了消费支出，减少了贫困，并增加了非土地资产。Zaman （1999）关注孟加拉国最大的小额信贷提供者之一的 BRAC，也认为小额信贷可以让贫困人口平稳消费并积累资产。最近研究表明，孟加拉国 48% 的最贫困家庭已经通过小额信贷摆脱了贫困；印度尼西亚人民银行（BRI）使小额信贷借款人的收入增加了12.9%，而非借款人的收入仅增加了3%（世界银行，2006；CGAP，2003）。同样，卡西姆（2000）对马来西亚计划信托基金（AIM）的小额信贷计划进行了一项研究，发现与非借款人相比，小额信贷借款人的收入、支出、储蓄和资产的变化是积极的，并且均高于非借款人。2002年，中国农村信用合作社（RCC）在全国范围内推出小额信贷项目，其广泛的网络渗透到了基层，成为中国小额信贷项目普及和正规化的主力军（Du，2004、2005；Sun，2003）。2002年中国农村信用合作社向农户累计发放小额信贷967亿元，累计发放小额信贷6 000万户。中国农村信用合作社的小额信贷项目规模远远超过了非政府组织和政府项目的规模（Gao和Hu，2005；Du，2004；Druschel，2002）。

Islam的研究（2007）表明，小额信贷对借款人提升生产力有很大贡献，这是农村贫困人口经济状况的决定因素。例如，小额信贷的资金支持使贫困人口能够投资高产品种和先进技术，这显著刺激了生产力。根据Islam的说法，提高生产力对于收入的“持续”和“长期”增长很重要，这是减少农村贫困的关键因素。此外，小额信贷还通过自营经济活动，为大量未充分利用的劳动力资源创造就业机会。随着自营企业规模的扩张，对劳动力的需求也更大。

#### 1.5.1.2 应对风险和冲击

Latifee（2003）观察到小额信贷借款人能够更好地应对不同的危机。例如，1998年孟加拉国发生洪水灾害期间，小额信贷借款人可以在较长时间内借入更多资金并偿还贷款，以便在危机期间维持日常开支和生产性投资。因此，小额信贷可以将此类危机的严重程度降到最低，并帮助借款人从损失中恢复过来（Latifee，2003；Zaman，1999）。

除了维持基本必需品的消费外，获得信贷还可以提高贫困农民的风险承受能力，帮助他们改变应对风险的策略，使农民更愿意采用新的、风险更高的策略，在生产中获得更高的潜在回报，而不是采用风险较低但投资回报率也较低的策略（Diagne，Zeller和Sharma，2000）。因此，信贷是帮助贫困人口投资和摆脱贫困“恶性循环”的有力工具，因为它具有提高用户收入和储蓄的潜力，从而使用户增加投资和实现高收入（Mohamed，2003）。

#### 1.5.1.3 社会地位提升/性别平等/妇女赋权

通过加入小额信贷计划，贫困人群被组织成各个小组，在小组中他们可以分享各种信息，以便更多地了解外部世界。因此，贫困人口尤其是女性，在参与社交网络和商业化过程中变得更加有活力和积极，并且更加关注自己的生活质量和家庭福利。Latifee（2003）通过研究得出结论，小额信贷可以通过改善贫困人口的经济条件提升其社会地位。

Maclsaac（1997）通过研究承认小额信贷是消除贫困和促进性别平等的有力工具。作者认为，小额信贷可以通过为贫困妇女创造就业机会以产生稳定收入来促进性别平等。这种经济赋权为妇女提供了新的技能、信息和组织能力，从而间接形成社会和政治赋权。同样，Manimekalai（2004）断言小额信贷在许多国家的性别和发展战略中发挥着重要作用，因为它与妇女赋权有直接关系。Cheston和Kuhn（2002）的研究结果也同意这一观点，他们指出小额信贷对妇女的赋权的影响可以通过增加决策参与、使妇女在家庭和社区中获得更公平的地位、增加妇女政治力量和权利来体现。更具体地说，Manimekalai（2004）对印度自助团体（SHG[①]）的女性借款人进行了研究，发现印度的自助团体小额信贷计划极大地帮助女性借款人改善了她们的经济状况，提升了她们的社会地位。

由于小额信贷计划通常以贫困妇女为客户，因此获得小额信贷可以增加她们对家庭收入和资产建设的贡献，从而增强她们的能力，这是提高她们的自我价值和改善家庭地位的重要因素。由于参与小额信贷计划，女性借款人在经济上更加独立，更有可能参与社交网络和商业化进程，并且能够更好地应对系统性的性别不平等。世界银行（2006）的一项区域研究表明，印度SHG90%的女性借款人可以自由访问当地市场并进行独立采购，而尼泊尔68%的女性借款人可以就财产、子女教育和婚姻做出独立决定。最近的其他研究也证明了小额信贷对女性赋权的影响（Pitt、Khander和Cartwright，2006；Ashraf，2010），这在很大程度上是由于微型企业增加了女性收入。这种赋权也被视为改变了家庭消费模式，因为女性更倾向于在儿童和家庭用品上花钱（Duflo和Udry，2003）。

### 1.5.2 反驳小额信贷的调查结果/批评

#### 1.5.2.1 扶贫

根据Maclsaac（1997）的说法，小额信贷在帮助最贫困人口提高生活水平方面可能效果不佳，甚至适得其反，因为经济情况较差的借款人仅将贷款用于消费或投资于风险较低的项目，而富裕的借款人倾向于投资风险更高、生产力更高的企业，为经济情况较差的借款人提供了创造更多收入以提高生活水平的机会。同样，Bateman和Chang（2009）认为小额信贷资金的支持有助于原始技术的保持，而这会阻碍科学技术被采用。Maclsaac（1997）认为，与储蓄和保险等其他金融干预措施相结合时，小额信贷会更有效。Chowdhury（2004）最近回应了这一点，认为不应将小额信贷作为减贫的唯一工具；相反，它应该作为更广泛的消除贫困战略的一部分，与社会保护方案等其他干预方案相结合。而部分研究持相反的观点，认为小额信贷机构创新了小额储蓄、小额保险、小额转账和小额股权等新服务。然而，Quibria（2012）指出，除非解决两个基本限制，一是农村微型企业技术落后的问题，二是国内对农村微型企业生产的产品需求疲软，否则贫困家庭将难以摆脱贫困。

Pitt和Khander（1998）等的早期研究表明小额信贷对减贫有积极影响，如今正受到挑战。Pitt和Khander（2005）在后续研究中，发现小额信贷对贫困的影响要弱得多。Khander发现，虽然小额信贷增加了贫困人口的消费和非土地资产，但对总体贫困影响不大。此外，Banerjee等（2009）使用随机对照试验解决了早期研究的技术经济问题，也没有发现任何有力的证据证明小额信贷对印度海得拉巴城市贫民窟的减贫有积极影

① SHG是印度主要的小额信贷计划。由15~20名成员组成的SHG的运作基于循环成员自身储蓄的原则。个人借款额由成员的储蓄额或集团的储蓄额决定（世界银行，2006）。

响。同样，Karlan和Zinman（2010）没有发现小额信贷与菲律宾马尼拉微型企业主的贫困之间存在正相关关系。

#### 1.5.2.2 女性赋权

尽管一些作者认为小额信贷会实现女性赋权，但Quibria（2012）认为这不是自动产生的，因为女性赋权取决于小额信贷对女性收入的影响。Quibria进一步辩称，如果女性的信贷收入低于男性的收入，女性在家庭决策中仍可能被边缘化。事实上，许多研究认为小额信贷对女性赋权的影响很小或没有影响（Goetz和Gupta，1996；Hunt和Kasynathan，2001；Banerjee等，2009）。此外，虽然Belwal、Tamiru和Singh（2012）发现小额信贷可以增加女性企业主的收入和储蓄，但在考虑到贷款的偿还和利息后，这对她们的生活没有任何有益的影响。

#### 1.5.2.3 使命偏移

另一个针对小额信贷的批评是使命偏移（Mersland和Strom，2010）。Ashta等（2014）指出，小额信贷的使命偏移表现为：（1）小额信贷转向消费信贷（2）需要更大的贷款规模（3）需要更高的利率。小额信贷的批评者认为，首先，借款人越来越多地将这些资金用于消费而非创业活动。其次，需要较大贷款规模意味着贷款的目标是贫困人口中经济情况相对较好的人，而不是贫困人口中最穷的人（Ashta，Couchoro和Musa，2014）。Copestake，Bhalotra和Johnson（2001）发现赞比亚的PULSE项目也是如此。Roth（1997）早先也指出，小额信贷并未触及“贫困人口中最穷的人”，而是比“贫困人口中最穷的人”相对富有的低收入人群，并且受到一些国家政治体制框架不完善的限制。例如，Reeve和Hall（2006）认为不连贯的法律框架和缺乏培训的管理导致印度尼西亚小额信贷的实施低效。最后，一些批评者还指出，一些小额信贷机构过于关注利润，导致它们收取高利率，从而导致贫穷的借款人有受骗和被欺诈感（Eversole，2003）。例如，据报道，MFI Compartamos银行的年利率高达99%（Ashta和Bush，2009；Ashta和Hudon，2012；Lewis，2008；Smith和Epstein，2007），而印度的SKS被指控其小额信贷计划导致借款人压力过大，甚至自杀（Ashta，Khan和Otto，2011）。Cheston和Kuhn（2002）还认为，从小额信贷机构借款的妇女因工作过度劳累而健康不佳和筋疲力尽，这是因为她们被迫参加耗时的会议、从事创收活动以偿还贷款，同时还要承担传统的家庭责任，如照顾孩子。此外，最贫困的人仍然无法获得小额信贷，因为小额信贷机构打算保护其自我维持能力，以在贫困人口中的中等水平以上的人群中实现更大规模的减贫（Druschel，2002）。

尽管有这些批评，世界银行（2006）认为小额信贷的总体影响是积极的，但影响程度在不同国家有所不同。

## 参考文献


Aghion, B. A. & Morduch, J. (2005). The Economics of Microfinance. Cambridge, MA: MIT Press.

Anderson, L. E. & Nina, O. (2000). Micro-credit and Group Lending: The Collateral Effect. Economics Working Papers, School of Economics and Management, University of Aarhus. Retrieved from http://econpapers.repec.org/RePEc:aah:aarhec:1998 18.Accessed on April 21, 2015.

Ang, M.H. (2004). Empowering the poor through microcredit.Entrepreneurship and Innovation Management, 4(5), 485-494.

Ashta, A. & Bush, M. (2009). Ethical issues of NGO principals in sustainability outreach and impact of microfinance: Lessons in governance from the Banco Compartamos' IPO. Management Online Review, 1-18.

Ashta, A., Couchoro, M. & Musa, A. (2014). Dialectic evolution through the social innovation process: From microcredit to microfinance.Journal of Innovation and Entrepreneurship, 3(4), 1-23.

Ashta, A. & Hudon, M. (2012). The Compartamos microfinance IPO: Mission conflicts in hybrid institutions with diverse shareholding.Strategic Change, 21(7-8), 331-341.

Ashta, A., Khan, S.& Otto, P.E.(2011). Does microfinance cause or reduce suicides? Policy recommendations for reducing borrower stress. Retrieved from SSRN: http://ssrn.com/abstract=1715442.

Banerjee, A., Duflow, E., Glenerster, R.&Kinman, C.(2009).The Miracle of Microfinance? Evidence from a Randomized Evaluation.Department of Economics, Massachusetts Institute of Technology working paper, May.

Bateman, M. & Chang H.-J.(2009).'The Microfinance Illusion'. Mimeo. Retrieved from http://www.econ.cam.ac.uk/faculty/chang/pubs/Micro finance.pdf.

Belwal, R., Tamiru, M. & Singh, G. (2012). Microfinance and sustained economic improvement: Women small-scale entrepreneurs in Ethiopia. Journal of International Development, 24, S84 S99, doi: 10.1002jid.1782.

Besley, T. & Coate, S. (1995). Group lending, repayment incentives and social collateral. Journal of Development Economics, 46, 1-18.

Brau, J. C. & Woller, G. M. (2004). Microfinance: A comprehensive review of the existing literature. Journal of Entrepreneurial Finance and Business Ventures, 9, 1-26.

Cheston, S. & Kuhn, L. (2002). Empowering women through microfinance.Retrieved from http://www.microcreditsummit.org/papers/empowerintro.htm. Accessed on August 4, 2007.

Chowdhury, A. K. (2004). Implementation of the first United Nations Decade for the Eradication of Poverty (1997 2006). Statement in the Second Committee of the 59th Session of the United Nations General Assembly. Retrieved from http://www.un.org/special-rep/ohrlls/ohrlls/UNGA59/HR's%20statement%2015%20Nov%2004-item89a-Eradication%20of%20Poverty.pdf.

Claessens, S. (2006). Competitive Implications of Cross-Border Banking. World Bank Policy Research Working Paper No. 3854.

Collins, D., Morduch, J., Rutherford, S. & Ruthven, O. (2010). Portfolios of the poor: How the world's poor live on $2 a day. Ranikhet: Permanent Black.

Copestake, J., Bhalotra, S. & Johnson, S. (2001). Assessing the impact of microcredit: A Zambian case study. Journal of Development Studies, 37(4), 81.

Cornford, R. (2000). 'Microcredit,' 'microfinance' or simply 'access to financial services' what do Pacific people need?. Retrieved from http://www.devnet.org.nz/conf/conference2000.html. Accessed on July 5, 2007.

De Bruyn, T. & Kuddus, U. (2005). Dynamics of Remittance Utilization in Bangladesh, IOM Migration Series, Vol. 18. Geneva: International Organisation for Migration.

Diagne, A., Zeller, M. & Sharma, M. (2000). Empirical measurements of households' access to credit and credit constraints in developing countries: Methodological issues and evidence. Discussion Paper No. 90, Food Consumption and Nutrition Division International Food Policy Research Institute, Washington, D.C.

Druschel, K. (2002). Microfinance in China: Building Sustainable Institutions and a Strong Industry. Master's thesis, School of International Service, American University, 2002. Retrieved from www.american.edu/sis/idp/resources/Druschel%20SRP.pdf. Accessed on August 16, 2007.

Du, X. S. (2004). Attempts to implement micro-finance in rural China. In Organisation for Economic Co-operation and Development (OECD), Centre for Co-operation with Non-members, Rural finance and credit infrastructure in China. Paris: OECD Publications, pp. 271-284.

Du, X. S. (2005). The Regulatory Environment for Microfinance in China. Essays on Regulation and Supervision, No. 11. Retrieved from www.microfinancegateway.org/redirect.php?mode=link&id=25978. Accessed on August 3, 2007.

Duflo, E. & Udry, C. (2003). Intrahousehold Resource Allocation in Cote d'Ivoire: Social Norms, Separate Accounts and Consumption Choices. Yale University, Economic Growth Center Discussion Paper No. 857.

Duvendack M., Palmer-Jones R. R., Copestake, J. G., Hooper, L., Loke, Y. & Rao, N. (2011). What Is the Evidence of the Impact of Microfinance on the Well-Being of Poor People? London: EPPI-Centre, Social Science Research Unit, Institute of Education, University of London.

Gao, L. Z. & Hu, X. C. (2005). An overview of microcredit-mode in poverty reduction in China. Journal of Jinan University, 15(6), 61-67 (in Chinese).

Garikipati, S. (2006). The Impact of Lending to Women on Household Vulnerability and Women's Empowerment: Evidence from India, Research Paper Series No. 2006/25. Liverpool, Great Britain: University of Liverpool, Management School.

Goetz, A. M. & Gupta, R. S. (1996). Who takes the credit? Gender, power, and control over loan use in rural credit programmes in Bangladesh. World Development, 24(4), 45-63.

Hasan, R. A. (2006). Harnessing Remittances for Economic Development of Bangladesh. INAFI: Working Paper Series. Dhaka.

Hossain, M. & Diaz, C. P. (1997). Reaching the poor with effective microcredit: Evaluation of a Grameen bank replication in the Philippines. Journal of Philippine Development, XXIV(2), 275-308.

Hulme, D. (2000). Impact assessment methodologies for microfinance: Theory, experience and better practice. World Development, 28(1), 79-98.

Hunt, J. & Kasynathan, N. (2001). Pathways to empowerment? reflections on microfinance and transformation in gender relations in south asia. Gender and Development, 9(1), 42-52.

Hussain, M., Maskooki, K. & Gunasekaran, A. (2001). Implications of Grameen banking system in Europe: Prospects and prosperity. European Business Review, 13(1), 26-42.

Islam, T. (2007). Microcredit and Poverty Alleviation. Aldershot, England; Burlington, U.S.A.: Ashgate Publishing.

Karlan, D. & Zinman, J. (2010). Expanding credit access: Using randomized supply decisions to estimate the impacts. Review of Financial Studies, 23(1), 433-464.

Kasim, S. (2000). Impact of banking on rural poor in Peninsular Malaysia: Final Report for External Impact Evaluation Study on AIM Active Borrowers, NonBorrowing Members, Droputs and Non-Participating Poor. Penang: Centre for Policy Research, Universiti Sains Malaysia.

Kasim, M. Y. & Jayasooria, D. (2001). Informal economy, micro-finance and non-governmental organisations in Malaysia. Humanomics, 17(1/2), 134-140.

Khan, S. & Ashta, A. (2012). Cost control in microfinance: Lessons from the ASA case. Cost Management, 26(1), 5-22.

Khander, S. R. (2005), Micro-finance and poverty: Evidence using panel data from Bangladesh. World Bank Economic Review, 19(2), 263-286.

Latifee, H. I. (2003). Micro-Credit and Poverty Reduction. Paper presented at the International Conference on Poverty Reduction through Micro-credit, June 9 10, Taksim-Istanbul, Turkey.

Lewis, J. C. (2008). Microloan sharks. Stanford Social Innovation Review, 54-59.

MacIsaac, N. (1997). The Role of Microcredit in Poverty Reduction and Promoting Gender Equity. Discussion Paper, Canadian International Development Agency, Quebec, Canada.

McCarty, A. (2001). Microfinance in Vietnam: A survey of schemes and issues. Hanoi, Vietnam: Department for International Development (DFID) and the State Bank of Vietnam (SBVN).

Maes, J.P. & Reed, L. R. (2012). State of the Microcredit Summit Campaign Report 2012. Washington, DC: Microcredit Summit Campaign.

Manimekalai, N. (2004). Impact of Various Form of Microfinancing on Women, Report submitted to Department of Women and Child Development, Ministry of Human Resource Development, Government of India.

Mersland, R. & Eggen, O. (2007). You cannot save alone — financial and social mobilization in savings and credit groups. Retrieved from SSRN eLibrary: http://papers.ssrn.com/sol3/papers.cfm?abstract_id=1032247.

Mersland, R. & Strom, O. (2010). Microfinance mission drift? World Development, 38(1), 28-36.

Mohamed, K. (2003). Access to Formal and Quasi-Formal Credit by Smallholder Farmers and Artisanal Fishermen: A Case of Zanzibar, Research Report No. 03.6. Dar es Salaam, Tanzania: Research on Poverty Alleviation (REPOA).

Morduch, J. & Haley, B. (2001). Analysis of the Effects of Microfinance on Poverty Reduction." NYU Wagner Working Paper No. 1014. 2/9/2010 Retrieved from http://www.nyu.edu/wagner/workingpapers.html. Accessed on September 2, 2010.

Mourji, F. (2000). Impact study of the Zakoura microcredit program. Microfinance Gateway. http://www.microfinancegateway.org/p/site/m//template.rc/1.9.25435.

Musinguzi, P. & Smith, P. (2000). Saving and borrowing in rural Uganda. Southampton, UK, University of Southampton, Discussion Papers in Economics and Econometrics, 0016, 20 pp.

Pham, T. T. T. & Lensink, R. (2007). Lending policies of informal, formal and semiformal lenders. Economics of Transition, 15(2), 181-209.

Pitt, M. M. & Khandker, S. R. (1998). The impact of group-based credit programmes on poor households in Bangladesh: Does the gender of participants matter? The Journal of Political Economy, 106(5), 958-996.

Pitt, M. M., Khandker, S. R. & Cartwright, J. (2003). Does Micro-credit Empower Women? Evidence from Bangladesh, Policy Research Working Paper No. 2998. The World Bank: Development Research Group, Rural Development.

Poyo J. & Young, R. (1999). Commercialization of Microfinance: A framework for Latin America. United States Agency for International Development Microenterprise Best Practices Project. Washington, DC: Development Alternatives, Inc.

Quibria, M. G. (2012). Microcredit and Poverty Alleviation: Can Microcredit Close the Deal? UNU-WIDER.

Reinsch, M. & Metcalf, M. (2010). Costs and Benefits of Health Microinsurance Premium Loans and Linkages with Health Providers, CARD's Experience in the Philippines. Freedom from Hunger Research Paper No. 10B.

Rivera, J. P. R. & Reyes, P. O. (2011). Remittances as avenue for encouraging household entrepreneurial activities. Journal of International Business Research, 10, 85-113.

Roth, J. (1997). The Limits of Micro Credit as a Rural Development Intervention: Prepared for the Institute for Development Policy and Management — Manchester University, pp. 1-32.

Sapovadia, V. K. (2006). Microfinance: The pillars of a tool to socio-economic development. Development Gateway. Retrieved from http://ssrn.com/abstract=955062.

Smith, G. & Epstein, K. (2007). The ugly side of microlending. Business Week. Retrieved from http://www.businessweek.com/stories/2007-12-12/the-ugly side-of-microlending.

Sun, R. M. (2003). The development of microfinance in China. Retrieved from http://topics.developmentgateway.org/rc/filedownload.do?itemId=323395. Accessed on May 1,2007.

Swain, R. B. (2004). Is microfinance a good poverty alleviation strategy? Evidence from Impact Assessment. Stockholm, Sweden: Sida (Swedish International Development Cooperation Agency). The Asian Development Bank (ADB) (2000). Finance for the Poor: Microfinance Development Strategy. Manila, Philippines: ADB. Retrieved from. www.adb.org/Documents/Policies/Microfinance/financepolicy.pdf. Accessed on August 1,2007.

The Consultative Group to Assist the Poor (CGAP). (2003). About microfinance. Retrieved from http://www.cgap.org/portal/site/CGAP/menuitem. 9a218408ac5bc61fae6c6210591010a0/August 7,2007.

Timberg, T. A. (1999). Small and Micro-Enterprise Finance in Indonesia: What do we know? Retrieved from. unpan1.un.org/intradoc/groups/public/documents/APCITY/UNPAN015693.pdf. Accessed on August 8,2007.

Weiss, J. & Montgomery, H. (2004). Great expectations: Microfinance and poverty reduction in Asia and Latin America. Oxford Development Studies, 33(3-4), 391-416.

World Bank (2006). Microfinance in South Asia: Toward Financial Inclusion for the Poor. Washington D. C., U.S.: Pangraphics.

World Bank (2010). Access to Finance for the Poor. CGAP Annual Report 2010.

Yang, M. J. (2006). The issues in rural microcredit in Western China: A discus sion. Xi'an Finance, 11, 7 9 (in Chinese).

Yunus, M. (2003). What is Microcredit? Retrieved from http://www.grameen info.org/mcredit/index.html. Accessed on April 15,2007.

Zaman, H. (1999). Assessing the Poverty and Vulnerability Impact of Micro Credit in Bangladesh: A Case Study of BRAC, World Bank Policy Research.

Working Paper, No. 2145. Washington, D. C.: The World Bank.

# 第2章　越南的农村信贷市场和小额信贷

*Phan Dinh Khoi* and Christopher Gan†*

*Head of Department, Department of Finance and Banking, College of Economics, Can Tho University, Vietnam
pdkhoi@ctu.edu.vn

† Professor in Accounting and Finance, Faculty of Agribusiness and Commerce, Department of Financial and Business System, PO Box 85084, Lincoln University, Christchurch, New Zealand
Christopher.Gan@lincoln.ac.nz

**摘　要：** 越南农村信贷市场被分为细分市场和新兴市场，其中贫困和低收入家庭日益增长的信贷需求未能得到满足。本章考察了越南农村信贷市场三大支柱的主要特征，三大支柱包括需求、供应和政府政策。虽然对农村信贷的需求没有得到满足，但信贷供应同时来自正规、非正规和半正规的提供者。为提高信贷可及性，政府针对贫困人口的政策克服了为贫困人口提供抵押贷款的障碍；然而，信息不对称本质上阻碍了贫困人口从贷款方和信贷机构获得信贷。因此，为实现越南的长期发展目标，改善贫困和农村家庭的信贷可及性对政策制定者来说仍然是一项具有挑战性的任务。

**关键词：** 农村信贷市场、小额信贷、政府政策、越南

## 2.1　简介

本章介绍了越南的农村信贷市场，如信贷供应、信贷需求和农村家庭的信贷可及性、信贷政策和越南社会政策银行（VBSP）小额信贷计划。本章内容如下：2.2节概述了越南的农村信贷体系，包括正规、半正规和非正规部门。2.3节讨论了农村信贷市场的信贷供求。2.4节讨论了影响农村信贷市场发展的政策和事件。2.5节讨论了越南政府针对扶贫的小额信贷计划。2.6节总结了本章。

## 2.2　越南农村信贷体系概览

越南农村信贷市场的发展历史以1986年的“改革”为标志。1986年之前，在中央计划体制下，农村信贷市场在为农业部门提供资金方面发挥的作用很小。由于国家不认可私人投资，因此忽略了资本投资的需要。官方信贷由国家银行提供给公社、合作社和国有农场（Fallavier，1998）。20世纪80年代后期，越南农村信贷市场成立，为农业部

门提供资金。1988年越南农业银行（VBA）的成立是向私人农业投资提供贷款的第一步。越南农业银行正式成立后重点发展信贷市场，服务农村客户。与此同时，非政府组织（NGO）和捐助者也陆续加入进来，通过农村信贷市场的小额信贷计划增加信贷供应。这种信贷形式也被称为半正规的信贷渠道（Le，2011）。此外，越南农村信贷市场被认为是分割的和双重结构的，其中正规和非正规信贷部门相结合的双重结构在其信贷市场中普遍存在（McCarty，2001；Pham和Lensink，2007）。非正规信贷部门存在于正规和半正规信贷部门之间，它的存在导致农村信贷市场信贷提供的复杂性。

多年来，以越南农业银行为首的正规信贷部门主要为有抵押要求的农业生产提供信贷。贫困人口大多被排除在越南农业银行的信贷供应之外。1995年以来，越南贫困银行（VBP）的成立引导信贷供应覆盖未覆盖的部分，如贫困和无地的家庭。McCarty（2001）记录了稳定正式的信贷扩张，其中正规信贷的份额从1993年的28%增加到1998年的46%和2001年的70%。非正规信贷来自朋友、亲戚和放债人等，利率往往过高。1993年非正规贷款的平均年利率为80%，是正规贷款利率的两倍多。科伊等（2014）的研究记录了湄公河三角洲非正规贷款的平均年利率为150%。

越南农村信贷体系由三类部门组成：正规、半正规和非正规信贷部门。图2-1显示了越南农村信贷体系中每类信贷部门的类型。

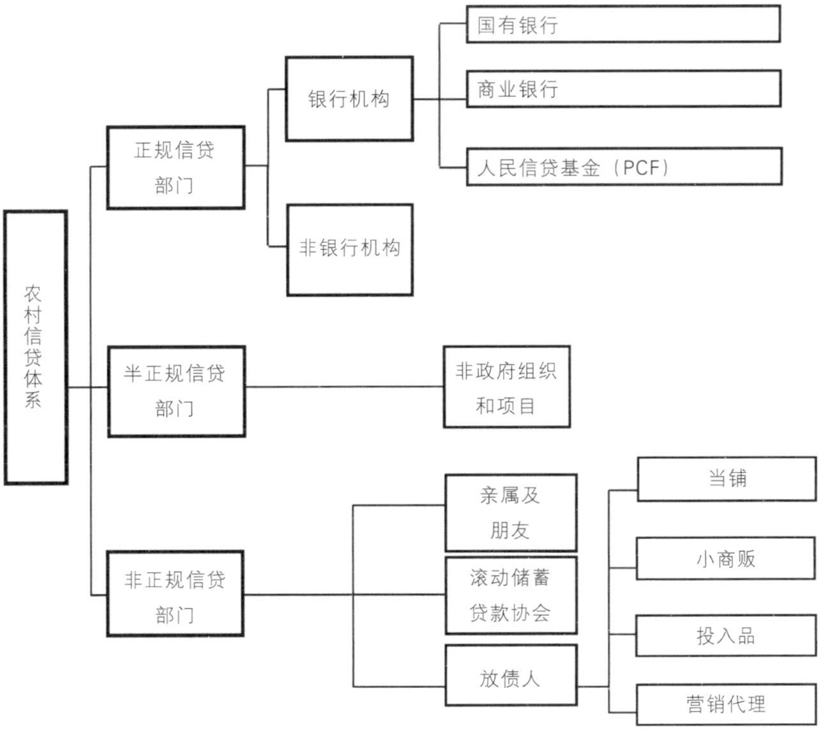


图2-1 越南农村信贷体系

资料来源：改编自Le（2011）。

### 2.2.1 正规信贷部门

正规信贷部门包括银行和非银行机构。银行机构的特点是两家国有商业信贷机构占主导地位，即越南农业和农村发展银行（VBARD）和越南社会政策银行（VBSP）。此外，一些商业银行和世界银行人民信贷基金（PCF）在正规信贷市场中也发挥着重要作用。根据世界银行2002年的报告，正规信贷部门占经济总贷款的比例高达73.5%。在越南国家银行的严格监管下，正规信贷部门旨在为农村信贷市场提供服务，但其运营未能实现既定目标。近期，农村信贷市场通过多家商业银行和PCF呈现出信贷供给增加的趋势。

越南农业和农村发展银行的前身为越南农业银行（VBA），于1988年与越南国家银行分离。VBARD是最大的农村家庭信贷供应商，为农村地区所有类型的农业活动提供信贷（BWTP，2008）。在VBARD的管理下，农村家庭获得信贷的比例从1992年的9%迅速增加到1994年的约30%（Wolz，1999）。尽管VBARD是迄今为止农村地区最重要的信贷机构，但其贷款覆盖面仍不发达，无法服务于整个农村信贷市场，尤其是农村贫困人口。

在VBARD的未偿还贷款总额中，小额信贷以较大的贷款为主。在1998年的贷款总额中，500万越南盾[①]以下的小额贷款约占50%，而小额信贷（平均为100万越南盾）占16%（世界银行，2007）。抵押要求是VBARD提供农村信贷的贷款实践的另一个限制。VBARD在发放贷款时需要抵押品，如住宅物业、动产、货物和土地权。因此，只有大约30%的土地使用权“红证”家庭能够获得信贷。大多数农村家庭无法满足贷款要求，被排除在农村信贷供应之外。

风险评估的偏差和贷款过程中的复杂程序也导致VBARD的运作不发达。由于违约风险较低，VBARD的分支机构更愿意向国有企业（SOE）提供信贷。国有企业通常被视为零风险客户，因为政府有望在违约情况下救助它们。与向大量农村家庭提供的小额信贷相比，向国有企业发放的大量信贷的交易成本也相对较低（Putzeys，2002）。由于处理贷款申请的复杂性，处理小额贷款的时间较长且费用较高。通常，VBARD信贷只能用于特定的农业投资，而不能用于借款人优先需要的那些活动。

国有越南贫困银行（VBP）是第二大农村银行，于1995年在消除饥饿和减少贫困的战略框架下成立。它于1996年正式开始运作，为因抵押品有限而没有资格获得个人贷款的农村贫困人口提供低息信贷。VBP在地区层面使用VBARD的分支机构网络，在有限的范围内，如在公社层面，信贷员每周访问公社。这种覆盖范围和贷款实践进一步覆盖了农村信贷市场中VBARD目前未提供服务的部分。据悉，VBP现有网络对最偏远和农村公社的贫困人口的影响还是有限的，1999年，只有230万贫困户获得了贷款。由于小额信贷需求旺盛，2001年有830万农户获得了VBARD和VBP的贷款。在未偿还贷款总额中，VBARD占贷款总额的60%，平均贷款规模为645万越南盾的贷款中有

---

① 汇率：1美元 = 16 000越南盾

40% 来自 VBP，其平均贷款规模为200万越南盾（世界银行，2003）。

2003年，越南贫困银行（VBP）更名为越南社会政策银行（VBSP），其业务已被修改以针对贫困人口。VBSP在贷款程序中与当地组织密切合作，当地人民委员会帮助VBSP识别贫困和社会弱势群体。同时，村里的其他社会团体组织，如妇女联盟和农民协会，帮助银行监督贷款的使用。借款不需要抵押，但社会团体向银行提供担保基金。如果借款人违约，银行将收取一部分担保基金。为保证还款，社会组织将借款人组织成信用集团。在小额信贷的初始阶段也形成了连带责任小组，但这种贷款做法现在已经改变为更灵活的小组贷款（Bhole和 Ogden，2010），其中个人只对她或他的贷款负责，但不适用于其他组成员。根据 VBSP（2009）的报告，未偿贷款总额达到 726 600亿越南盾，VBSP向750万活跃借款人提供贷款。与2008 年相比，2009 年未偿还贷款增加了38.4%（相当于201 490亿越南盾），其中贫困家庭贷款为325 420 亿越南盾，VBSP的客户超过 370万。

农村信用合作社倒闭后，越南贫困银行受托重组农村信用合作社体系。这形成了一个 PCF 网络，由此在越南几乎所有省份都建立了PCF的分支机构。为了恢复公众对正式农村信贷体系的信心，新成立的信贷机构的名称中有意排除了“合作社”一词（Putzeys，2002）。PCF 系统已建立为成员所有的组织，旨在调动其成员的储蓄。该系统根据成本覆盖的经济原则进行管理，不是很容易获得资金。

PCF网络主要建立在经济状况较好且基础设施较发达的地区。因此，PCF系统在减少农村贫困方面的作用有限。其主要作用是为农场和小型创业家庭提供可行的农村信贷体系，以刺激经济发展，从而间接促进消除贫困（Putzeys，2002）。

与国际上中低收入国家相比，越南银行业规模庞大，无论按存款还是信贷衡量都是如此。根据世界银行（2014）的报告，银行业在越南信贷体系中占主导地位，总资产约为越南 GDP的200%（其中包括两家政策性银行），占信贷机构总资产的92%。虽然银行业对中低收入国家来说规模较大，但非银行信贷机构仅占GDP的17%，占信贷机构总资产的8%。金融公司提供项目和消费金融，是最大的一类非银行信贷机构，占 GDP的 6%和信贷机构总资产的3%（世界银行，2014）。

### 2.2.2 非正规信贷部门

对越南非正规信贷部门的了解主要基于业务证据，其作为农村信贷市场非正规信贷提供者的重要作用最近得到了充分证明（详情参见 Barslund和Tarp，2008；Pham和Izumida，2002；Pham和Lensink，2007）。通常，农村家庭可以从不同类型的非正规贷款来源借款，如亲戚、朋友和邻居、循环储蓄信贷协会（ROSCA）或私人放债人，比正规信贷提供者具有更大的灵活性。

亲戚、朋友和邻居是第一选择的信用来源；贷款规模和利率取决于个人关系和声誉。亲戚、朋友利用个人关系，提供无抵押或书面贷款合同的贷款。邻居贷款的利率很低，而且在许多情况下，亲戚、朋友的贷款是免息的。贷款金额因紧急情况、疾病消费、丧葬、婚礼等贷款目的而异。虽然这些贷款提供的资金很少能完全满足农业生产的资金需要，但它们部分反映了越南农村信贷市场非正规贷款的普遍性（Pham和Izumida，2002）。

循环储蓄信贷协会（ROSCA）传统上被称为越南农村家庭的非正规信贷渠道。尽管它们已经存在了很多年，但这些财务安排从未被《信用法》承认为商业合同。这些群体在越南南方被称为“Hui”，在北方被称为“Ho”（Pham和Lensink，2007）。ROSCA促进了定期储蓄，而这些储蓄反过来在相互信任的有限成员群体中作为资金轮流使用。ROSCA的成员主要来自同一个村庄，或者是在同事和朋友中组织起来的。一般而言，会员平均为12人①或更多人。利率、会员人数和贷款金额的决定由所有会员共同通过招标程序或由组织者单独做出。当每个参与者都至少获得一次收集的总资金时，ROSCA的生命周期结束。大多数ROSCA的设立是为了满足短期需求，但它们也可以为长期投资提供资金。然而，ROSCA不受《信贷机构法》的监管，由于成员之间的筛选程序不完善和社会制裁法规薄弱，违约通常产生于ROSCA成员或组织者中。

私人放债人很普遍，似乎是大多数农村家庭的重要贷款来源。Putzeys（2002）透露，在1997—1998年，51%的农户信贷是由私人放债人和个人等非正规渠道提供的。私人放债人通常是农村地区的富裕家庭，拥有过剩的货币和商品。非正规贷款利率通常高于正规贷款利率；在某些极端情况下，利率可高达每月10%~30%。尽管利率很高，但人们向私人放债人借款的原因有很多。在获得贷款和还款方面的灵活性以及为借款人提供简单贷款的实践都被证明比利率重要得多（Pham和Izumida，2002）。一般来说，非正规贷款的放债人不要求抵押品，也没有复杂的筛选步骤来确定贷款。

非正规贷款的一些放债人是贸易商，他们根据承诺在收获季节收到或需要购买产品时提前提供现金。其他供应商可能是在季节开始时提供信贷作为农业生产投入的供应商，然后在季节结束时收到本金加利息（Khoi等，2014）。随着越南农产品市场的发展，这种类型的贷方在过去几年出现了。因此，人们普遍接受并假设它将成为越南农村信贷市场非正规信贷的重要来源。

与发展中国家的其他农村金融市场类似，非正规信贷部门在越南农村信贷市场重建中仍然存在争议。有些传统的反对者认为非正规信贷违反了金融纪律，尽管它有助于满足农民的金融需求。这是因为越南政府不承认非正规信贷部门的合法存在，非正规信贷的发展不受政府监管。因此，应通过改善正规信贷机构的贷款业务，扩大对农户的覆盖面，将非正规信贷排除在农村信贷市场之外，这对于建立健全农村信贷市场和保持农村信贷、促进农村经济可持续发展至关重要。然而，根据发展金融的观点，在非正规信贷持续存在的支持下，对正规和非正规信贷部门进行更好的监管将挖掘来自非正规部门的更多金融资源，这将有助于改善进入农村信贷市场的更多信贷渠道。非正规信贷的存在反映了越南正规农村信用体系的不完善，其特点是支离破碎，无法满足农户多样化的信贷需求。在农村信贷发展方面，应理性看待非正规信贷的存在，以促进农村信贷市场的信贷准入。

---

① 12是一年中12个月的理想匹配数字。

### 2.2.3 半正规信贷部门

半正规信贷部门是在20世纪90年代后期通过小额信贷计划建立的，由国际计划和非政府组织与省级地方组织合作管理。该部门由各种分散融资机构组成，这些机构提供小额信贷服务，试图覆盖被排除在正规信贷渠道之外的那部分人口。最初，半正规信贷部门主要由国际和国内捐助者提供资金，捐助者将这种资金渠道视为向农村地区的贫困家庭提供更有效的援助，从而减轻贫困的一种手段。

与其他亚洲国家一样，半正规信贷部门在向贫困人口提供小额信贷方面发挥着重要作用，但在越南规模较小（McCarty，2001）。半正规信贷部门的主要参与者是群众组织，如妇女联盟、农民协会、青年联盟和退伍军人，它们在实施捐助者支持的小额信贷计划方面发挥着关键作用。这些组织通常代表4个行政级别：国家、省、区和公社。这种结构使群众组织能够与地方一级的当局直接接触，并与国家一级建立联系。涵盖越南小额信贷服务的法律框架于2010年建立；因此，在过去几十年中，半正规信贷部门被排除在《信贷机构法》之外。

目前，半正规信贷部门包括300多个小规模小额信贷项目，其中40个规模稍大且专注于小额信贷。这些是非政府组织类型，客户在1 000到10 000名成员之间，大部分贷款组合低于100万美元。这些计划主要针对贫困人口，贷款规模通常在150美元到300美元之间，其主要客户是女性。其中，贫困人口失业资本援助基金（CEP）[①]、Tinh Thuong小额信贷机构（MFI）[②]（TYM）和其他4个小额信贷机构占半正规信贷部门50%以上的市场份额（Le，2011）。

## 2.3 农村信贷市场信贷供需

表2-1总结了实证研究，提供了有关越南信贷供应来源和信贷需求目的的相关研究结论。与亚洲其他国家的农村信贷市场一样，正规信贷部门无法为农村家庭的生产和消费提供信贷，因此，农村信贷市场存在非正规部门。农户很可能出于不同的目的从不同的信贷来源借款。例如，McCarty（2001），Pham和Izumida（2002）表明，被调查家庭报告的正式贷款主要是为当前的生产提供资金，如耕种、牲畜和手工业，但大多数非正式贷款主要用于个人消费支出，如房屋维修、婚丧嫁娶等。最近，Pham和Lensink（2007）表明正规和非正规信贷部门对越南家庭信贷需求的贡献不一。农户从正规信贷部门借款，主要是为了支持农业生产，如购买化肥和饲养牲畜，而向亲友借款，用于他们的住房建设、医疗和子女教育等消费。越南农村信贷市场中用于生产和消费贷款的正规和非正规信贷之间存在关联的证据已被记录在表2-1中，并做出了信贷来源的解释。

---

① CEP是越南一家非营利性小额信贷机构，在越南东南部和湄公河三角洲各省开展业务。

② Tinh Thuong是一家有限责任小额信贷机构，也是越南第一个官方小额信贷机构。它由越南妇女联盟建立，其使命是通过提供金融和非金融服务，为妇女们参与经济活动创造有利条件并增强她们的作用，改善社会上低收入妇女及其家庭特别是贫困妇女的生活质量。

表 2-1　　农村信贷主要供需来源

| 文献 | 生产 | | | | | 消耗 | | | | |
|---|---|---|---|---|---|---|---|---|---|---|
| | 肥料 | 作物生产的其他投入 | 家畜 | 固定资本 | 自我雇佣非农活动 | 日常开支 | 婚礼和葬礼 | 学校教育 | 卫生保健 | 住房 |
| McCarty（2001） | D/F/IF | D/F/IF | D/F/IF | D/F/IF | D/F/IF | D/IF | D/IF | D/IF | D/IF | D/IF |
| Pham 和 Izumida（2002） | D/F/IF | D/F/IF | D/F/IF | D/F/IF | D/F/IF | D/IF | D/IF | D/IF | D/IF | D/IF |
| Ho（2004） | D/F | D/F | D/F | D/F | D/F | D/IF | D/IF | D/IF | D/IF | D/IF |
| Pham 和 Lensink（2007） | D/F/IF | D/F/IF | D/F/IF | D/F/IF | D/F/IF | D/F/IF | D/F/IF | D/F/IF | D/F/IF | D/F/IF |

注：D：需求；F：由正规信贷部门提供；IF：由非正规信贷部门提供。

随着越南农业投入品和产品市场的发展，对农村信贷，特别是对小额信贷的需求也发生了变化（世界银行，2007）。农村家庭越来越需要更复杂的贷款。例如，作物生产者和小型贸易商对贷款的需求大不相同。作物生产者可能更愿意在每次作物种植开始时获得贷款，并在收获后偿还贷款，而小型贸易商则更倾向于随时获得具有灵活还款期限的贷款。此外，根据创收活动的不同，极贫困家庭和较贫困家庭的贷款规模也有所不同。尽管小额贷款肯定会对提高作物生产者的创收能力产生重大影响，但中型贸易商会要求为其企业提供大笔贷款。因此，在供给驱动和补贴的信贷政策下，需要重新解决向贫困家庭提供信贷的问题，以便应对客户对信贷需求的变化，并改进正式的贷款做法。

## 2.4 农村信贷市场发展的政策与事件

1975年国家统一后，越南经济受到中央计划模式的严格监管，这减缓了经济增长并减少了经济主体参与经济活动的驱动力（Fan，Huong 和 Long，2004; McCarty，2001）。20世纪80年代之前，越南经济的特点是：（1）国家或集体所有（2）实物输入和输出用品的集中化（3）缺乏要素市场和高度监管的商品和服务市场（4）专注于重工业（5）被动的一级银行系统，在这种系统中，国家银行既是商业银行又是中央银行，国家银行将资金分配给指定的项目，而不是调动国内储蓄（Fan 等，2004）。因此，1976—1980年期间的年均国民收入增长率估计为1.4%，远低于13%~14%的目标增长率。20世纪80年代初期，严重的粮食短缺、贸易赤字、援助削减和预算赤字、高通胀和人均收入下降给政策制定者带来了巨大压力（Pham，2009；Vo，1987）。

1986年，面对严重的通货膨胀和预算赤字，越南政府改革了一系列宏观政策，从国有企业的权力下放开始，以控制财政和货币政策。经济改革对经济产生了重大影响，特别是控制了80年代后期出现的通货膨胀。在10年内，到1986年近乎恶性的通货膨胀降至个位数水平，促进了经济增长（Pham，2009）。1990年，金融改革开始，将国有银行垄断分离为二级银行体系，即起到典型中央银行作用的国有银行和专门提供银行服务的商业银行。新建立的银行系统打开了向私营部门提供贷款的大门。目前，商业银行体系由国有银行和股份制银行、信贷基金、合资银行和外资银行组成。利率市场化、汇率灵活管理和间接货币措施在市场管理中的应用也已得到落实。由于政府的持续努力以及一系列创新性货币政策的实施，预计这些政策将对稳定宏观经济、控制通胀和增加对经济各部门的信贷供应产生重大影响，但其正向的影响并不乐观。由于政府对银行业的强力干预以及银行之间高度交叉的所有权，银行业已经出现较差的情况并且实际情况可能比其报告的要差（世界银行，2014）。表2-2总结了影响越南农村信贷市场的关键政策和事件。

表2-2　影响越南农村信贷市场的关键政策和事件

| 时间 | 政策/事件 | 解决方案 |
|---|---|---|
| 1988 | 越南农业发展银行 | 为农业和农村部门提供金融服务 |
| 1993 | PCF重新建立 | 调动农村家庭储蓄 |
| 1995 | 越南贫困银行成立 | 以优惠利率为贫困户提供信贷 |
| 2001 | 政府关于PCF的第48-ND-CP/2001号法令 | 改善PCF的组织和运营 |
| 2002 | VBSP成立 | 为贫困和农村家庭提供廉价信贷 |
| 2005 | 政府第28-ND-CP/2005号法令 | 指导小额信贷机构（MFI）的组织和运营 |
| 2008 | 关于党代会“TamNong”的第26-NQ/TW/2008号决议 | 继续向农村提供优惠信贷，鼓励小额信贷机构向农村放贷 |
| 2009 | 国家小额信贷指导委员会成立 | 发展以市场为基础的小额信贷部门 |
| 2009 | 总理第497/QD-TTg/2009号决定 | 在需求刺激计划中为农民提供利息支持 |
| 2010.4 | 关于发展农业和农村部门信贷政策的第41/ND-CP/2010号法令 | 增加对农户、非农户、农业合作社、养殖企业的无抵押贷款 |
| 2010.6 | 修订了1997年的《信贷机构法》（CIL） | 将非银行小额信贷机构纳入正规信贷体系，放开包括农村金融在内的银行业务 |

资料来源：改编自Le（2011）。

为了通过小额信贷机构促进信贷，越南政府于2005年颁布了第28-ND-CP/2005号法令，以指导小额信贷机构的运营。为了继续向农村地区提供优惠信贷，第26-NQ/TW/2008号决议鼓励小额信贷机构扩大对农村部门的贷款。2009年，国家小额信贷指导委员会成立，以发展基于市场的小额信贷部门。此后，小额信贷机构的业务于2010年被纳入CIL下的正规信贷体系。政府在改善农村地区信贷准入方面的持续努力促使新CIL的通过，制定小额信贷战略和路线图的持续努力是朝着正确方向迈出的重要一步。然而，根据Le（2011）的说法，政府还必须确保在追求其他社会目标的同时不会破坏小额信贷部门的目标。然而，政府向目标群体提供“社会政策贷款”可能会导致绝大多数贫困和低收入家庭无法获得永久性、响应性和一系列的金融服务，而不仅仅是小额信贷。

尽管存在诸多限制，但农村信贷市场在扩大覆盖范围和增加农村家庭获得信贷的机会方面对越南的农村发展做出了重大贡献（Le，2011；McCarty，2001）。1988年VBARD和1993年PCF的成立在提供农村信贷方面发挥了重要作用。两家机构都为专业的农村信贷提供者建立了一个全国网络以扩大服务。1995年，在VBARD的控制下，VBP成立，目的是为贫困家庭提供优惠的信贷，即贫困人口可以获得无抵押的低息贷款。2003年VBSP的建立进一步扩大了对目标群体的社会政策贷款，以确保将贫困人口纳入其中，并进一步在农村信贷市场建立小额信贷部门。

政府政策有意鼓励小额信贷部门的发展。政府实施了多项政策举措，以确保小额信贷机构在农村金融市场运作，并将小额信贷部门纳入农村发展过程中。特别是，第28/ND-CP/2005号法令为开放小额信贷机构的业务以服务客户提供了主要的法律框架。第26/NQ-TW/2008号决议再次强调基于三个主要部门——农业、农民和农村部门的农村发展。该政策表明，进一步鼓励信贷机构继续向农村部门提供优惠信贷。2009年，国家小额信贷指导委员会成立，以发展基于市场的小额信贷部门。随后，实施了两项农村信贷政策。总理第497/QD-TTg/2009号决定旨在在需求刺激计划中为农民提供利息支持，关于农业和农村部门发展信贷政策的第41/ND-CP/2010号法令增加了对农户、非农户、农业合作社和养殖企业的无抵押贷款。特别是，农户的无抵押贷款增加到5 000万越南盾，非农户贷款增加到2亿越南盾，农业合作社和养殖企业的无抵押贷款增加到2亿越南盾。

尽管第28号法令对小额信贷机构进行了正式指导，但2010年修订的《信贷机构法》在立法上将小额信贷机构整合为正规信贷体系的一个子集。随着小额信贷机构在农村金融市场经营的具有里程碑意义的立法的完成，制定小额信贷战略的主要任务是持续努力，满足农村信贷需求。Le（2011）指出了定义小额信贷战略的悖论，以确保小额信贷机构的绩效满足社会目标，同时发展以市场为导向的农村金融。一方面，银行的利润最大化行为可能会使绝大多数贫困和低收入家庭无法获得更广泛的金融服务，而不仅仅是小额信贷。另一方面，VBSP补贴的主导地位加重了政府预算的负担，阻碍了以市场为导向的农村小额信贷机构的发展。

## 2.5 针对越南农村扶贫的小额信贷计划

尽管过去20年来针对农村信贷市场制定了多项支持减贫的关键政策，但越南仍有超过1 200万人（占总人口的14.2%）生活在贫困中（世界银行，2008）。目前，大部分农村贫困户[①]生活条件较差：临时的住房、固定资产缺乏、收入低且不稳定。获得信贷仍然是该国减贫和农村发展战略的关键问题之一。

① 2006年，全国贫困线定为城市地区每人每月260 000越南盾（16美元），农村地区每人每月200 000越南盾（12美元）。

VBSP小额信贷计划旨在针对生活条件不利且获得资金来源有限的贫困人口。自2003年正式成立以来，VBSP通过“基于团体的贷款计划”为贫困人口提供优惠的小额信贷。要从VBSP借款，家庭应加入当地的信用组织。一个信用小组由居住在同一个村庄的5~50名成员组成。如果一个村的成员少于5人，他们应该加入另一个村的信用小组。每个信用集团都设立了一个管理委员会，负责其成员的借贷和信贷使用（Quach，2005）。根据VBSP的贷款政策，要成为信贷集团的成员，家庭应满足以下条件：（1）拥有信贷集团所在地区的长期居留证（2）家庭成员中有能够工作的劳动力（3）有生产或生活所需的信贷需求，贷款总额不超过3 000万越南盾（2012年VBSP贷款政策）或未偿还贷款总额不超过3 000万越南盾（VBSP，2013）。

VBSP的政策性小额信贷计划目前包括以下内容：贫困家庭计划、接近贫困的家庭计划、弱势学生计划、创造就业计划、有限期限的海外移民工人计划、生活在极端贫困地区的商业和生产家庭计划、湄公河三角洲极端弱势少数民族家庭计划、安全用水和农村卫生计划、中小企业计划、林业部门发展计划、极端弱势少数民族家庭计划、企业员工戒毒计划、贫困人口住房支持计划、湄公河三角洲弱势族裔家庭信贷计划、在弱势地区经商的贸易商信贷计划、中部地区贫困家庭建造房屋抵御风暴和洪水的计划、为在韩国的移民工人提供保证金计划，以及国际组织和地方当局委托的其他信贷计划（VBSP，2013）。

信贷小组成员申请VBSP贷款的标准程序如下：申请人向其信用集团发送正式信函。在信中，申请人具体说明他们打算借入的贷款金额和用途。信贷组长收到申请后，安排全体成员开会，审议贷款的相关性。会议期间，信贷小组根据成员的共识，决定哪些家庭可以贷款，以及每笔贷款的金额和期限。成功申请者的名单由信贷组长发给该公社的人民委员会。名单经人民委员会批准后，将送交VBSP分支机构进行最终批准，通常需要1~4周才能获得贷款（Nguyen，2008；Quach，2005）。

自VBSP小额信贷项目启动以来，“团体贷款”在向农村贫困家庭提供贷款方面一直很受欢迎。但值得注意的是，这种借贷行为并未严格遵循连带责任原则。借款人被要求组成一个小组，其中包括一些经过认证的贫困成员和一名组长，但没有规定连带责任（Quach，2005）。在贷款程序方面，组长的任务包括：（1）向信贷员提供组员的信息（2）收集小组成员的贷款申请并分散贷款（3）说服成员偿还贷款。在违约的情况下，与违约借款人打交道是信贷员的责任；组长帮助说服违约者偿还。Quach（2005）认为，采用“基于集团的贷款”机制来降低交易成本而不是降低违约风险。然而，与个人借贷相比，通过团体借贷在处理信息不对称方面更有效。在公社和小额信贷机构层面，贷款和监控VBSP信贷的过程相当严格（Nguyen，2008）。

为确保系统中的高还款率，VBSP监控其当地分支机构的未偿还和逾期未偿还贷款。VBSP总部将VBSP省级分行的逾期未偿还贷款与其本年度拨付资金进行比较，为各分行安排下一财年资金。因此，分配给有大量逾期未偿还贷款的VBSP分支机构的资金可能会减少。除了信用集团之外，人民委员会还负责对所在社区信贷小组成员的还款进行行政管理。通常，当申请人名单获得批准时，人民委员会往往会排除可能无法偿还贷款的非常贫困的家庭，而非贫困或富裕家庭却可以获得贷款（Dufhues等，2001）。因此，VBSP计划的扶贫目标仍然值得怀疑。

Nguyen（2008）通过使用GSO-世界银行贫困线而不是劳动和无效社会事业部（MOLISA）定义的贫困线，调查了小额信贷计划对家庭的影响。结果显示，2004年，只有12%的信用良好的贫困户获得了VBSP提供的小额信贷项目的贷款。有证据表明，小额信贷项目的贷款利率明显偏低。此外，贫困人口通常比非贫困人口获得更少的信贷。每个贫困借款家庭的贷款规模为317.4万越南盾，低于非贫困家庭平均借入的371.5万越南盾。

可以解释小额信贷计划未能覆盖目标贫困家庭的原因有两个。第一个原因：精准扶贫问题难以识别真正的贫困人口。在越南，GSO[①]-世界银行对贫困定义的方法和地方当局不一致（Nguyen，2008）。在公社层面，如果一个家庭表现出一些困难，如缺乏食物或居住在损坏的房屋中，而收入低于MOLISA构建的收入贫困线，则该家庭被归类为贫困家庭。标准由每个公社制定，并且可能因公社而异。由于贫困的定义不一致，区分贫困与非贫困的唯一方法主要是当地官员的本能判断，他们对政府制定的贫困线的理解往往模糊不清。因此，很难对补贴贷款的交付进行监控，以确保贷款真正到达贫困人口手中。

此外，非目标性问题，即补贴小额信贷计划的大部分利益由非贫困人口而非贫困人口享受，也导致了这些计划的失败。Nguyen（2008）表明，VBSP计划对中高收入群体的覆盖率分别为7.3%和2.3%。越南的非针对性问题与20世纪90年代初期中国的补贴贷款计划类似。Rozelle，Zhang和Huang（2003）透露，在20世纪90年代初期，中国90%以上的贷款投资于工业生产而非农业生产。同样，贷款分配的偏见和对利润的担忧是阻止银行通过小额信贷项目向贫困人口提供补贴贷款的主要原因（Li，Gan和Hu，2011）。

第二个原因与Dufhues等（2001）报告的贫困小额信贷计划中选择借款人的信息不对称有关。作者报告说，由于与贷款和监控过程相关的成本很高，信贷团体和公社领导不愿将贫困家庭纳入信贷申请者名单。由于公社负责人参与筛选过程，并根据公社的信贷量和还款率获得奖励，因此，公社负责人也参与了对逾期贷款的强制偿还。这是公社领导力图避免的令人不快的职责。因此，他们更有可能选择根据国家标准可能并不贫穷但有信贷需求并有潜在还款能力的家庭。而贫困人口被排除在外，因为他们被认为还款能力低。同时，非贫困家庭更容易获得信贷，因为它们在有效使用信贷和偿还信贷方面被视为更加可靠。此外，贫困人口往往受教育程度低，生产技能和市场信息有限，他们往往倾向于申请比非贫困人口更少的信贷额度，这使得贷款处理成本高昂。

## 2.6 本章总结

越南农村信贷市场是一个细分的新兴市场，其中贫困和低收入家庭对信贷不断增长

① GSO-世界银行的方法遵循国际贫困线，规定每人每天最低收入为1.25美元。

的需求没有得到满足。信贷提供有三种形式，即正规、非正规和半正规，市场中这三种信贷部门并存。正规信贷部门受到一系列旨在满足农村家庭特别是农村贫困人口信贷需求的制度变革和信贷政策的推动。已有更多的信贷渠道被记录在案，但是很大一部分贫困人口无法从正规信贷部门贷款，因此寻求替代信贷来源。非正规信贷部门传统上被视为正规信贷的替代来源，是许多农村家庭普遍接受的信贷形式，它存在于正规信贷部门之外。由非政府组织和捐助者的支持基金主导的半正规信贷部门于20世纪90年代后期参与到市场中，并在向贫困人口提供小额信贷和小额信贷服务方面发挥着越来越重要的作用，但其规模较小。

在农村信贷市场的发展中，针对贫困人口的政府政策已经克服了贫困户贷款抵押的障碍。许多有利于贫困人口的信贷政策已经实施；然而，信息不对称从本质上阻止了贫困人口获得信贷。一直以来，补贴小额信贷政策似乎是越南政府在以市场为导向的农村金融市场中实现其社会目标的悖论。占主导地位的补贴小额信贷计划确保将小额信贷扩大到农村家庭特别是贫困人口，但是，它给政府预算带来了负担，阻碍了农村金融市场化的发展。另外，为了维持村镇银行市场化的利润最大化行为，实行贴息信贷政策可以促进大多数贫困和低收入家庭获得信贷。

## 2.7 政策影响

由于非正规、半正规和正规信贷部门在越南农村信贷市场共存，因此有必要制定适当的信贷政策，引导这些部门更好地实现农村发展目标。这些信贷部门之间更好的联系将使一个部门能够通过利用其他部门的优势来克服其弱点，特别是无连带责任的团体贷款有助于提高贫困家庭的参与率。将这种贷款扩大到不同团体中的一些非正式贷方可以降低筛选的交易成本，客观上还可能会提高还款率，因为借款人可以使用可用的替代信贷来展期贷款。例如，越南政府和VBSP应加强对个人合同的贷款政策协调，以降低个人合同泄露率，同时保持该计划的成本效益。

鉴于信息不对称的持续存在，政府直接干预向广泛的借款人提供金融服务并不是“最佳”解决方案，因为政府面临与信贷机构相同的信息不对称问题。因此，为使农村信贷市场有效运行，政府和信贷机构应着眼于减少与小额贷款合同相关的信息不对称和交易成本问题的解决方案（见Adams和Vogel，1986；Bardhan和Udry，1999）。对政府而言，重要的是加强金融基础设施和信息中介的发展，同时改善有形基础设施并提供一致的小额信贷政策，以确保底层农村贫困人口有足够的信贷渠道（Navajas等，1998；Seibel，1997）。对信贷机构而言，开发和采用金融技术创新至关重要，如为农业价值变化中的某些参与者（如信用评级、信用评分机构）量身定制的贷款合同（如团体贷款）或基于伙伴关系的贷款。

将VBA中的较大规模贷款与VBSP中的小规模贷款分开的降级策略显示出通过调整贷款实践的创新来加强对农村地区的信贷所获得的有效性（另见Le，2011；Nguyen，2008；Pham和Izumida，2002）。在过去的10年中，农村贫困家庭获得了更多优惠小额信贷，小额信贷计划的积极影响已得到充分证明。然而，随着农村信贷市场的发展，包括信贷需求和信贷供应以及其他小额信贷服务的发展，关于VBSP是否能够在不断变化的环境中可持续运作的问题仍然存在争议。然而，VBSP运营的发展战略应该反映其前身的失败。通过建立一个获得大量补贴的VBSP来发放针对贫困人口的优惠贷款来剥离VBA小额信贷业务，这违反了稳健银行业务和可持续扶贫的原则。此外，高度监管的银行业务缺乏对大量贫困人口日益增长的全方位金融服务需求做出充分响应的动力（Dufhues，Heidhues和Buchenrieder，2004；Seibel，1997）。这个问题应该在农业农村发展和减贫的长期战略中得到认真的重新审视和解决。

## 参考文献


Barslund, M. & Tarp, F. (2008). Formal and informal rural credit in four provinces of Vietnam. The Journal of Development Studies, 44(4), 485-503.

Bhole, B. & Ogden, S. (2010). Group lending and individual lending with strategic default. Journal of Development Economics, 91(2), 348-363.

BWTP (2008). Vietnam Industry Assessment: A Report on the Vietnamese Microfinance Sector.

Dufhues, T., Pham, T. M. D., Ha, T. H. & Buchenrieder, G. (2001). Fuzzy information policy of the Vietnam Bank for the Poor in lending to and targeting of the poor in Northern Vietnam: Grauer.

Fallavier, P. (1998). Developing Microfinance Institutions in Vietnam. The University of British Columbia.

Fan, S., Huong, P. L. & Long, T. Q. (2004). Government Spending and Poverty Reduction in Vietnam. Project report prepared for the World Bank funded project "Pro-poor spending in Vietnam", by International Food Policy Research Institute, Washington DC, and Central Institute for Economic Management, Hanoi.

Khoi, P. D., Gan, C., Nartea, G. V. & Cohen, D. (2014). Impact of microcredit in the Mekong River Delta. The Journal of Asia Pacific Economy, 17(4), 558-578.

Le, T. T. (2011). Vietnam rural financial market — Fact diagnostics and the policy implications for rural development of Vietnam. Journal of Economics and Development, 41, 57-73.

McCarty, A. (2001). Microfinance in Vietnam: A survey of schemes and issues. Hanoi, Vietnam: Department for International Development (DFID) and the State Bank of Vietnam (SBVN).

Nguyen, V. C. (2008). Is a governmental microcredit program for the poor really pro-poor? Evidence from Vietnam. The Developing Economies, 46(2), 151-187.

Quach, M. H. (2005). Access to Finance and Poverty Reduction: An Application to Rural Vietnam. University of Birmingham.

Pham, L. T. (2009). Determinants of Child Health and Contraceptive Use in Vietnam: A Microeconometric Analysis. University of Groningen, The Netherlands, Groningen.

Pham, B.D.& Izumida, Y.(2002).Rural development finance in Vietnam: A microeconometric analysis of household surveys.World Development, 30(2), 319-335.

Pham, T. T. T. & Lensink, R. (2007). Lending policies of informal, formal and semiformal lenders. Economics of Transition, 15(2), 181-209.

Putzeys, R. (2002). Microfinance in Vietnam: Three Case Studies. Preparation MSc thesis of Development Cooperation, University of Gent, Belgium, The Belgian Technical Cooperation of Hanoi, Vietnam.

Rozelle, S., Zhang, L. & Huang, J.(2003). China's war on poverty. Stanford University Press.

VBSP (2009). VBSP Annual Report 2009. Retrieved from http://www.vbsp.org.vn/ B202655C-B30C-48F0-B607-F133765722F2/FinalDownload/DownloadId-00A3DEA454DDBD205814FBAEC6591ED9/B202655C-B30C-48F0-B607-F133765722F2/Image_BCTN/2009.pdf.

VBSP(2013). VBSP Annual Report 2009. Retrieved from http://vbsp.org.vn/wp- content/uploads/2015/03/BCTN-NHCSXH-Dang-Website.pdf.

Vo, N. T.(1987). Socialist Vietnam's Economy 1975—1985: An Assessment: Institute of Development Economics, Tokyo.

Wolz, A.(1999). Achievements and Problems of People's Credit Funds in Vietnam: FIA.

World Bank(2002). Vietnam Delivering on Its Promise. Report No. 25050-VN.

World Bank (2007). Vietnam: Developing a Comprehensive Strategy to Expand Access for the Poor to Microfinance Services. Volume I: The Microfinance Landscape in Vietnam.

World Bank(2008).Vietnam Development Report.

World Bank(2010). Access to Finance for the Poor. CGAP Annual Report 2010.

World Bank(2014). Financial Sector Assessment. Annual Report 2014.

# 第3章 马来西亚的小额信贷机构

*Mohamad D. Revindo*[*], *and Christopher Gan*[†]

[*]PhD Candidate, Faculty of Agribusiness and Commerce, Department of Financial and Business System,
PO Box 85084, Lincoln University, Canterbury, New Zealand

[†] Professor in Accounting and Finance, Faculty of Agribusiness and Commerce, Department of Financial and Business System,
PO Box 85084, Lincoln University, Christchurch, New Zealand

**摘　要：**小额信贷于1987年在马来西亚推出，旨在为社会中最贫穷的成员提供金融支持渠道，并减少持续存在的收入不平等。马来西亚贫困和不平等的特点是城乡人口、性别以及民族之间的收入差距。本章概述了马来西亚的三个主要小额信贷机构（MFI），即Amanah Ikhtiar Malaysia （AIM）、Yayasan Usaha Maju （YUM） 和 Tabung Ekonomi Kumpulan Usaha Niaga （TEKUN）。这三个小额信贷机构均获得了马来西亚政府的财政支持，但在成立年份、组织类型、贷款计划、服务范围和目标借款人方面有所不同。小额信贷机构的贷款偿还率表现不同，其中不良贷款（NPL） 可能与贷款的条款以及借款人的某些个人和家庭特征有关。小额信贷机构的小额信贷对借款人的个人、家庭和微型企业的经济表现产生了积极影响，但影响程度因小额信贷机构和经济表现指标而异。本章讨论了研究得到的调查结果并分析对小额信贷机构和政策制定者的影响。

**关键词：**小额信贷、机构、AIM、YUM、TEKUN、绩效、影响、马来西亚

## 3.1 简介

马来西亚是东南亚地区最先进和最发达的经济体之一。自1957年独立以来，马来西亚从低收入经济体发展到中高收入经济体，2014年人均GDP为11 307.1美元，全球排名第60位（世界银行，2015）。马来西亚的经济结构也从以农业和矿业为基础的经济转变为以制造业和服务业为基础的经济。除了经济发展之外，马来西亚的教育和医疗保健服务也得到了快速改善，人类发展指数很高，在2014年联合国开发计划署的人类发展指数（HDI）中排名第62位（UNDP，2015）。

然而，仅靠经济增长、结构转型和人类发展指数本身并不能消除贫困和带来收入平等。贫困和不平等在马来西亚持续存在，其特点是城乡地区、性别以及族裔群体和国家之间的差异巨大（Hashim，1998）。因此，马来西亚政府一直坚定地主张以特定的经济

计划和工具来减少贫困和创造人口平等。

受到孟加拉国格莱珉银行成功的启发，马来西亚于1987年引入了小额信贷，旨在为贫困地区的人口提供融资渠道。本章概述了马来西亚的小额信贷发展，通过三个主要的小额信贷机构/提供商（MFI）的发展来描述小额信贷的发展。3.2节讨论了马来西亚贫困和收入不平等的特征。接下来的三个部分概述了马来西亚的不同小额信贷机构：分别是3.3节的Amanah Ikhtiar Malaysia（AIM），3.4节的Yayasan Usaha Maju（YUM）和3.5节的Tabung Ekonomi Kumpulan Usaha Niaga（TEKUN）。3.6节讨论了三个小额信贷机构的小额信贷服务如何影响其客户的福利。

## 3.2 马来西亚的经济发展和小额信贷的引入

### 3.2.1 马来西亚的经济发展与贫困

马来西亚是一个多种族国家，拥有三个不同的种族：土著[①]、华裔和印度裔。该国于1957年从英国统治下获得独立，并继承了发达的基础设施和高效的公共行政的殖民遗产（Menon，2009）。在20世纪70年代之前，马来西亚的经济主要基于采矿和农业。然而，政府促进了国内外投资，特别是在制造业领域，投资占GDP的比重从1955年的13%上升到1970年的20%以上（Esfahani，1994）。投资不仅使新独立国家的经济快速增长，而且使经济在20世纪80年代开始向工业和服务业的发展过渡（Esfahani，1994）。此后，马来西亚从低收入经济体发展成为中高收入经济体，其人均收入、教育和医疗保健水平远远领先于东南亚大多数邻国（Menon，2009）。

图3-1描绘了马来西亚1960年至2014年的GDP。图3-1上显示名义GDP从1960年的19.2亿美元上升到2014年的3 381亿美元。在此期间，实际GDP平均每年增长6.37%，尽管在1975年和2001年中断了低增长，甚至分别在1985年经济衰退、1997年亚洲金融危机和2008年全球金融危机期间出现了负增长。

经济增长使马来西亚的人均收入快速增长。图3-1显示，在54年间（1960—2014年），名义人均收入从234.80美元增加到11 307.06美元，增长了47倍以上。在此期间，尽管多次出现负增长，但实际人均收入增长了7.5倍，年均增长3.83%（世界银行，2015）。

除了经济增长外，马来西亚的医疗保健和教育服务也发展迅速。表3-1显示预期寿命（作为健康的衡量标准）从1980年的68.1岁增加到2014年的74.7岁。同期，成人平均受教育年限从4.4年增加到10.0年，预计儿童受教育年限从9.0年增加到12.7年，这表明教育水平有所提高[②]。结果，马来西亚的HDI（人类发展指数）值从1980年的0.569提高到2014年的0.779（UNDP，2015）。尽管如此，马来西亚的HDI在2014年排名第62位，略低于1980年的第58位。这表明，尽管马来西亚在收入、教育和医疗服务

---

① Bumiputera或Bumiputra是一个马来语词，指的是马来西亚土著人(Siddique和Suryadinata，1981)。

② 2010年以来，联合国开发计划署在其人类发展报告（UNDP，2010）中分别用平均受教育年限和预期受教育年限取代识字率和毛入学率作为教育指标。

的发展方面取得了成就，但至少三个指标中的一项发展速度相对较慢，平均低于其他国家。

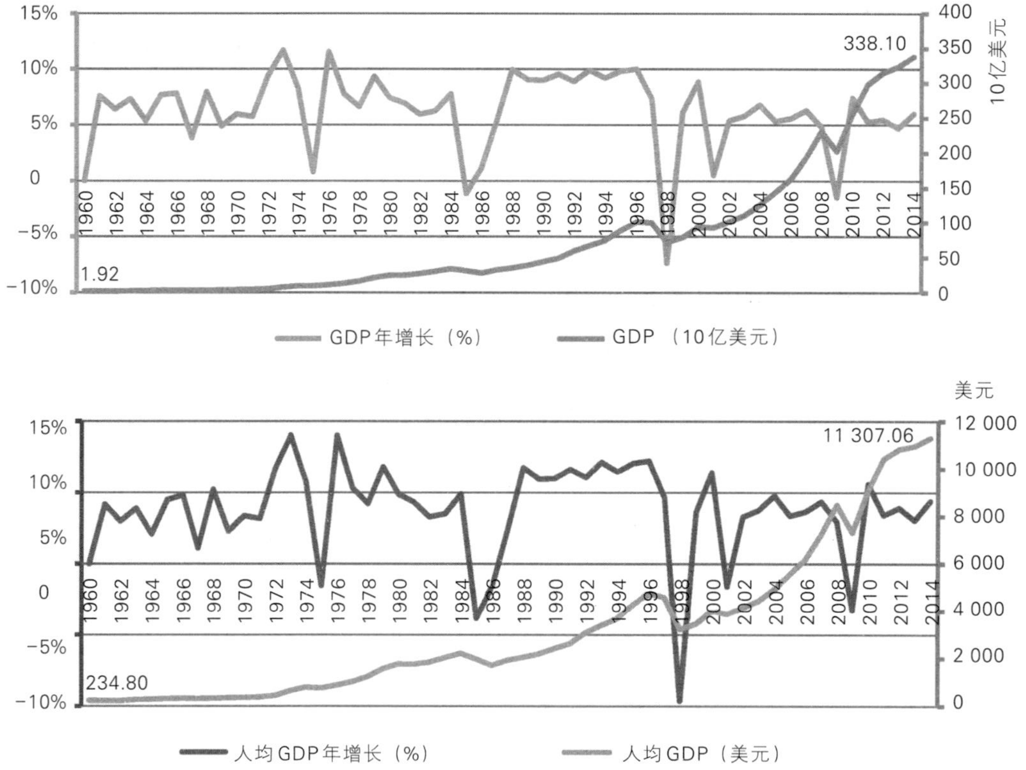


图3-1　马来西亚GDP和人均GDP（1960—2014年）

表3-1　　马来西亚人均发展指标（1980—2014）

| 指标 | 1980 | 1990 | 2000 | 2010 | 2011 | 2012 | 2013 | 2014 |
|---|---|---|---|---|---|---|---|---|
| HDI值 | 0.569 | 0.641 | 0.723 | 0.769 | 0.772 | 0.774 | 0.777 | 0.779 |
| HDI等级 | 58 | 64 | 54 | 62 | 62 | 62 | 62 | 62 |
| 预期寿命（岁） | 68.1 | 70.7 | 72.8 | 74.1 | 74.3 | 74.4 | 74.6 | 74.7 |
| 成人平均受教育年限（年） | 4.4 | 6.5 | 8.6 | 10.0 | 10.0 | 10.0 | 10.0 | 10.0 |
| 预计儿童受教育年限（年） | 9.0 | 9.7 | 11.9 | 12.7 | 12.7 | 12.7 | 12.7 | 12.7 |
| 以购买力平价计算的人均国民总收入（2011年固定购买力平价美元） | 7 315 | 9 772 | 14 500 | 19 725 | 20 576 | 21 074 | 21 812 | 22 762 |

资料来源：人类发展报告（UNDP，2015年）。

马来西亚在提供就业和一般减贫方面也表现良好（见表3-2）。马来西亚的失业率一直很低，波动很小。平均失业率为3.26%，1993年失业率最高（4.1%），2014年最低（2.0%）（世界银行，2015）。

随着时间的推移，马来西亚的贫困水平趋于下降（见表3-2）。以马来西亚的国家贫困线为衡量标准，生活在贫困线以下的人口从1984年的20.7%减少到2014年的0.6%（经济规划部门，2015b）①。核心贫困（生活在马来西亚国家贫困线一半以下的人口）的发生率从1984年的6.9%下降到2012年的0.2%（经济规划部门，2013a）。使用世界银行的贫困线标准，表3-2中的贫困发生率序列显示，每天生活费低于3.10美元的人口从1984年的12.01%下降到2009年的2.71%②。同样，使用世界银行的极端贫困线，每天生活费低于1.90美元的人口从1984年的2.88%下降到2009年的0.28%。此外，贫困深度（以贫困差距衡量）系列显示，2009年贫困人口的平均收入为只有每天3.10美元的0.49%的缺口，每天1.90美元的0.04%的缺口，以及国家贫困线的0.8%的缺口（世界银行，2015）。

表3-2　　马来西亚的贫困、收入不平等和失业（1984—2014）

| 指标 | 1984 | 1992 | 2002 | 2004 | 2007 | 2009 | 2012 | 2014 |
|---|---|---|---|---|---|---|---|---|
| 贫困发生率（每天1.90美元，2011年购买力平价）（占人口的百分比）[a] | 2.88 | 1.26 | n/a | 4.35 | 0.0 | 0.28 | n/a | n/a |
| 贫困发生率（每天3.10美元，2011年购买力平价）（占人口的百分比）[a] | 12.01 | 10.92 | n/a | 15.38 | 2.71 | 2.71 | n/a | n/a |
| 贫困发生率（马来西亚国家贫困线）（占人口的百分比）[b] | 20.7 | 12.4 | 6.0 | 5.7 | 3.6 | 3.8 | 1.7 | 0.6 |
| 核心贫困的发生率（在马来西亚国家贫困线以下）（占人口的百分比）[b] | 6.9 | 2.9 | 1.0 | 1.2 | 0.7 | 0.7 | 0.2 | n/a |
| 每天1.90美元的贫困差距（2011年购买力平价）（%）[a] | 0.58 | 0.1 | n/a | 1.03 | n/a | 0.04 | n/a | n/a |
| 每天3.10美元的贫困差距（2011年购买力平价）（%）[a] | 3.13 | 2.34 | n/a | 4.38 | 0.19 | 0.49 | n/a | n/a |
| 国家贫困线的贫困差距（%）[a] | n/a | n/a | n/a | 1.4 | 0.8 | 0.8 | n/a | n/a |
| 失业率总数（占劳动力总数的百分比）[a] | n/a | 3.7 | 3.5 | 3.5 | 3.2 | 3.7 | 3.0 | 2.0 |
| 基尼系数[b] | 0.483 | 0.459 | 0.461 | 0.462 | 0.441 | 0.441 | 0.431 | 0.401 |

资料来源：a世界发展指标，世界数据库（世界银行，2015）；b社会经济统计（经济规划部门，2013b，2015d）。

尽管在人均收入、教育水平和医疗保健水平以及减贫和提供就业方面取得了所有成就，但迄今为止，马来西亚仍然存在收入不平等问题。表3-2的最后一行显示基尼系数以非常缓慢的速度改善并趋于波动。截至2014年，基尼系数仍为0.401③，即表明存在令人担忧的收入不平等问题。

① 2014年马来西亚按地区划分的国家贫困线以下人群的收入（PLI）（以林吉特计，其中1林吉特 = 0.25美元）。

② 世界银行以前分别使用每天2美元和每天1.25美元作为国际贫困线和极端贫困线的标准。然而，截至2015年10月，世界银行已将贫困线的标准更新为每天3.10美元，将极端贫困线的标准更新为每天1.90美元（世界银行集团，2016年）。

③ 基尼系数值高于0.4的国家被视为高度不平等或至少为中高度不平等的国家（Bourguignon，2004；Vieira，2012）。

### 3.2.2 马来西亚的贫困、不平等和小额信贷计划

上一节中谈到的收入不平等的迹象引起了对马来西亚不平等和贫困特征的进一步讨论，这反过来又促使马来西亚引入了小额信贷。马来西亚的不平等和贫困至少表现出与家庭收入和贫困率相关的4个差异特征：（1）农村和城市地区之间（2）族裔群体之间（3）各州之间（4）男性和女性劳动力之间的就业机会不平等。

1970年至1990年间，马来西亚政府推出了新经济政策（NEP），在该国推动社会和经济发展，主要目标是消除贫困和重组国家社会（Jomo，2004），希望新经济政策消除种族与经济功能的差别，如商业领域的华裔、农业领域的马来西亚土著人和橡胶种植园的印度裔（Jomo，2004）。在推行新经济政策时期，1987年，AIM成立。AIM是一个非政府组织（NGO），它向该国推出了第一个小额信贷计划，主要目标是通过向参与创收活动的借款人提供小额贷款来减少土著人的贫困。新经济政策成功地将该国的贫困水平从1970年的52.4%降低到1990年的17.7%（经济规划部门，1991；Roslan，2006）。然而，土著的经济状况并没有改善。虽然马来西亚人口的平均收入增长迅速，但从殖民时期继承下来的马来西亚土著人和华裔之间的巨大收入差距仍然存在（Jomo，2004）。

1991年，新经济政策被国家发展政策（NDP）框架所取代，这是一项在2000年之前推动国家经济和社会发展的中期计划。NDP继续推行减少经济部门种族失衡的政策（Menon，2009）。2020年愿景也曾于1991年提出，作为引导马来西亚到2020年成为完全发达国家的长期计划。总体而言，新经济政策、国家发展政策和2020年愿景发展规划的前20年成功减少了该国的贫困和失业（见表3-2），实现了GDP正增长（见图3-1），增加了土著的收入（见图3-2）。

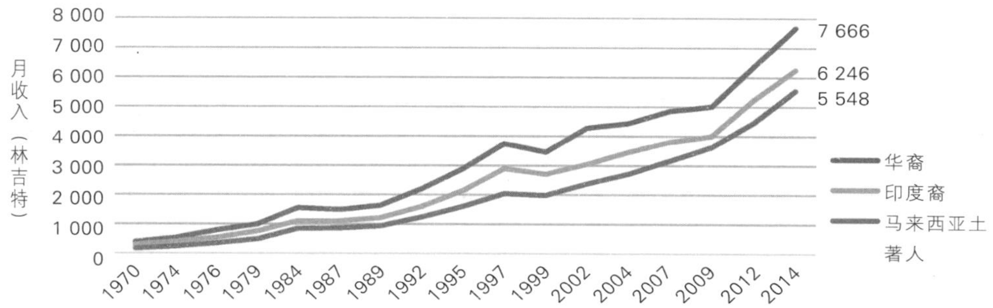


注：1林吉特=0.25美元。

图3-2 马来西亚家庭月收入，按族裔划分（1970—2014）（单位：林吉特）

资料来源：Mean Monthly Gross Household Income by Ethnicity, Strata and State, Malaysia, 1970—2014（Economic Planning Unit，2015c）.

尽管如此，土著仍然是贫困人口中收入最低、人数最多的族群。图3-2显示，尽管各族裔家庭的收入有所增加，但2014年华裔家庭是收入最高的家庭，平均月收入为7 666林吉特。相比之下，印度裔家庭的平均月收入为6 246林吉特，而土著家庭的月平

均收入为5 548林吉特。

因此，不同种族的贫困率也不同，土著的贫困率最高。图3-3（a）显示，随着时间的推移，所有族群的贫困发生率稳步下降，然而，土著的贫困发生率仍是最高的，其次是印度裔和华裔。2014年，土著和印度裔的贫困发生率分别为0.8%和0.6%，而华裔则为0.1%。核心贫困发生率也是如此。图3-3（b）显示，2012年土著和印度裔的核心贫困发生率分别为0.3%和0.2%，而华裔为0。

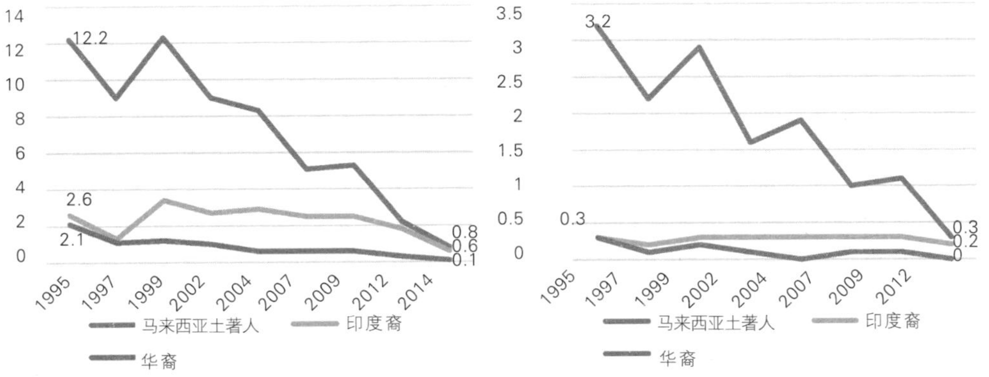


图3-3　马来西亚的贫困人口，按族裔划分（%）

（a）贫困发生率（1995—2014）（%）　　（b）核心贫困发生率（1995—2012）（%）

资料来源：Economic Planning Unit（2015b，2013a）.

马来西亚贫困和收入不平等的第二个特征是城乡人口之间的收入差距。图3-4显示，尽管家庭收入稳步增长，但2014年农村家庭的平均月收入为3 831林吉特，而城市家庭的相应收入为6 833林吉特。

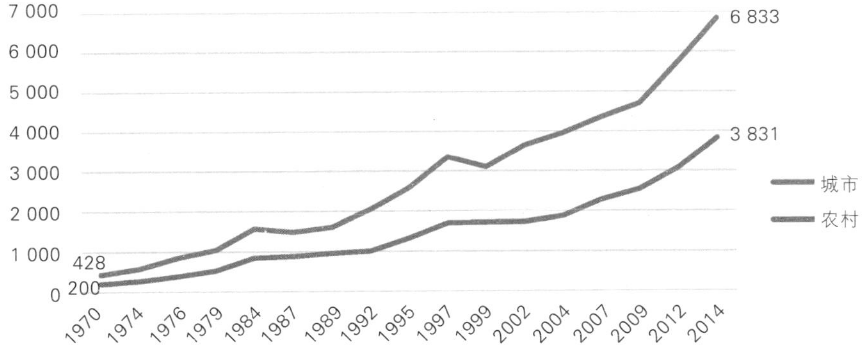


图3-4　马来西亚家庭平均月收入，按地理区域划分（1970—2014）（单位：林吉特）

注：1林吉特=0.25美元。

资料来源：Mean Monthly Gross Household Income by Ethnicity.Strata and State.Malaysia.1970—2014（Economic Planning Unit，2015c）.

农村地区的贫困水平也普遍高于城市地区。图3-5（a）显示，尽管自1970年以来贫困发生率不断下降，但截至2014年，农村地区（使用国家贫困线）的贫困发生率为1.6%，而城市人口仅为0.3%。此外，图3-5（b）显示，2012年农村人口核心贫困（生活在国家贫困线以下一半的人）的发生率为0.6%，而城市人口仅为0.1%。

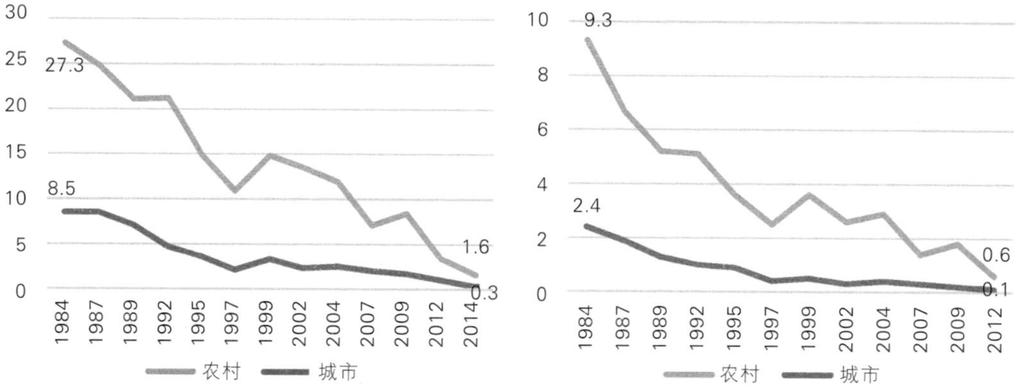


图3-5　马来西亚的贫困人口，按地理区域划分（%）

（a）贫困发生率（1995—2014）（%）　　（b）核心贫困发生率（1995—2012）（%）

资料来源：Economic Planning Unit（2015b，2013a）.

马来西亚不平等的第三个特征是各州之间的福利差异。表3-3显示了1970—2014年（44年）期间各州之间持续存在的家庭收入差距，尽管所有州的收入都呈随时间增加的趋势。1989年，吉隆坡的平均家庭收入是吉兰丹州的近2.9倍，尽管这两个州在1989—2014年期间收入都在增加，但两个州收入差距比例直到2014年也基本保持不变。

表3-3　马来西亚各州家庭月收入（1970—2014）　单位：林吉特

| 地区 | 1970 | 1979 | 1989 | 1999 | 2004 | 2007 | 2009 | 2012 | 2014 |
|---|---|---|---|---|---|---|---|---|---|
| 吉隆坡 | n/a | n/a | 2 102 | 4 105 | 5 011 | 5 322 | 5 488 | 8 586 | 10 629 |
| 布城 | n/a | n/a | n/a | n/a | n/a | 5 294 | 6 747 | 8 101 | 10 401 |
| 雪兰莪 | 421 | 1 067 | 1 790 | 3 702 | 5 175 | 5 580 | 5 962 | 7 023 | 8 252 |
| 柔佛 | 237 | 731 | 1 220 | 2 646 | 3 076 | 3 457 | 3 835 | 4 658 | 6 207 |
| 马六甲 | 265 | 772 | 1 190 | 2 260 | 2 791 | 3 421 | 4 184 | 4 759 | 6 046 |
| 槟城 | 292 | 840 | 1 375 | 3 128 | 3 531 | 4 004 | 4 407 | 5 055 | 5 993 |
| 森美兰 | 286 | 629 | 1 162 | 2 335 | 2 886 | 3 336 | 3 540 | 4 576 | 5 271 |
| 沙巴纳闽 | n/a | 767 | 1 358 | 1 905 | 2 487 | 2 866 | 3 144 | 4 089 | 4 985 |
| 砂拉越 | n/a | 582 | 1 199 | 2 276 | 2 725 | 3 349 | 3 581 | 4 293 | 4 934 |
| 登嘉楼 | 173 | 360 | 905 | 1 600 | 1 984 | 2 463 | 3 017 | 3 967 | 4 816 |
| 吉打 | 189 | 382 | 860 | 1 612 | 2 126 | 2 408 | 2 667 | 3 425 | 4 478 |
| 玻璃市 | 140 | 316 | 852 | 1 431 | 2 046 | 2 541 | 2 617 | 3 538 | 4 445 |
| 彭亨 | 286 | 702 | 1 092 | 1 482 | 2 410 | 2 995 | 3 279 | 3 745 | 4 343 |
| 霹雳 | 254 | 559 | 1 067 | 1 743 | 2 207 | 2 545 | 2 809 | 3 548 | 4 268 |
| 吉兰丹 | 151 | 341 | 726 | 1 314 | 1 829 | 2 143 | 2 536 | 3 168 | 3 715 |

不出所料，各州的贫困率也不同。表 3-4 显示，尽管所有州的贫困率都随着时间的推移趋于下降，但有证据表明各州之间存在差异。2014年，贫困发生率最高的是沙巴纳闽（3.9%），远高于吉兰丹（0.9%），与贫困发生率最低的柔佛和布城（Putrajaya）的0相差甚远。此外，所有州的核心贫困发生率都随着时间的推移而下降，但各州之间的差异也很明显。2012年，最高的核心贫困发生率出现在沙巴纳闽（1.6%），玻璃市次高（0.5%），雪兰莪和槟城最低（0）。

表 3-4　　马来西亚各州的贫困情况（1984—2014）(%)

| | 贫困发生率 | | | | | 核心贫困发生率（赤贫） | | | |
|---|---|---|---|---|---|---|---|---|---|
| 地区 | 1984 | 1992 | 2002 | 2012 | 2014 | 1984 | 1992 | 2002 | 2012 |
| 沙巴纳闽 | 33.1 | 27.8 | 16 | 7.8 | 3.9 | 9.7 | 6.8 | 4 | 1.6 |
| 吉兰丹 | 39.2 | 29.5 | 17.8 | 2.7 | 0.9 | 15.5 | 8.7 | 3.4 | 0.3 |
| 砂拉越 | 31.9 | 19.2 | 11.3 | 11.3 | 0.9 | 10 | 3 | 1.8 | 0.3 |
| 霹雳 | 20.3 | 10.2 | 6.2 | 1.5 | 0.7 | 6.7 | 1.9 | 1 | 0.2 |
| 彭亨 | 15.7 | 6.9 | 9.4 | 1.3 | 0.7 | 5.4 | 1.1 | 1.1 | 0.2 |
| 登嘉楼 | 28.9 | 25.6 | 14.9 | 1.7 | 0.6 | 11.6 | 9.2 | 2.2 | 0.2 |
| 森美兰 | 13 | 8.1 | 2.6 | 0.5 | 0.4 | 3.7 | 1.8 | 0.2 | 0.1 |
| 吉打 | 36.6 | 21.2 | 9.7 | 1.7 | 0.3 | 13.5 | 5.4 | 2 | 0.1 |
| 槟城 | 13.4 | 4 | 1.2 | 0.6 | 0.3 | 4.1 | 1.1 | 0.1 | 0 |
| 玻璃市 | 33.7 | 19.8 | 8.9 | 1.9 | 0.2 | 11.7 | 4.1 | 0.9 | 0.5 |
| 雪兰莪 | 8.6 | 4.3 | 1.1 | 0.4 | 0.2 | 2.5 | 0.6 | 0.2 | 0 |
| 吉隆坡 | 4.9 | 1.7 | 0.5 | 0.8 | 0.1 | 1.4 | 0.3 | n/a | 0.1 |
| 马六甲 | 15.8 | 8.5 | 1.8 | 0.1 | 0.1 | 5.5 | 1.8 | 0 | n/a |
| 柔佛 | 12.2 | 5.6 | 2.5 | 0.9 | 0 | 3.1 | 1.1 | 0.1 | 0.1 |
| 布城 | n/a | n/a | n/a | 0 | 0 | n/a | n/a | n/a | n/a |

资料来源：贫困发生率（经济规划部门，2015b）和核心贫困发生率（经济规划部门，2013a）。

马来西亚不平等的第四个特征是男性和女性劳动力的就业机会不同。图3-6显示女性劳动力的失业率普遍高于男性劳动力。尽管男性和女性劳动力的失业率随着时间的推移而波动，但这种差异往往是恒定的大约 0.3%，除了1999年男性劳动力的失业率高于女性外。

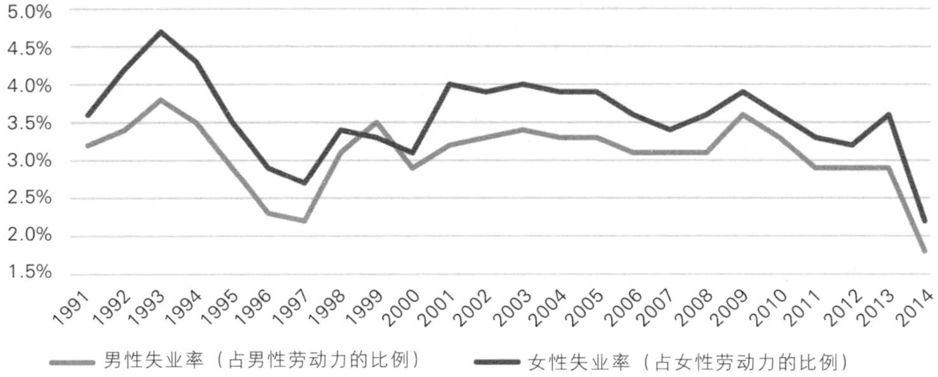


图3-6　马来西亚失业率，按性别划分（1991—2014）(%)

资料来源：World Development Indicators，World Databank（World Bank，2015）.

### 3.2.3　马来西亚MIFS概况

上文讨论的是马来西亚贫困和不平等的特征，接下来的内容与马来西亚小额信贷机构更加相关。小额信贷服务，尤其是小额信贷，可能针对社会中的特定群体（最贫困或最脆弱的群体）、特定性别（女性）、特定地区（农村地区和落后国家），以及特定族群。马来西亚小额信贷机构的建立和运营实际上是在某些特定地区或为消除特定族群贫困所做出的努力的一部分。

本节概述了马来西亚的三个主要小额信贷机构，即AIM、YUM和TEKUN。每个小额信贷机构的特征总结在表3-5中。AIM①成立于1987年，成为马来西亚第一家经营小额信贷的机构。AIM在整个马来西亚（半岛、沙巴和砂拉越）提供小额信贷服务。不久之后，1988年沙巴州成立了自己的小额信贷机构YUM，专注于为沙巴的贫困人口提供小额信贷。AIM和YUM都复制了格莱珉银行的小额信贷模式。两者都是面向贫困人口的信贷机构，因为它们只向生活在该国贫困线上或低于该国贫困线的人提供小额信贷。第三个小额信贷机构是TEKUN，成立于1998年，它在马来西亚向贫困人口和非贫困人口提供小额信贷服务②。

表3-5　小额信贷机构

| 特点 | AIM | YUM | TEKUN |
|---|---|---|---|
| 建立时间 | 1987 | 1988 | 1998 |
| 服务领域 | 马来西亚全境 | 沙巴州 | 马来西亚全境 |
| 目标借款人 | 贫困人口 | 贫困人口 | 贫困人口和非贫困人口 |
| 贷款计划 | 团组 | 个人 | 个人 |
| 组织类型 | 非政府组织 | 政府组织 | 政府组织 |
| 政府支持 | 补贴 | 补贴 | 补贴 |

资料来源：Mokhtar，Nartea和Gan（2012b）。

① 在AIM成立之前，Koperasi Kredit Rakyat（人民信用合作社，KKR）已经成立于1974年。但是我们排除KKR，因为它实际上是一个信用合作社或合作社，只为少数人提供小额信贷服务，特别是雪兰莪州的橡胶种植园工人。

② 非贫困人口是指生活在国家贫困线以上的人。

AIM 采用团体借贷计划，而 YUM 和 TEKUN 则采用个人借贷计划。AIM 是一个非政府组织，而 YUM 和 TEKUN 受马来西亚农业和农基工业部的领导。所有小额信贷机构都得到政府补贴和贷款方面的全额财政支持（Roslan，2006）。因为小额信贷的收费非常低，所以三个小额信贷机构自成立以来都没有实现财务可持续性（Roslan，2006）。

## 3.3 AIM

### 3.3.1 背景

AIM是马来西亚第一家小额信贷机构，其组建灵感来自孟加拉国格莱珉银行的成功案例（McGuire、Conroy 和 Thapa，1998）。1986年，来自马来西亚理科大学的两位社会科学家 David Gibbons 和 Sukor Kasim 在马来西亚半岛的雪兰莪州开始了一个名为 Projek Ikhtiar 的格莱珉银行理念的试点项目。Projek Ikhtiar 为雪兰莪农村地区的贫困人口提供小额信贷，以开展创收活动（AIM，2013b）。

Projek Ikhtiar 被认为是成功的，因为大多数借款人设法建立和经营各种微型企业，女性借款人的还款率超过 90%（AIM，2013b）。项目的结论是，类似于格莱珉银行模式的团体贷款系统可以在马来西亚应用。随着 Projek Ikhtiar 的成功，AIM 于 1987 年根据受托人公司法 258（1981 年修订）（Chamhuri 和 Quinones，2000）成立。从那时起至今，AIM 的小额贷款服务已覆盖到整个马来西亚。

AIM 是一个面向贫困的小额信贷机构，只向贫困人口提供贷款。然而，多年来，AIM 经历了复杂的发展过程，从 1992 年到 1999 年经历了使命的崩溃，当时 AIM 帮助贫困人口的最初目标被以政治动机扭曲了（Kasim，2000）。这种崩溃始于 1992 年，当时高层管理人员中的成员希望 AIM 成为吸引政治支持者的工具。项目包括引入两项新贷款计划，开始向不那么贫困的人提供贷款：为渔民提供的 Skim Pinjaman Nelayan（SPIN）贷款和给城市单身母亲的 Skim Khas Ibu Tunggal（SKIT）贷款。SPIN 和 SKIT 参与者的第一笔贷款均数额巨大（10 000 林吉特），这导致贷款无法收回，因为借款人无力偿还（Kasim，2000）。

此外，对贷款机构来讲这些贷款并不划算，更像是慈善贷款（Conroy，2002）。最终，AIM 失去了方向进而导致管理混乱，AIM 创下了该机构历史上最高的贷款未偿还额。为了支付无法收回的贷款的成本，管理层将最初为零的管理费提高到 19%。贷款管理费的增加导致贫困的借款人的辍学率更高（Conroy，2002）。在此之后，2003 年发生了重大改革，其中 AIM 更换了新的管理层，新的管理层的任务是将 AIM 重新建立为一个可行的机构。

从 2004 年开始，新的管理团队开始将 AIM 恢复到最初的目标——为贫困人口服务。此外，还努力提高其运营效率、还款率和吸引更多借款人。结果，仅在 2004 年，AIM 就有 59 971 名新成员，平均每月有 4 998 名新成员（Chan，2010）。此后，AIM 还为经济甚至社会复苏等项目引入了额外的小额信贷计划，并保持收取低管理费的政策。今天，AIM 是马来西亚领先的小额信贷机构。

### 3.3.2 AIM 的贷款计划

AIM 提供的贷款计划可分为两类：第一类是经济/普通贷款，包括三种贷款计划：i–Mesra、i–Srikandi、i–Wibawa，它们在贷款的资格以及分期付款的类型和期限、金额方面有所不同（见表 3–6）。第二类是用于社会和康复目的的贷款，提供四种贷款计划：i–Sejahtera 是一种多用途贷款，可用于财产收购、资本货物购买，包括朝觐等个人支出；i–Bestari 贷款计划旨在支付教育或培训计划的费用；i–Penyayang 计划旨在帮助借款人恢复或重新启动已中断的项目；而 i–Emas 针对的是老年/老年公民借款人（AIM，2015a；AIM Sabah Barat，2012）。

表 3–6　AIM 贷款计划（截至 2015 年）

| 贷款计划 | | 细节 | 金额（林吉特） | 分期付款 |
|---|---|---|---|---|
| 经济/普通贷款 | 1. i–Mesra | 为会员提供良好回报的金融经济项目 | 1 000~10 000 | 12~150 周 |
| | 2. i–Srikandi | 为那些拥有潜在可行和成功项目的人提供融资 | 12 000~20 000 | 12~150 周 |
| | 3. i–Wibawa | 提供额外资金来执行短期内出现的季节性项目或机会 | 5 000（最高） | 6 个月，可按周支付、按月支付或全额结算 |
| 用于社会和康复目的的贷款 | 4. i–Sejahtera | 住房/多用途融资 | 1 000~10 000 | 12~100 周 |
| | 5. i–Bestari | 教育融资 | 1 000~5 000 | 12~100 周 |
| | 6. i–Penyayang | 为因项目失败、健康问题或自然灾害而面临还款问题的会员提供融资 | 1 000~5 000 | 12~100 周 |
| | 7. i–Emas | 75 岁及以上人士的财务计划 | 2 000（最高） | 12~50 周 |

管理费：超过 6 个月的贷款为每年 10%，6 个月或更短的贷款为每年 5%

团体储蓄：每周 1~15 林吉特

宽限期：收到贷款后 1 周

资料来源：Skim Pembiayaan Ikhtiar（AIM，2015a）、AIF（2015）.

作为向其成员提供贷款的一部分，AIM 也关注在生活中面临困难的成员，包括死亡、事故、慢性病、房屋或项目财产因火灾和自然灾害而遭到破坏的成员。明确这些困难后，AIM 为成员设立了福利和福利基金，并向会员提供资金支持，供会员及其家属使用（见表 3–7）。

表 3-7　　　　　　AIM 会员的福利和福利基金（截至 2015 年）

| 计划/福利类型 | 缴费率/福利 | |
|---|---|---|
| 死亡<br>i. 家庭成员 | 500林吉特 | |
| ii. 丈夫 | 500林吉特 | |
| iii. 18岁以下受照管儿童（仍在学习或残疾的儿童除外） | 250林吉特 | |
| 因意外或慢性病入院，不包括怀孕或分娩（仅限会员或丈夫，1年有2~20天） | 每天50林吉特 | |
| 仅限会员和丈夫的慢性病治疗费用供款——经合格医生批准 | 一生最多500林吉特 | |
| 因火灾（无意）或自然灾害（洪水、风暴等）造成的自家房屋毁坏 | 陆地上的房子 | 水屋/擅自搭建的房屋/长屋 |
| i. 全部段坏（100%） | 10 000林吉特 | 4 000林吉特 |
| ii. 部分毁坏 | 范围从0（损害少于300林吉特）到5 000林吉特（损害超过15 000林吉特） | 范围从0（损害少于300林吉特）到3 000林吉特（损害超过15 000林吉特） |
| 出租/住宿房屋的破坏 | 最多2 000林吉特 | |
| 特定区域发生的自然灾害和火灾影响超过5间房屋的案例 | 范围从0（损坏少于500林吉特）到2 000林吉特（完全损坏） | |
| 大规模灾害<br>在特定地区/地点因自然灾害造成的房屋或其他财产毁坏影响超过5人（包括会员和非会员） | 200林吉特（一年一次） | |
| 计划/福利类型 | 缴费率/福利 | |
| 破坏项目（受影响的特定区域/地点应少于5名成员） | 当前贷款或未偿还贷款的20%（以较低者为准），200~4 000林吉特 | |
| 朝圣支持（例如：麦加朝圣） | 300林吉特（一生一次） | |
| 子女高等教育费用供款 | 100林吉特 | |

资料来源：Tabung Kebajikan 和 Kesejahteraan Sahabat（AIM，2015b）。

### 3.3.3　AIM 业绩及还款情况

AIM 向涉足各类商业活动的借款人提供贷款。AIM借款人的主要商业活动包括小企业、农业、制造业、畜牧业、渔业和服务业。AIM的贷款活动在过去几年中经历了快速增长。2009—2014年，借款人增长56%，分支机构增长60%，发放贷款金额增长2.4倍（见表3-8）。

表 3-8　　AIM的发展情况（2009—2014）

| | 2009年7月31日[a] | 2013年1月31日[b] | 2014年9月30日[c] |
|---|---|---|---|
| 借款总人数 | 222 559 | 332 355 | 347 907 |
| 分行总数 | 86 | 123 | 138 |
| 已发放贷款总额（林吉特） | 3 328 694 213 | 8 338 484 403 | 11 348 728 593 |

资料来源：a. AIM （2010）；b. AIM （2013a）；c. AIM （2014）.

2009年AIM的还款率为98.98%，自2010年以来一直高于99%（见表3-9）。AIM的还款率高于YUM和TEKUN的还款率，这反映了AIM作为补贴型小额信贷机构的较高成就（Mokhtar，Nartea和Gan，2012a）。AIM的高还款率可能归因于AIM采用团体贷款计划、每周分期付款、逐步付款以及对借款人进行培训和教育（Amri，2012）。AIM的不良贷款（NPL）水平非常低（不到已发放贷款总额的1%），而且大多数借款人将贷款用于非创收活动，因为家庭中的有酬就业成员人数很少，家庭收入来源少（Al-Mamun，Wahab和Malarvizhi，2011；Wahab，Malarvizhi和Mariapun，2011）。

表 3-9　　AIM 还款率（2009—2013）

| 年份 | 2009[a] | 2010[b] | 2011[c] | 2012[d] | 2013[e] |
|---|---|---|---|---|---|
| 还款率（%） | 98.98 | 99.20 | 99.49 | 99.60 | 99.14 |

资料来源：a.AIM（2010）;b.MicroCapital（2011）;c.Kosmo（2012）;d.Jamil（2012）;e.AIM （2013a）.

## 3.4 YUM

### 3.4.1 背景

马来西亚的第二个小额信贷机构是YUM，总部位于马来西亚东部和婆罗洲岛最北部的沙巴州。沙巴州是马来西亚第二大州，居住着33个官方认可的土著群体，其中卡达山-杜顺是最大的群体。沙巴的经济严重依赖初级和最低等级的加工商品的出口，其中主要是石油、棕榈油和可可，以及木材加工和旅游业（沙巴，2015）。尽管该州的经济持续发展，但沙巴的贫困发生率（2014年为3.9%）和核心贫困率（2012年为1.6%）在马来西亚是最高的，分别为全国平均贫困发生率和核心贫困率的6.5倍和8倍（经济规划部门，2013a，2015b）。

YUM最初是由Kajian Pembangunan Sabah研究所（沙巴发展研究所，IDS）和Korporasi Pembangunan Desa（农村发展公司，RDC）于1988年发起的“Projek Usahamaju”（PU）项目（Chamhuri和Quinones，2000）。该项目的主要动机是IDS对沙巴贫困的研究。在参观了孟加拉国的格莱珉银行后，IDS和RDC决定在Marudu市启动一个以格莱珉银行为模型的PU项目。Marudu市因其在整个沙巴州的贫困发生率最高而被选中（YUM Sabah，2014d）。该项目首先向100名借款人提供小额信贷贷款，借款人能够将资金用于生产活动并按期偿还贷款后，该项目被认为是成功的。1995年6月30日，沙巴州政府决定将PU制度化并成立YUM。YUM根据沙巴州1951年的受托人（公司）条例第148章注册为基金会（YUM Sabah，2013）。

YUM的核心作用是向需要资金进行创收活动的家庭主妇、单身母亲、小商贩、小农和渔民提供贷款。YUM是格莱珉银行的复制品，但在实施中进行了一些调整，以适应马来西亚尤其是沙巴的社会经济状况。YUM的贷款对象是社会的贫困女性群体；不需要担保人和抵押品；并依赖集体责任（YUM Sabah，2013，2014d）。然而，在一些地区，YUM也采用个人贷款制度，因为借款人可能住在同一个村子里。在这种情况下，对等/群体监控将无法有效工作，因为地理条件阻止他们经常见面（Mokhtar，2011）。

### 3.4.2 YUM的贷款计划

YUM提供两类贷款计划，即商业贷款和生活品质改善贷款（见表3-10）。商业贷款让YUM会员获得资金来启动新的微型企业或得到计划用于微型企业的营运资金。在商业贷款类别中，提供两种类型的贷款：普通贷款计划和Usahawan计划。普通贷款提供给月收入为3 000林吉特或以下的会员，首次贷款的合格贷款金额为500~5 000林吉特，随后贷款的合格贷款金额为20 000林吉特。Usahawan计划是为月收入超过3 000林吉特的会员提供的，符合条件的贷款额为21 000~100 000林吉特。在改善生活质量贷款类别中，提供的唯一贷款计划是房屋翻新计划。只有至少借过3次资金的YUM会员才有资格获得这笔贷款，符合条件的贷款金额为2 000~10 000林吉特。

表3-10　　YUM的贷款计划

| 贷款计划 | | 细节 | 金额（林吉特） | 分期付款 |
|---|---|---|---|---|
| 商业贷款 | 普通贷款 | 月收入≤3 000林吉特 的会员 | 500~20 000（首次贷款最多5 000） | 50~250周 |
| | Usahawan | 月收入>3 000林吉特的会员 | 21 000~100 000 | 50~250周 |
| 生活品质改善贷款 | 房屋翻新 | 获得贷款≥3次的会员 | 2 000~10 000 | 50~250周 |
| 管理费：每年7%<br>强制储蓄：总贷款的2%<br>宽限期：收到贷款后2周 | | | | |

资料来源：YUM Sabah（2014c），（2014e）.

对于所有贷款计划，YUM会员可以选择最适合他们的分期付款期，范围介于50至250周之间，并在收到贷款后有2周的宽限期。对于贷款服务，YUM集团向每50周分期付款收取10%的管理费。

YUM的借款人须提供贷款总额的2%作为集体应急基金的强制性储蓄金额。应急基金在各种困难情况下为成员提供福利（见表3-11）。应急基金在借款人或丈夫死亡、永久残疾和疾病的情况下提供福利。在借款人、丈夫或家属死亡的情况下，会员可使用该基金支付丧葬费。此外，如果他们的房屋或营业场所发生火灾，会员也将获得支持。

表 3-11　　YUM 的紧急储蓄

| 可获得福利类型 | 受益人 | 范围 |
| --- | --- | --- |
| 死亡 | 借款人和丈夫 | 借款人死亡/丈夫死亡 |
| 终身残疾 | 借款人和丈夫 | 借款人永久残疾/丈夫永久残疾 |
| 被解雇 | 借款人 | 借款人的房屋和处所 |
| 葬礼资金 | 借款人、丈夫和家属 | 借款人、丈夫和家属的死亡 |
| 病房费用 | 借款人和丈夫 | 借款人有疾病/丈夫有疾病 |

资料来源：YUM Sabah （2014f）.

### 3.4.3 贷款实现与还款

YUM 的经营规模随着时间的推移而扩大，如表 3-12 所示。截至 2008 年 12 月 31 日，YUM 仅有 8 252 名借款人，其 20 家分行发放的贷款总额为 4 600 多万林吉特。2014 年，YUM 已经拥有 55 490 名借款人，在 24 家分行发放了总计近 2.49 亿林吉特的贷款。这些事实表明，一方面 YUM 成功地将服务范围扩大到更多贫困人口，另一方面也表明沙巴人民对 YUM 小额贷款的兴趣日益增加。

表 3-12　　YUM 的成就（2008—2014 年）

| 成就 | 2008[a] | 2014 |
| --- | --- | --- |
| 借款人数 | 8 252 | 55 490[b] |
| 分行数量（家） | 20 | 24[c] |
| 员工人数 | 165 | n/a |
| 发放的贷款（林吉特） | 46 070 700 | 248 840 700[b] |
| 还款率（%） | 90.72 | 96.7[d] |

资料来源：a.Mokhtar （2011）；b. YUM Sabah （2014b）；c.YUM Sabah （2014a）；d.MacPee （2014）.

YUM 的贷款偿还率亦由 2008 年的 90.72% 提升至 2014 年的 96.7%，显示 YUM 的贷款管理有所改善。不良贷款主要集中于从事农牧渔业等农业经营活动的借款人、贷款期限小于 1 年的借款人、年轻借款人（18~25 岁）和每周还款额较高（超过 201 林吉特）的借款人（Mokhtar 等，2012a）。

## 3.5 TEKUN Nasional

### 3.5.1 背景

马来西亚的第三个小额信贷机构（MFI）是 TEKUN Nasional（以下简称 TEKUN），成立于 1998 年 11 月 9 日。TEKUN 是根据 1994 年槟城土著经济公约的决议而发起的，该公约建议建立一个信贷机构，可以轻松、快速且在实施过程中没有障碍地将资本提供给小型企业。因此，需要类似的信贷机构来解决小型土著企业家的商业融资准入问题（TEKUN Nasional，2013c）。

马来西亚理科大学跟进该决议，于 1995 年在槟城实施了名为 TEKUN（国家企业家集团经济基金）的小额信贷试点项目，随后于1996年扩展到吉兰丹，并于1997年扩展到登嘉楼。项目被认为是成功的，因此马来西亚政府决定在全国实施TEKUN项目，以造福更多的小型土著企业家（TEKUN Nasional，2013a）。为支持这一举措，TEKUN国家基金会于1998年11月在企业家和合作发展部（MECD）的管辖下成立，并于1999年2月1日正式开始运作。

2008年，TEKUN通过为创业发展提供支持服务，扩大了其作为融资提供机构的作用（TEKUN Nasional，2013a）。TEKUN将为借款人提供商业机会和商业技能培训，并在马来西亚各地的创新和进取的企业家之间建立网络。就这一点而言，TEKUN与AIM和YUM的不同之处在于，它不仅关注贫困人口，还为非贫困人口提供服务（Mokhtar，2011）。随着这一重新定位行动，TEKUN Nasional Foundation更名为TEKUN Nasional，并自2009年4月起归农业和农基工业部管辖。

### 3.5.2 TEKUN的贷款计划

TEKUN为微型企业家提供七种类型的援助，旨在开展新业务、扩大现有业务或为短期商业机会融资（见表3-13）。TEKUN财政援助针对各个业务领域的微型企业，包括零售和商业、服务业、农业、畜牧业和水产养殖、制造、教育、交通、旅游/休闲、批发和建筑业（TEKUN Nasional，2013b）。

表3-13　　TEKUN的支持服务

| 援助类型/融资形式 | 细节 |
|---|---|
| TEKUN金枪鱼（TEKUN启动） | 为潜在和新企业家经营固定或移动摊位或营业场所提供金融支持、运输和制造活动的启动资金 |
| TEKUN尼亚加（TEKUN业务） | 为固定和流动摊位或营业场所提供额外营运资金，以开展服务、运输和制造活动 |
| TEKUN拉坎尼亚加（TEKUN创业） | 为与TEKUN的合资业务提供资金，即美容产品、冷冻食品、补习中心和TEKUN指定的其他项目 |
| TEKUN姜卡彭德克（TEKUN短期融资配套） | 营运资金融资为500~2 000林吉特，还款期为1~3个月，以经营日间或夜市、斋月集市、博览会和促销活动的摊位 |
| TEKUN谷（TEKUN农业） | 提供融资以启动或扩大农业业务或项目，如种植香蕉、玉米、甘蔗、蔬菜或观赏植物，如兰花、仙人掌和盆景树/植物 |
| TEKUN白兰岗（TEKUN旅游） | 为在旅游部门开展或扩大的业务或项目提供资金，用于诸如寄宿家庭计划、小木屋、娱乐设备、农业旅游等活动，以及TEKUN指定的其他活动 |
| TEKUN泰纳克（TEKUN牧业） | 提供融资以启动或扩大畜牧业的业务或项目，如养殖牛和山羊、鸟（鹌鹑）、淡水鱼和对虾 |

资料来源：Perkhidmatan Pembayaran Agensi Kepada Komuniti/Syarikat（马来西亚政府，2015）；TEKUN融资计划（SMEinfo，2015）。

在符合条件的贷款额度方面，TEKUN提供四类贷款计划，其中包括两类微型贷款计划、一类小额贷款计划以及一类中等额度贷款计划（见表3-14）。贷款价值介于1 000至100 000林吉特之间，借款人可以灵活选择6个月至10年的还款期以及每周、每月或每半年的贷款支付方式，具体取决于所涉及的业务类型和TEKUN管理层的决策（Mokhtar，2011；TEKUN Nasional，2013e）。

表3-14　　TEKUN贷款计划

| 贷款计划 | 合格金额（林吉特） | 分期付款 |
| --- | --- | --- |
| Skim Pinjaman Mikro（微型贷款计划） | 1 000 ~5 000 | 长达3年 |
| Skim Pinjaman Mikro（微型贷款计划） | >5 000~10 000 | 长达5年 |
| Skim Pinjaman Kecil（小额贷款计划） | >10 000~50 000 | 长达5年 |
| Skim Pinjaman Sederhana（中等额度贷款计划） | >50 000~100 000 | 长达10年 |

资料来源：Maklumat和Syarat Pinjaman（TEKUN Nasional，2013d）。

TEKUN向男性和女性人口、来自土著和印度社区的18~65岁的中小型企业家提供贷款。除了偿还贷款外，还鼓励每个借款人将一些储蓄存入TEKUN，最低金额为每年还款的5%。在2008年8月之前，TEKUN对贷款收取8%的管理费，现已降至4%以减轻微型企业家的还款负担（马来西亚财政部，2009）。TEKUN贷款条款和条件的详细信息总结见表3-15。

表3-15　　TEKUN贷款条款和条件

| 条款 | 细则 |
| --- | --- |
| 目标借款人 | 男性和女性，土著（18~65岁）和印度社区（18~55岁） |
| 还款 | 每周、每月或半年模式；最初的1个月还款额将从批准的贷款中扣除 |
| 费用和贡献 | 4%的管理费；灵活的宽限期；从每年还款中强制储蓄5% |
| 业务事项 | • 一直在经营企业或有潜在和可行的商业风险建议或计划<br>• 拥有有效的执照/许可证/商业登记（5 000林吉特以下的贷款不需要商业登记）<br>• 有特定的营业地点或开展移动业务<br>• 直接和全职从事业务（从事兼职业务的申请人可以获得高达5 000林吉特的贷款）<br>• 希望创业的申请人必须拥有贷款/业务要求的20%的自有资本，作为经营业务的承诺（毕业生申请除外）<br>• 现有商业贷款不超过50 000林吉特 |

资料来源：融资条款和条件（TEKUN Nasional，2013b）。

### 3.5.3 贷款实现与还款

TEKUN为半岛和东马来西亚提供服务，并根据议会部门设立办事处。2009年8月，TEKUN共有150 131名借款人，发放的贷款价值为13.77亿林吉特（见表3-16）。随着时间的推移，TEKUN的服务覆盖了更多马来西亚的中小型企业家。截至2013年6月，TEKUN的借款人已增至262 497人，发放的贷款价值为27亿林吉特。

表 3-16　　TEKUN 达到的成就（2009—2013）

| 成就 | 2009年7月[a] | 2013年6月[b] |
|---|---|---|
| 总借款人数（人） | 150 131 | 262 497 |
| 总分行数（家） | 194 | n.a. |
| 员工数（人） | 920 | n.a. |
| 发放贷款总额（林吉特） | 13.77亿 | 27亿 |
| 还款率（%） | 85 | 85 |

资料来源：a.Mokhtar et al.（2012b）；b.Bernama（2013）.

然而，TEKUN在借款人的贷款偿还方面遇到了危机。截至2009年，TEKUN记录的不良贷款率高达15%，自1999年以来累积了价值2.25亿林吉特的无法收回的贷款（Berita，2009）。因此，TEKUN难以向新借款人发放贷款，因为没有足够的资金再发放新贷款。从2009年7月1日开始，TEKUN向借款人发起了“让我们偿还贷款”活动（TEKUN，2009）。其提供折扣以鼓励借款人偿还贷款。近日，TEKUN管理层将继续无视还款提醒的违约者列入黑名单。尽管开展了活动，2013年6月不良贷款率仍保持在15%，表明贷款催收管理没有改善。Mokhtar等（2012a）报告称，TEKUN的不良贷款人主要是男性借款人、参与较低收入周期的农业活动（即农业、畜牧业和渔业）的借款人、选择每周分期付款模式的借款人以及46~55岁年龄段的借款人。此外，不良贷款常见于无正规宗教教育、贷款额度低、业务活动距离TEKUN办公地点较远、TEKUN员工很少到访其营业场所或销售额较低的借款人（Nawai和Shariff，2012）。

## 3.6 小额信贷在马来西亚的影响

Mokhtar（2011）研究了AIM、YUM和TEKUN提供的小额信贷，这些机构的借款人集中在三个层面：微型企业、家庭和个人。而机构对不同层面借款人的影响进行了三级影响评估，遵循的是Cohen，Chen和Dunn（1996）提出的家庭经济组合（HEP）框架。

### 3.6.1 对小微企业的影响

小额信贷可能会对借款人的微型企业产生积极影响，但影响程度可能因小额信贷机构和企业衡量指标（收入、固定资产和就业）而异（见表3-17）。

表 3-17 小额信贷对借款人微型企业的影响（%）

| 措施 | 影响 | AIM | YUM | TEKUN |
|---|---|---|---|---|
| 收入趋势 | 增加 | 74.0* | 70.2* | 61.3* |
| | 保持不变 | 24.0 | 23.1 | 37.7 |
| | 减少 | 2.0 | 6.7 | 1.0 |
| 固定资产：工具和设备 | 增加 | 61.9* | 45.9 | 52.9 |
| | 保持不变 | 38.1 | 51.9 | 47.1 |
| | 减少 | — | 2.2 | — |
| 固定资产：土地 | 增加 | 20.7 | 9.0 | 10.3 |
| | 保持不变 | 79.3* | 90.3* | 89.7* |
| | 减少 | — | 0.7 | — |
| 固定资产：房屋 | 增加 | 17.1 | 8.2 | 10.3 |
| | 保持不变 | 82.4* | 91.4* | 85.3* |
| | 减少 | 0.5 | 0.4 | 4.4 |
| 就业 | 增加 | 39.9 | 16.8 | 38.2 |
| | 保持不变 | 59.6* | 80.2* | 60.8* |
| | 减少 | 0.5 | 3.0 | 1.0 |

注：*表示比例差异在5%的水平上显著。

资料来源：Mokhtar（2011）.

Mokhtar报告说，在获得小额信贷贷款2年后，大多数AIM借款人（74%）的微型企业收入出现了增长。对YUM的借款人来说，正面影响也很明显，70.2%的借款人在获得小额信贷后，其微型企业的收入有所增加。同样，对TEKUN而言，业务收入增长的借款人比例（61.3%）显著高于获得小额信贷之后收入没有变化的借款人比例。Hamdan和Hussin（2012）证实了这些发现，他们报告了AIM和TEKUN的贷款对其借款人的微型企业收入的积极影响。

然而，微型企业收入的增加并不一定伴随着员工数量的增加。在所有三个小额信贷机构中，为微型企业创造新就业机会的借款人比例（AIM、YUM和TEKUN分别为39.9%、16.8%和38.2%）显著低于工人数量保持不变的借款人微型企业（分别为59.6%、80.2%和60.8%）。换言之，在所有三个小额信贷机构中，小额信贷仅略微增加了借款人微型企业的工人数量。

小额信贷对小微企业的固定资产也产生了边际影响。只有一小部分借款人在收到贷款后增加了微型企业的土地持有量（AIM、YUM和TEKUN的借款人分别为20.7%、9.0%、10.3%）。同样，只有一小部分借款人改善或搬到了更好的营业场所（AIM、YUM和TEKUN借款人分别为17.1%、8.2%和10.3%），而大多数借款人的营业场所与之前相同。小额贷款对固定资产的工具和设备影响较大。很大比例的AIM借款人（61.9%）和大约一半的YUM和TEKUN借款人报告说，他们的微型企业在收到贷款后使用了改进的工具和设备。

### 3.6.2 对家庭的影响

小额信贷可以通过各种措施（收入、固定资产以及食品和儿童教育支出）影响借款人的家庭经济，尽管影响的程度可能因小额信贷机构而异，并且因措施而异（Mokhtar，2011）（见表 3-18）。

表 3-18　　小额信贷对借款人家庭的影响（%）

| 措施 | 影响 | AIM | YUM | TEKUN |
|---|---|---|---|---|
| 家庭收入趋势 | 增加 | 89.8* | 55.6* | 78.4* |
| | 保持不变 | 9.4 | 37.3 | 20.6 |
| | 减少 | 0.8 | 7.1 | 1.0 |
| 固定资产：房屋 | 增加 | 48.6 | 19.4 | 22.5 |
| | 保持不变 | 51.4 | 77.2* | 73.5* |
| | 减少 | — | 3.4 | 4.0 |
| 固定资产：家用电器 | 增加 | 67.0* | 41.8 | 46.6 |
| | 保持不变 | 30.2 | 56.0 | 51.9 |
| | 减少 | 2.8 | 2.2 | 1.5 |
| 固定资产：家庭土地 | 增加 | 14.6 | 7.8 | 6.9 |
| | 保持不变 | 85.4* | 91.4* | 93.1* |
| | 减少 | — | 0.8 | — |
| 固定资产：家庭农场 | 增加 | 5.1 | 19.0 | 1.5 |
| | 保持不变 | 94.9* | 80.2* | 98.5* |
| | 减少 | — | 0.8 | — |
| 固定资产：牲畜 | 增加 | 16.6 | 7.1 | 3.9 |
| | 保持不变 | 83.4* | 88.8* | 96.1* |
| | 减少 | — | 4.1 | — |
| 子女教育支出 | 增加 | 68.0* | 33.2 | 40.2 |
| | 保持不变 | 28.4 | 60.8* | 59.8* |
| | 减少 | 3.6 | 6.0 | — |
| 家庭食品支出 | 增加 | 71.3* | 33.9 | 40.2 |
| | 保持不变 | 27.6 | 64.2* | 59.3* |
| | 减少 | 1.0 | 1.9 | 0.5 |

注：*表示比例差异在5%的水平上显著。

资料来源：Mokhtar（2011）.

Mokhtar报告说，小额信贷对借款人的家庭收入影响很大。大多数 AIM、YUM 和 TEKUN 借款人（分别为 89.8%、55.6% 和 78.4%）在获得贷款后报告了更高的家庭收入。

然而，小额信贷对家庭固定资产的影响并不那么直接，因为它们因不同类型的固定资产（家用电器、土地、房屋、农场和牲畜）而异。贷款对借款人持有的土地、农场和牲畜的积极影响非常小。只有一小部分 AIM、YUM 和 TEKUN 的借款人在土地持有量（分别为 14.6%、7.8% 和 6.9%）、农场（分别为 5.1%、19.0% 和 1.5%）和牲畜（分别为 16.6%、7.1% 和 3.9%）方面表现出改善。在房屋方面，获得贷款后，只有一小部分 YUM 和 TEKUN 的借款人报告称他们的房屋在面积和价值上有所增加（YUM 为 19.4%，TEKUN 为 22.5%），而那些报告房屋状况没有变化的借款人仅占一小部分。AIM 借款人报告的房屋情况有所改善，其中报告房屋面积和价值增加的借款人比例几乎等于报告房屋状况没有变化的借款人比例。然而，在AIM借款人中，家用电器方面的固定资产改善幅度较大，其中很大比例（67.0%）的借款人在收到贷款后改善了他们的家用电器。对于YUM和TEKUN，报告他们的家用电器有改善的借款人的比例几乎与报告没有改善的借款人相同。换句话说，小额信贷对借款人的家庭固定资产产生了积极的边际影响，但AIM借款人在家用电器方面有所改善。

除了AIM借款人外，借款人家庭收入的增加并不一定伴随着孩子教育支出的增加。很大一部分AIM借款人（68.0%）在获得贷款后在子女的教育上花费更多。在其他研究中，Al-Mamun等（2014）报告称，79.8%的AIM借款人与配偶就子女教育进行讨论：43.8%的人表示，在参与AIM的小额信贷计划后，他们对子女教育决策的控制更为有效。相反，只有一小部分YUM和TEKUN的借款人报告说他们在获得小额信贷后在孩子的教育上花费得更多（分别为33.2%和40.2%）。

同样，除了AIM借款人外，借款人家庭收入的增加不一定伴随着家庭食品支出的增加。很大一部分AIM借款人（71.3%）在收到贷款后在家庭食品上花费更多；相反，只有一小部分YUM和TEKUN的借款人表示，他们在参与小额信贷后在家庭食品上的支出增加了（分别为33.9%和40.2%）。

### 3.6.3 对个人的影响

小额信贷也会影响个人借款人的经济状况，但影响程度因个人经济指标而异，包括借款人对业务和家庭决策的控制、自我认知、个人储蓄、对未来的态度以及应对负面冲击的效率（Mokhtar，2011）（见表3-19）。

表3-19 小额信贷对个人借款人的影响（%）

| 措施 | 影响 | AIM | YUM | TEKUN |
|---|---|---|---|---|
| 借款人对商业决策的控制 | 借款人 | 42.5* | 40.3 | 52.4* |
| | 借款人与配偶 | 41.7 | 48.9* | 37.3 |
| | 配偶 | 13.0 | 10.1 | 5.9 |
| | 其他 | 2.8 | 0.7 | 3.4 |
| 借款人对家庭决策的控制 | 丈夫 | 17.6 | 13.4 | 28.9 |
| | 妻子 | 15.9 | 9.4 | 11.3 |
| | 丈夫与妻子 | 62.2* | 68.6* | 55.4* |
| | 丧失配偶/单身 | 4.3 | 8.6 | 4.4 |
| 小额信贷提高借款人的自我认知 | 同意 | 86.2* | 88.1* | 85.8* |
| | 不同意 | 13.8 | 11.9 | 14.2 |
| 小额信贷增加借款人的个人储蓄 | 同意 | 91.8* | 77.9* | 90.2* |
| | 不同意 | 8.2 | 22.1 | 9.8 |
| 小额信贷对借款人对未来的态度有提振作用 | 同意 | 98.2* | 85.4* | 90.7* |
| | 不同意 | 1.8 | 14.6 | 9.3 |
| 小额信贷提高借款人应对负面冲击的效率 | 同意 | 86.2* | 88.1* | 85.8* |
| | 不同意 | 13.8 | 11.9 | 14.2 |

注：*表示比例差异在5%的水平上显著。

资料来源：Mokhtar（2011）.

贷款可能影响个人借款人的一种方式是对其资源和收入的控制，这可以通过两种类型的决策来衡量：借款人对商业决策和家庭决策的控制。Mokhtar报告说，大多数借款人的商业决策要么由借款人自己做出，要么与他们的配偶一起做出。TEKUN的借款人是最独立的，其中超过一半（52.4%）的借款人自行做出商业决策，37.3%的借款人与其配偶一起做出决策，只有少数借款人的配偶对商业决策具有主导控制权（5.9%）。同样，在AIM借款人中，大多数商业决策是由借款人自己（42.5%）或与其配偶一起（41.7%）做出的，只有少数借款人的配偶对商业决策具有主导控制权（13.0%）。YUM借款人的决策权分工略有不同，其中大部分商业决策是与其配偶一起做出的（48.9%），而借款人自己做出的决策仅占40.3%。然而，它也与AIM和TEKUN借款人相似，只有少数借款人的配偶对商业决策具有主导控制权（10.1%）。总的来说，调查结果表明，许多女性小额信贷借款人在商业决策中拥有发言权，只有少数借款人的配偶对商业决策拥有主导控制权。

在涉及家庭决策时，AIM、YUM和TEKUN的大多数借款人与其配偶拥有同等决策权（分别为62.2%、68.6%和55.4%）。这些调查结果表明，许多借款人根据夫妻之间的共同意见做出家庭决策。这些发现得到了Al-Mamun等（2014）研究的证实，其研究结论表明超过一半的AIM借款人与其丈夫共同做出了关于借贷、花钱、出售/购买牲畜、修理或建造房屋以及其他家庭重大支出的经济决策。

Mokhtar进一步报告说，小额信贷对借款人的个人储蓄产生了积极影响。大多数借款人表示，在获得小额信贷后，他们的个人储蓄有所增加（AIM、YUM和TEKUN的借款人分别为91.8%、77.9%和90.2%）。

拥有或增加个人储蓄的能力反过来会影响借款人的自我认知。大多数借款人表示，他们在获得小额信贷后的自我认知度更高（AIM、YUM和TEKUN分别为86.2%、88.1%和85.8%）。自我认知度提升的三个主要原因是，贷款使他们能够增加收入、管理自己的资金和储蓄以及控制自己的业务。同样，Al-Mamun等（2014）报告说，小额信贷使大多数AIM借款人能够拥有自己的储蓄和收入，并为家庭支出做出贡献。

小额信贷也影响借款人对未来的态度。大多数借款人认为小额信贷对他们面对未来具有积极作用（AIM、YUM和TEKUN的借款人分别为98.2%、85.4%和90.7%）。业务增长的三个主要原因是业务改善、财务安全性增强和开展业务的信心。

最后，小额信贷会影响借款人应对负面冲击的效率。大多数借款人同意小额信贷提高了他们应对负面冲击的效率（AIM、YUM和TEKUN的借款人分别为86.2%、88.1%和85.8%）的观点。借款人面临的主要负面冲击是投入品和燃料价格上涨以及商业竞争加剧。为应对负面冲击，三大小额信贷机构的大部分借款人将减少支出、使用储蓄并从事其他创收活动。借款人很少使用资产减少策略（清算和典当资产）来应对负面冲击（Mokhtar，2011）。因此，小额信贷使得借款人更擅长应对负面冲击，因为资产减少策略（清算和典当资产）可能有害并导致家庭长期生产力的损失（Dunn和Arbuckle，2001）。还有研究发现借款人在参与小额信贷后紧急融资的能力提高了（Al-Mamun等，2014）。

## 3.7 结论和启示

本章介绍马来西亚的三个小额信贷机构，即 AIM、YUM 和 TEKUN。马来西亚三个小额信贷机构的建立部分受到孟加拉国格莱珉银行帮助社会中最贫困人口取得成功的启发。马来西亚的贫困和不平等的特点是城乡地区、性别以及族群和各州之间的差异（经济规划部门，2015b，2015c）。

马来西亚的三个小额信贷机构在赠款和贷款方面得到政府的全面财政支持，因为扶贫一直是马来西亚经济发展的主要目标之一。然而，这三个小额信贷机构在成立年份、组织类型、贷款计划、服务范围和目标借款人方面有所不同。AIM 是一家非政府小额信贷机构，它采用团体贷款计划并针对马来西亚各地的贫困人口。YUM 和 TEKUN 是政府导向的小额信贷机构，采用个人贷款计划，YUM 主要针对沙巴州的贫困人口，而 TEKUN 则针对马来西亚各地的贫困人口和非贫困人口。

三个小额信贷机构在贷款偿还率方面表现也不同。AIM 具有较低的不良贷款率（低于 1%），主要是由于采用集团贷款计划、每周分期付款、逐步付款以及对借款人的培训和教育等方式。然而，YUM 和 TEKUN 有着较高的不良贷款率（分别为 3.3% 和 15%）。不良贷款主要发生在具有以下特征的借款人身上：涉及较低收入周期的农业，如农、牧、渔业；选择了还款额高的还款模式；贷款期限少于 1 年；收到的贷款数额很低；小额信贷机构的工作人员很少访问他们的贷款对象，或走出小额信贷机构的办公室；工作人员的业务销售额低或将贷款用于非创收活动。其中还发现年轻借款人（18~25 岁）、46~55 岁年龄段的借款人、男性借款人、未受过正规宗教教育的借款人、雇员人数较少的借款人、家庭收入来源少的借款人的不良贷款较高。

这三个小额信贷机构的贷款对借款人的经济影响也不同。总的来说，小额信贷对借款人的经济绩效有三个层面的积极影响：个人、家庭和微型企业。然而，三个小额信贷机构和经济绩效水平/衡量指标的影响程度从轻微到非常显著地不同。研究发现来自三个小额信贷机构的贷款显著改善了个人借款人的福利。借款人在获得贷款后，可能会增强对自己的商业和家庭决策、自我认知、个人储蓄、对未来的态度和应对负面冲击的效率能力。三个小额信贷机构的贷款显著增加了家庭收入，但仅略微增加了家庭资产。就借款人住房、食品和子女教育支出而言，只有 AIM 贷款影响显著，而 YUM 和 TEKUN 贷款的影响微乎其微。据报道，三个小额信贷机构的贷款对微型企业的收入产生了重大影响，但对微型企业的就业改善作用不大。在微型企业资产方面，除了 AIM 借款人报告的生产工具和设备大幅增加外，其他小额信贷机构贷款的影响微乎其微。

本章的调查结果和讨论强调了对小额信贷机构的影响。首先，与个人贷款相比，团体贷款计划可能会带来良好的贷款还款表现。然而，较高的还款率不仅是因为成员承诺偿还每周的贷款，还因为如果其他成员未能偿还贷款，团体成员有替其偿还贷款的义务。因此，虽然小额信贷机构可能认为团体贷款在贷款回收方面对机构更有利（Cull 和 Demirgüç-Kunt，2006；Mersland 和 Strøm，2008），但它们也必须考虑到团体成员借款人的负担，这样借款人才能善用贷款并按承诺偿还贷款（de Aghion，1999）。

其次，小额信贷机构应更加关注农业活动贷款，因为农业会受到借款人无法控制的气候因素的影响。小额信贷机构可以开发小额保险产品，这样不仅可以在农业项目失败时减轻借款人的负担，还可以减轻小额信贷机构因无法收回贷款而造成的财务负担（Alip、Navarro 和 Catibog，2009）。在三个小额信贷机构中，AIM 为其成员因自然灾害造成的损失设立了福利和福利基金。但是，该基金下的货币奖励仅涵盖当前贷款或未偿还贷款的20%。

涉及农业企业的借款人还需要在还款方式和宽限期方面获得更大的灵活性。农业企业的借款人使用贷款购买投入品，如种子、化肥和杀虫剂，以及农业机械和牲畜等资产。他们可能需要至少6个月到1年的时间才能从收割庄稼中获得收入。因此，每周还款和几周的宽限期与借款人的收入周期不匹配，并可能导致低还款率。

缺乏经验和年轻的毕业生也容易在管理农业项目时失败。因此，小额信贷机构必须密切监控这群借款人，以确保它们在向农业企业发放贷款之前具备经验和相关技能（参见 Zeller 和 Meyer，2002）。

再次，小额信贷机构应更加努力改善借款人缺乏商业财务管理知识的情况，而这对其商业项目的成功至关重要。为借款人提供有效管理收入和资源的创业技能培训可能有助于提高还款率（见 Mokhtar 等，2012a）。

最后，小额信贷机构应对滥用小额信贷（如将小额企业贷款用于个人消费）采取更严格的监管和预防措施。作为预防措施，小额信贷机构可能会在借款人进行下一个小额信贷周期申请时对他们提出附加条件。在向借款人提供新的小额信贷贷款之前，小额信贷机构可以要求其提供业务记录，如销售业绩和微型企业的资产状况，以证明其业务因使用先前的小额信贷而有所改善。如果借款人的业务没有取得显著的积极成效，则不应发放新的小额信贷，除非有特殊原因。此外，如果发现滥用小额信贷，特定借款人需要被列入黑名单，无法从该国任何小额信贷机构获得小额信贷。监管策略应减少小额信贷借款人的道德危险行为。

本章的调查结果和讨论也给政策制定者带来了一些启示。尽管马来西亚政府愿意继续为小额信贷计划提供财政支持（包括补贴），因为它认为这是其社会责任的一部分（见 Siwar 和 Talib，2001），但补贴可能会导致小额信贷计划的不可持续性，可能会影响其性能的实现。正如 YUM 和 TEKUN 所观察到的，补贴小额信贷可能会导致更高的不良贷款水平，因为小额信贷机构并不真正关心借款人的低还款率。没有自给自足和资本积累，小额信贷服务的可持续性和对贫困人口的覆盖总是受到限制。

如果政府愿意停止或减少对小额信贷机构的补贴，至少可以考虑两种方法：一种方法是取消对马来西亚小额信贷机构从客户那里吸收存款的限制。来自孟加拉国格莱珉银行、印度尼西亚人民银行（Bank Perkreditan Rakyat—BPR）、印度自助团体（SHG）村银行的证据和其他一些非洲小额信贷机构的证据表明，储蓄可以成为贷款的资金来源，在某些情况下，成员在小额信贷机构的储蓄超过给予的信贷，因此小额信贷机构可以在没有补贴和捐赠的情况下可持续发展（参见 Lafourcade 等，2005；Mokhtar 等，2012b；Prahalad，2005）。但是，存款的安全性必须始终受到中央银行的监控。

另一种停止和减少政府补贴的方法是向借款人提供投资的机会，正如印度尼西亚的BPR所实践的那样（Mokhtar等，2012b）。这一战略不仅减轻了政府的财政负担，而且让当地社区从其所在地区的小额信贷机构中分得一杯羹。这种做法还可以让借款人对小额信贷机构产生归属感。

然而，从马来西亚政府的角度来看，它是否愿意停止补贴小额信贷机构还有待观察。马来西亚的小额信贷计划是政府最喜欢的项目，因为它可能会吸引政治支持者，尤其是贫困人口（Mokhtar，2011）。如果政府坚持继续补贴国内的小额信贷机构，可以提出一种有效的补贴方式。马来西亚可以专门为该国的小额信贷机构设立一个类似于格莱珉信托基金的信托基金。信托基金可用于为现有小额信贷机构及其新分支机构提供资金、管理和技术支持（Yunus，2007）。然而，信托基金的使用应受到政府的密切监督，以确保其可持续性。

## 参考文献


AIF (2015). Aiming for Greater Financial Inclusion through Sustainable Development: The story of AIM (Amanah Ikhtiar Malaysia). Kuala Lumpur: AIF.

AIM (2010). Laporan Operasi Tahunan: Amanah Ikhtiar Malaysia.

AIM (2013a). Pencapaian Terkini. Retrieved from http://www.aim.gov.my/index.php/component/content/article/87-artikel-aim/151-pencapaian-terkini.html. Accessed on January 20,2015.

AIM (2013b). Sejarah AIM. Retrieved from http://www.aim.gov.my/index.php/kenali-kami/2013-03-14-14-20-42/sejarah.html. Accessed on January 27,2015.

AIM (2014). Status Terkini. Retrieved from http://www.aim.gov.my/index.php/2013-04-19-07-04-25/2013-04-19-07-04-26/pengeluaran-pembiayaan.htmi. Accessed on 25 January 2015.

AIM (2015a). Skim Pembayaran Ikhtiar (SPI). Retrieved from http://www.aim.gov.my/index.php/2013-04-12-02-47-42/skim-pembiayaan-ikhtiar-spi.html. Accessed on January 25,2015.

AIM (2015b). Tabung Kebajikan & Kesejahteraan Sahabat. Retrieved from http://www.aim.gov.my/index.php/2013-04-12-02-47-42/tabung-kebajikan.html. Accessed on December 20,2015.

AIM Sabah Barat (2012). Produk. Retrieved from http://aimwilayahsabahbarat.blogspot.co.nz/p/produk.html. Accessed on January 26,2015.

Al-Mamun, A., Wahab, S. A. & Malarvizhi, C. (2011). Empirical investigation on repayment performance of Amanah Ikhtiar Malaysia's hardcore poor clients. International Journal of Business and Management,6(7),125.

Al-Mamun, A., Wahab, S. A., Mazumder, M. N. H. & Su, Z. (2014). Empirical investigation on the impact of microcredit on women empowerment in urban peninsular Malaysia. The Journal of Developing Areas,48(2),287-306.

Alip, J., Navarro, E. L. & Catibog, M. M. (2009). Status of microinsurance in Southeast Asia (The case of Cambodia, Philippines and Vietnam). An APRACA FinPower Publication with the Special Sponsorship of the International Fund for Agricultural Development (IFAD).

Amri, S. A. K. (2012). Jana RM2,500 sebulan. MyMetro. Retrieved from http://www2.hmetro.com.my/articles/JanaRM2_500sebulan/Article.

Berita, H. (2009). Peminjam Tekun gagal jelaskan hutang RM225j. Berita Harian.

Bernama (2013). Tekun beri dana pinjaman RM600 juta. Sinar Harian. Retrieved from http://www.sinarharian.com.my/mobile/nasional/tekun-beri-danapinjaman-rm600-juta-1.181-94.

Bourguignon, F. (2004). The poverty-growth-inequality triangle. Poverty, Inequality and Growth, 69.

Chamhuri, S. & Quinones, B. (2000). Microfinance in Malaysia: Aiming at success. In Microfinance and Poverty Alleviation, Auty, R. M., Potter, R. B. & Remenyi, J. (Eds.), New York: Routledge, pp. 180-199.

Chan, S. H. (2010). The influence of leadership expertise and experience on organizational performance: A study of Amanah Ikhtiar Malaysia. Asia Pacific Business Review,16(1 2),59 77.

Cohen, M., Chen, M. A. & Dunn, E. (1996). Household economic portfolios. More info: www. eldis. org/vfile/upload/1/document/0708/DOC2932. pdf, (18 November 2010) Conroy, J. D. (2002). Microfinance in Malaysia: Time to rebuild. Retrieved from http://www.bwtp.org. Accessed on November 20,2007.

Cull, R. & Demirgüç-Kunt, A. (2006). Financial Performance and Outreach: A Global Analysis of Leading Microbanks. World Bank Policy Research Working Paper. No. 3827.

de Aghion, B. A. (1999). On the design of a credit agreement with peer monitoring. Journal of Development Economics,60(1),79-104.

Dunn, E. & Arbuckle, J. G. J. (2001). The Impacts of Microcredit: A Case Study from Peru: AIMS, USAID.

Economic Planning Unit (1991). Second Outline of the Perspective Plan, 1991 2000. Kuala Lumpur. Retrieved from http://www.epu.gov.my/en/second-outline-perspective-plan-1991-2000.

Economic Planning Unit (2013a). Incidence of Hardcore Poverty by Ethnicity, Strata and State, Malaysia, 1984 2012.

Economic Planning Unit (2013b). Socio-economic Statistics. Retrieved from http://www.epu.gov.my/en/household-income-poverty. Accessed on January 2, 2015.

Economic Planning Unit (2015a). Brief Household Income & Poverty Statistics Newsletter, 2012 & 2014. Retrieved from http://www.epu.gov.my/documents/10124/597ec4c8-2962-40de-9049-0f41d280b915.

Economic Planning Unit (2015b). Incidence of Poverty by Ethnicity, Strata and State, Malaysia, 1970—2014.

Economic Planning Unit (2015c). Mean Monthly Gross Household Income by Ethnicity, Strata and State, Malaysia, 1970—2014.

Economic Planning Unit (2015d). Socio-economic Statistics. Retrieved from http://www.epu.gov.my/en/household-income-poverty. Accessed on February 17, 2016.

Esfahani, H. S. (1994). Lessons from the political economy of privatization and public sector in the Middle East and Southeast Asia. The Quaterly Review of Economic and Finance, 34, 301-331.

Hamdan, H. & Hussin, W. S. W. (2012). The importance of monitoring and entrepreneurship concept as future direction of microfinance in Malaysia: Case study in the State of Selangor. Journal of Global Entrepreneurship, 3(1), 1-25.

Hashim, S. M. (1998). Income Inequality and Poverty in Malaysia. Rowman & Littlefield.

Jamil, A. (2012). Women make better borrowers at Amanah Ikhtiar. Free Malaysia Today. Retrieved from http://www.freemalaysiatoday.com/category/business/2012/12/17/women-make-better-borrowers-at-amanah-ikhtiar-says-md/.

Jomo, K. S. (2004). The New Economic Policy and Interethnic Relations in Malaysia. New York: United Nations Research Institute for Social Development.

Kasim, S. (2000). Impact of Banking on Rural Poor in Peninsular Malaysia: Final Report of External Impact Evaluation Study on AIM Active Borrowers, NonBorrowing Members, Dropouts and Non-Participating Poor. Penang: Centre for Policy Research, Universiti Sains Malaysia.

Kosmo. (2012). AIM Bantu Tangani Kemiskinan. Retrieved from http://www.kosmo.com.my/kosmo/content.asp?y=2011&dt=0923&pub=Kosmo&sec=Rencana_Utama&pg=ru_02.htm. Accessed on January 24, 2015.

Lafourcade, A., Isern, J., Mwangi, P. & Brown, M. (2005). Overview of the outreach and financial performance of microfinance institutions in Africa. Microfinance Information Exchange (MIX).

MacPee, M. (2014). 130 ahli YUM dirai dalam Majlis Makan Malam. New Sabah Times. Retrieved from http://www.newsabahtimes.com.my/nstweb/fullstory/82634.

Malaysian Government (2015). Perkhidmatan Pembayaran Agensi Kepada Komuniti/Syarikat. Retrieved from http://mygov.malaysia.gov.my/EN/myBayar/Pages/SenaraiG2B.aspx. Accessed on February 27, 2015.

McGuire, P. B., Conroy, J. D. & Thapa, G. B. (1998). Getting the framework right: Policy and regulation for microfinance in Asian. Retrieved from www.bwtp.org/publications. Accessed on 10 October 2007.

Menon, J. (2009). Macroeconomic management amid ethnic diveristy: Fifty years of Malaysian experience. Journal of Asian Economics (20), 25-33.

Mersland, R. & Strøm, R. Ø. (2008). Performance and trade offs in microfinance organisations — Does ownership matter? Journal of International Development, 20(5), 598-612.

MicroCapital (2011). Microcapital Brief: Malaysian Microfinance Institution (MFI) Amanah Ikhtiar Malaysia (AIM) to Disburse $164m in Rural Sarawak Region. Retrieved from http://www.microcapital.

org/microcapital-briefmalaysian-microfinance-institution-mfi-amanah-ikhtiar-malaysia-aim-to-disburse-164m-in-rural-sarawak-region/. Accessed on January 20,2015.

Ministry of Finance Malaysia (2009). Economic Report 2008/2009. Retrieved from http://www.treasury. gov. my / index. php? option=com_content&view=article&id=776: economic-report-2008-2009&catid=262:laporan-ekonomi&lang=en&Itemid=2478.

Mokhtar,S. H. (2011). Microfinance Performance in Malaysia. Unpublsihed PhD Thesis,Lincoln University,Christchurch,New Zealand.

Mokhtar,S. H.,Nartea,G. & Gan,C. (2012a). Determinants of microcredit loans repayment problem among microfinance borrowers in Malaysia. International Journal of Business and Social Research, 2(7),33-45.

Mokhtar,S. H.,Nartea,G. & Gan,C. (2012b). The Malaysian microfinance system and a comparison with the Grameen Bank (Bangladesh) and Bank Perkreditan Rakyat (BPR-Indonesia). Journal of Arts and Humanities,1(3),60-71.

Nawai,N. & Shariff,M. N. M. (2012). Factors affecting repayment performance in microfinance programs in Malaysia. Procedia 62,806-811.

Prahalad,C. K. (2005). Known problems and systemwide reform. In The Fortune at the Bottom of the Pyramid: Eradicating Poverty through profits,Wharton School Publishing,p. 294.

Roslan,A. H. (2006). Microfinance and Poverty: The Malaysian Experience. Paper Presented at the Meeting of the 2nd International Development Conference of the GRES - Which Financing for Which Development? November 23 26,Bordeaux,France.

Sabah (2015). About Sabah. Retrieved from http://www.sabah.gov.my/main/en-GB/Home/About. Accessed on February 13,2015.

Siddique,S. & Suryadinata,L. (1981). Bumiputra and Pribumi: economic nationalism (Indiginism) in Malaysia and Indonesia. Pacific Affairs,662-687.

Siwar,C. & Talib,B. A. (2001). Micro-finance capacity assessment for poverty alleviation: Outreach,viability and sustainability. Humanomics,17(1),116-133.

SMEinfo (2015). TEKUN Financing Scheme. Retrieved from http://www.smeinfo.com.my/index.php?option=com_content&view=article&id=619&Itemid=527. Accessed on February 26,2015.

TEKUN (2009). Laporan Prestasi Tahunan.

TEKUN Nasional (2013a). Background of Establishment. Retrieved from http://www.tekun.gov.my/en/web/guest/latar-belakang-penubuhan. Accessed on February 26,2015.

TEKUN Nasional (2013b). Financing Terms & Condition. Retrieved from http://www.tekun.gov.my/en/web / guest / 34? p_p_id=56_INSTANCE_9HBx&p_p_lifecycle=0&p_p_state=normal&p_p_mode=view&p_p_col_id=columncontent&p_p_col_count=1&page=1.Accessed on February 27,2015.

TEKUN Nasional (2013c). Introduction. Retrieved from http://www.tekun.gov.my/en/web/guest/pendahuluan. Accessed on February 26,2015.

TEKUN Nasional (2013d). Maklumat & Syarat Pinjaman. Retrieved from http://www.tekun.gov.my/web/guest/34. Accessed on February 26,2015.

TEKUN Nasional (2013e). Repayment Schedule. Retrieved from http://www.tekun.gov.my/en/web/guest/jadual-bayaran-balik-pinjaman1. Accessed on February 27,2015.

UNDP (2010). Human Development Report 2010. The Real Wealth of Nations: Pathways to Human Development.

UNDP (2015). Human Development Statistical Tables. Retrieved from: http://hdr.undp.org/en/data. Accessed on February 15,2016.

Vieira,S. (2012). Inequality on the rise? An assessment of Current Available Data on Income Inequality, at Global,International and National Levels.: The Department of Economic and Social Affairs,the United Nations Secretariat.

Wahab, S. A., Malarvizhi, C. & Mariapun, S. (2011). Examining the critical factors affecting the repayment of microcredit schemes in Amanah Ikhtiar Malaysia (AIM) in Malaysia. International Business Research, 4(2), 93.

World Bank (2015). World Development Indicators, World Databank. Retrieved from http://databank.worldbank.org/data/reports.aspx?Code=NY.GDP.PCAP.CD&id=af3ce82b&report_name=Popular_indicators&populartype=series&is popular=y#. Accessed on February 15, 2016.

World Bank Group (2016). Global Monitoring Report 2015/2016: Development Goals in an Era of Demographic Change. Washington, DC: World Bank.

YUM Sabah (2013). Pengenalan YUM.

YUM Sabah (2014a). Cawangan YUM. Retrieved from http://www.yumsabah.com.my/my/index.php/cawangan-yum/wilayah-barat/tuaran. Accessed on February 11, 2015.

YUM Sabah (2014b). Penyerahan Pinjaman Mengikut Daerah Retrieved from http://www.yumsabah.com.my/my/index.php/program-dan-pencapaian/penyerahan-pinjaman. Accessed on February 11, 2015.

YUM Sabah (2014c). Produk Pinjaman. Retrieved from http://www.yumsabah.com.my/my/index.php/produk-dan-perkhidmatan/program-pinjaman. Accessed on February 10, 2015.

YUM Sabah (2014d). Sejarah Ringkas YUM. Retrieved from http://www.yumsabah.com.my/my/index.php/mengenai-yum/sejarah-ringkas-yum. Accessed on February 13, 2015.

YUM Sabah (2014e). Soalan Lazim (FAQ) Retrieved from http://www.yumsabah.com.my/my/index.php/soalan-lazim-faq. Accessed on February 11, 2015.

YUM Sabah (2014f). Tabung Kecemasan. Retrieved from http://www.yumsabah.com.my/my/index.php/produk-dan-perkhidmatan/tabung-kecemasan. Accessed on February 11, 2015.

Yunus, M. (2007). Creating a World without Poverty: Social Business and the Future of Capitalism. PublicAffairs.

Zeller, M., & Meyer, R. (2002). The Triangle of Microfinance: Financial Sustainability, Outreach, and Impact. IFPRI, Food Policy Statement, 40.

# 第4章　泰国的小额信贷系统

*Satit Aditto*

Assistant Professor, Department of Agricultural Economics, Faculty of Agriculture, Khon Kaen University, Thailand 40002

satit_aditto@hotmail.com

**摘　要：** 20世纪70年代中期以来，小额信贷作为向泰国农村贫困人口提供信贷和金融服务的农村发展举措之一被广泛讨论。2013年，全国730万贫困人口中约有67.2%生活在农村，近一半生活在泰国的东北部地区。大多数贫困人口是小农，他们生活贫困，低于基本生存标准。因此，他们需要获得信贷来投资他们的农业业务和进行家庭消费。对短期信贷的需求在主要由非正式贷款人提供的农村家庭借贷中发挥着重要作用。然而，在过去的几十年里，来自正规信贷机构的信贷比例大幅增长，以取代农村地区的非正规信贷。本章概述了泰国的小额信贷，包括其类型和特点。

**关键词：** 农村贫困人口、信贷、贫困、农业、泰国

## 4.1　简介

与其他几个发展中国家一样，泰国的经济发展以农业为基础。近几十年来，农业一直是泰国经济的支柱。2013年泰国GDP约为129 100.38亿泰铢，增长率为0.2%；农业占GDP的11%（见表4-1）（NESDB，2015）。初级农业占国内生产总值（GDP）的比重从1951年的38%、1970年的27%急剧下降到2013年的大约11%。20世纪80年代后期，该国经济基础的快速增长和发展来自其工业和服务业的外国直接投资。泰国在那个时期发展成为一个半工业化国家。该国经济结构的这种转变影响了GDP，工业和服务业对GDP的贡献从1951年的62%上升到2013年的近90%。然而，农业仍然是工业部门的主要原材料来源，特别是农产工业、工业化食品和饮料，以及用于进口替代和出口的中间产品（Falvey，2000；Limsombunchai，2006；Thaiprasert，2006；Aditto，2011）。

2013年泰国人口估计为6 680万，农业部门的就业从1994年占总劳动力的近53%下降到2013年的约41%（国家统计局，2015）。20世纪90年代以来，泰国农业面临劳动力短缺。农业和非农业部门之间工资率、个人收入和就业率的巨大差距导致农村劳动力向城市迁移的永久性和季节性增强，并导致泰国农村、城市不平等和农村贫困（Fuglie，2001；Thaiprasert，2006；Ahmad和Isvilanonda，2003）。NESDB（2015）确定泰国的基尼系数从1994年的0.52下降到2013年的0.46，这表明泰国在收入分配方面变得更

加平等。泰国的贫困人口已从1994年的2 410万人（接近42.6%）减少到2013年的730万人（接近10.9%）。全国贫困水平约为30 864泰铢/人/年。此外，泰国经济在过去20年取得了显著的发展，并于2011年成为中高收入经济体（UNDP，2015）。

表4-1　　泰国的主要经济和人口指标

| 指标 | 1994 | 2000 | 2006 | 2009 | 2013 |
|---|---|---|---|---|---|
| GDP（百万泰铢）[a] | 3 689 090 | 5 069 823 | 8 400 655 | 9 654 016 | 12 910 038 |
| —农业 | 318 333 | 431 082 | 790 176 | 945 605 | 1 459 151 |
| —非农业 | 3 370 757 | 4 638 741 | 7 610 479 | 8 708 411 | 11 450 887 |
| GDP增长率（%）[a] | 3.2 | 1.6 | 1.9 | 2.2 | 0.2 |
| —农业 | 7.2 | 1.2 | 1.4 | 0.9 | 0.1 |
| —非农业 | 2.7 | 1.6 | 1.9 | 2.5 | 0.2 |
| 总人口（百万人）[b] | 56.6 | 60.9 | 62.8 | 66.0 | 66.8 |
| 就业（百万人）[b] | 33.2 | 32.8 | 36.3 | 38.4 | 39.3 |
| —农业 | 17.6 | 15.9 | 15.3 | 15.9 | 16.1 |
| —非农业 | 15.6 | 16.9 | 21.0 | 22.5 | 23.2 |
| 国家贫困线（泰铢/人/年）[a] | 13 884 | 18 660 | 23 208 | 26 088 | 30 864 |
| 基尼系数（收入不平等）[a] | 0.52 | 0.52 | 0.51 | 0.49 | 0.46 |
| 生活在国家贫困线以下的人口（百万人）[a] | 24.1 | 25.8 | 13.7 | 11.6 | 7.3 |

资料来源：a.国家经济和社会委员会办公室（NESDB），2015；b.国家统计局（NSO），2015。

2013年，泰国730万贫困人口中约有67.2%居住在农村地区，其中近一半居住在东北部地区（NESDB，2015）。大多数泰国农民生活贫困，低于基本生存标准，尤其是农村地区的农户（Krongkaew，1985）。Wattanutchariya和Jitsanguan（1992）认为农村地区的小农一般无法选择最有效的生产类型和资源的最佳利用来最大化他们的农场收入，因为农场规模有限，这导致生产效率低下和农场收入降低。大多数贫困农民也没有足够的资金和生产技术（Thaiprasert，2006）。此外，Limsombunchai（2006）认为，农户获得大笔贷款可以同时维持其农业生产、家庭消费和投资。然而，巨额的贷款可能会导致农民的还款问题。

上述讨论有力地证明了农业部门对泰国经济的重要性，与农业相关的部门是农村地区主要的收入来源和就业去处，因此，泰国农村地区的贫困问题也备受关注。

## 4.2 小额信贷和泰国小额信贷的目标

泰国的农村融资体系已经发展了几十年。小额信贷的主要目的是帮助泰国农村地区的贫困人口，他们缺乏投资资金，无法获得正规信贷，并依赖于非正规信贷提供者（Coleman，2006；Rafiq，2013）。20世纪70年代中期以来，小额信贷向农村贫困人口提供信贷和金融服务，这是农村发展的举措之一（Fongthong，2012）。大多数贫困人口是居住在农村地区的农户，他们需要信贷来投资农业和满足家庭消费。由于高风险、高交易成本以及借款人缺乏抵押存款，商业银行很少能满足农村贫困人口的信贷需求（Coleman，2006；Limsombunchai，2006）。

根据泰国银行（BOT）（2015）的数据，2013年，商业银行向信贷市场提供了约470亿泰铢。然而，只有0.91%的商业贷款拨付给了农业部门（见表4-2）。

表 4-2　按农业和非农业部门划分的商业银行信贷[a]　单位：百万泰铢

| 部门 | 2010 | 2011 | 2012 | 2013 |
|---|---|---|---|---|
| 农业部门[b] | 331 995（1.02%） | 330 596（0.87%） | 351 953（0.84%） | 431 363（0.91%） |
| 非农业部门 | 32 119 221（98.98%） | 37 276 574（99.13%） | 41 351 540（99.16%） | 46 597 897（99.09%） |
| 贷款总额 | 32 451 216（100%） | 37 607 170（100%） | 41 703 493（100%） | 47 029 260（100%） |

a. 由泰国商业银行（无海外分行）和外国银行分行组成，不包括专业的泰国政府银行。

b. 包括农业、狩猎、渔业和林业。

资料来源：BOT（2015）.

在20世纪70年代中期之前，泰国农村地区的信贷市场由非正式贷方主导。非正规贷款机构收取高利率，导致农民大部分时间负债累累，陷入贫困的恶性循环。为此，泰国政府出台了一些扩大农村信贷供给的政策：一是要求各商业银行对农村人口的低息农业贷款增加5%。二是服务于农业的泰国农业与农业合作社银行（BAAC）在1966年成立，这是一家专门为机构贷款提供服务的政府银行，以取代非正式的农村信贷市场。BAAC的目标不仅是为个体农民、农业合作社和农民团体提供合理利率的贷款，而且旨在提高客户的生活质量（Isavilanonda，2002；Menkhoff和Rungruxsirivorn，2011）。BAAC的未偿还信贷从2010年的5 776.09亿泰铢急剧增加到2013年的近1万亿泰铢（见表4-3）。2013年，近98%的贷款或9 489.83亿泰铢分配给农民和农民机构，大约2%提供给政府担保项目，其余为法人账户和住房公积金等其他贷款。接受贷款的个体农户约570万人。这些证明了BAAC在泰国农村信贷市场的重要份额和很强的参与力。

表 4-3　　泰国农业与农业合作社银行当前财务指标

| 项目 | 2010 | 2011 | 2012 | 2013 |
|---|---|---|---|---|
| 总资产（百万泰铢） | 899 019 | 1 055 549 | 1 191 061 | 1 338 525 |
| 贷款（百万泰铢） | 577 609<br>（100%） | 775 908<br>（100%） | 874 497<br>（100%） | 970 630<br>（100%） |
| —向农民和农民机构提供的贷款（百万泰铢） | 551 385<br>（95.46%） | 689 499<br>（88.86%） | 830 645<br>（94.98%） | 948 983<br>（97.77%） |
| —政府担保项目贷款（百万泰铢） | 2 843<br>（0.49%） | 82 121<br>（10.58%） | 39 790<br>（4.55%） | 17 436<br>（1.83%） |
| —其他贷款（百万泰铢） | 23 381<br>（4.05%） | 4 288<br>（0.55%） | 4 062<br>（0.46%） | 4 211<br>（0.44%） |
| 存款（百万泰铢） | 726 573 | 887 259 | 1 000 857 | 1 151 619 |
| 存贷比 | 0.79 | 0.87 | 0.87 | 0.84 |
| 不良贷款（百万泰铢） | 37 432 | 34 258 | 32 766 | 38 869 |
| 不良贷款率（%） | 6.57 | 5.34 | 3.95 | 4.10 |
| 农业债务人数量 | | | | |
| —个体农户（人） | 4 612 424 | 4 999 641 | 5 582 703 | 5 702 764 |
| —农业合作社（群） | 1 058 | 1 123 | 1 136 | 1 225 |
| —农民协会（群） | 30 | 30 | 30 | 38 |

资料来源：BAAC（不同年份）。

在BAAC的财务稳定方面，财务指标显示，存贷比从2010年的0.79小幅上升至2013年的0.84。此外，不良贷款占总贷款的比例从2010年的6.57%下降到2013年的4.10%。2011年和2012年，BAAC支持了约821.21亿和397.90亿泰铢的贷款用于政府担保政策，如大米质押计划，但这对BAAC的财务业绩没有影响。

包括BAAC在内的国有银行高度介入政府的政策，成为泰国经济学家之间激烈争论的话题，因为这些政策直接增加了农村信贷体系失败的风险。泰国经济学家还强调了房屋持有者的债务问题，尤其是在偏远地区的农村家庭。这是因为农村家庭偿还债务的能力非常有限。泰国农产品价格存在季节性和每年都有不规则波动的特点。这影响了农场盈利能力和农场家庭收入的可变性。根据农业经济办公室（OAE）的数据（2013），平均每户农场净收入为48 470泰铢，低于2010年的每户57 214泰铢；相反，平均未偿债务从2010年的每户54 061泰铢大幅增加至82 572泰铢。2010—2013年农户平均年现金收入、支出和贷款规模见表4-4。

表 4-4　　2010—2013 年泰国农户平均年现金收入、支出和贷款规模

| 项目 | 2010 | 2011 | 2012 | 2013 |
|---|---|---|---|---|
| 收入[a] | 225 835 | 242 365 | 247 743 | 268 301 |
| —农业收入 | 137 175 | 142 039 | 146 334 | 148 240 |
| —非农业收入 | 88 660 | 100 326 | 101 409 | 120 061 |
| 支出[a] | 190 125 | 197 448 | 207 016 | 229 955 |
| —农业支出 | 79 961 | 84 190 | 88 709 | 99 770 |
| —非农业支出 | 110 164 | 113 258 | 118 307 | 130 185 |
| 农场净收入[a] | 57 214 | 57 849 | 57 625 | 48 470 |
| 净经营资产[a] | 125 618 | 144 715 | 121 189 | 118 730 |
| 平均未偿债务 | 54 061 | 59 808 | 76 697 | 82 572 |
| 农户数量（百万） | 5 871 | 5 909 | 5 713 | 5 715 |
| 平均家庭人数（人） | 394 | 388 | 400 | 396 |
| 每户平均农场规模（rai）[b] | 25.42 | 25.25 | 25.28 | 24.36 |

a. 单位：泰铢/户。

b. 1rai = 0.16 公顷。

资料来源：OAE（2015）.

泰国农村信贷体系自 2001 年以来发生了显著转变。泰国政府试图通过实施泰国乡村和城市社区基金（VF），改革农村信贷市场，帮助贫困人口脱贫，这是世界上最大的小额信贷计划之一（Boonperm，Haughton 和 Khandler，2013）。泰国政府为每个社区拨款 100 万泰铢（按 2001 年平均汇率计算约为 22 500 美元，1 美元=44.5 泰铢），约 77 000 个社区，总计为 770 亿泰铢，占泰国 GDP 的 1.5%（Menkhoff 和 Rungruxsirivorn，2011；Fongthong，2012）。VF 的主要目的是为弱势群体提供应急基金，特别是短期信贷，帮助他们增加投资、创造就业机会和发展社会福利。VF 在国家层面由 NVRO 管理，在村一级由地方委员会（每个委员会由 15 名成员组成）管理（Fongthong，2012）。

2009 年，泰国政府决定根据对 VF 的潜在评估和 VF 的规模[①]，将每个 VF 的初始营运资金（第二阶段）金额从 200 000 泰铢增加到 600 000 泰铢。政府在第二阶段分配的预算约为 195.992 亿泰铢。此外，在第三阶段（2012），政府为泰国的每个 VF（预算约为 792.55 亿泰铢）提供了额外的百万泰铢营运资金。总体而言，泰国政府 2001—2014 年在 VF 计划中维持的总预算约为 1 668.958 亿泰铢（泰国议会预算办公室，2015），2013 年 VF 的数量已扩展到 79 255 个社区，总成员达 1 280 万人，大约 44% 的村基金位于该国最贫困的东北部地区（见表 4-5）。

① VF 的规模分为 50~150 名成员的小型（S）、151~350 名成员的中型(M）和超过 350 名成员的大型(L)。政府对 VF 的潜在表现进行了调查，并将 79 255 个社区中的约 59 000 个社区的潜在表现分为 A 级（非常好）和 B 级（好），C 级（一般）12 000 个社区，其余为 D 级（需要改进）。

表 4-5　　2013年各地区运营VF数量

| 地区 | 村基金 | 城市社区基金 | 总额 |
|---|---|---|---|
| 北部 | 16 564 | 582 | 17 146 |
| 东北部 | 33 102 | 847 | 33 949 |
| 南部 | 8 641 | 464 | 9 105 |
| 东部 | 5 354 | 386 | 5 740 |
| 西方 | 5 572 | 365 | 5 937 |
| 中部 | 5 756 | 1 622 | 7 378 |
| 总计 | 74 989 | 4 266 | 79 255 |

资料来源：NVFO（2015）.

然而，Chandoevwit和Ashakul（2008）进行了一项研究，使用准实验评估技术调查VF对泰国农村家庭收入、支出和减贫水平的影响。研究结果表明，VF计划并没有帮助农村借款人摆脱贫困。

作者还认为，VF计划的贷款金额不足以让农户创造更多收入，农户更容易出现还贷问题。此外，VF计划旨在减少贫困并改善农村贫困人口的福利；然而，该计划是作为一项经济政策运作的。这导致农村贫困人口负债累累，政府试图向贫困人口发放贷款，而不关心他们的还款能力。

目前还没有公开的经验证据表明 VF计划对泰国农村家庭扶贫的影响。因此，时至今日，泰国学术界、政策制定者和政界人士都仍在广泛地讨论和辩论VF计划的利弊。

## 4.3 泰国小额信贷的类型

农村贫困户信贷交易通常与短期贷款有关。这是因为大多数农村贫困人口是农民，他们倾向于种植一年生作物而不是多年生作物。此外，借款人未能满足正式的信贷机构抵押要求。这导致他们无法从正规信贷机构获得长期信贷。因此，对短期信贷的需求在主要由非正式贷款人提供的农村家庭借贷中起着重要作用（Siamwalla，1988）。

然而，在过去的几十年里，来自正规信贷机构的信贷比例急剧提升，以取代农村地区的非正规信贷（Limsombunchai，2006）。Gine（2011）强调，正规机构的较低利率是可能增加农村贫困家庭借款的原因之一。此外，泰国政府应改革一些有关土地所有权的政策，以使人们拥有土地。这可以解决农村贫困家庭在正规信贷部门缺乏抵押品的问题。

据泰国国民经济和社会发展委员会（NESDB）统计，泰国农村贫困家庭平均未偿债务持续增加。正规贷款的比例从 2007年的 88% 增加到 2013年的近 94%。2013年，一个农村贫困家庭的平均未偿债务约为 64 006泰铢，其中很大一部分贷款主要用于农业活动、家庭消费和资产购买。另外，大部分非正规贷款用于家庭消费（见表4-6）。

表 4-6　泰国农村贫困家庭平均未偿债务（按贷款来源和贷款目的分类）　单位：泰铢/户

| 项目 | 2007 | 2009 | 2011 | 2013 |
|---|---|---|---|---|
| 正规信贷 | 43 946<br>(88.15%) | 50 463<br>(91.02%) | 51 787<br>(91.22%) | 60 134<br>(93.95%) |
| —用于购买或出租房屋和土地 | 4 402<br>(8.83%) | 4 646<br>(8.38%) | 3 599<br>(6.34%) | 4 801<br>(7.50%) |
| —用于教育 | 768<br>(1.54%) | 893<br>(1.61%) | 1 209<br>(2.13%) | 1 267<br>(1.98%) |
| —用于家庭消费 | 14 117<br>(28.32%) | 11 676<br>(21.06%) | 15 919<br>(28.04%) | 14 843<br>(23.19%) |
| —用于商业 | 1 859<br>(3.73%) | 3 859<br>(6.96%) | 2 890<br>(5.09%) | 2 938<br>(4.59%) |
| —用于农业 | 21 684<br>(43.50%) | 27 743<br>(50.04%) | 26 771<br>(47.05%) | 35 274<br>(55.11%) |
| —其他 | 1 112<br>(2.23%) | 1 647<br>(2.97%) | 1 459<br>(2.57%) | 1 011<br>(1.58%) |
| 非正规信贷 | 5 902<br>(11.84%) | 4 979<br>(8.98%) | 4 985<br>(8.78%) | 3 872<br>(6.05%) |
| —用于购买或出租房屋和土地 | 543<br>(1.09%) | 538<br>(0.97%) | 312<br>(0.55%) | 160<br>(0.25%) |
| —用于教育 | 65<br>(0.13%) | 105<br>(0.19%) | 193<br>(0.34%) | 6<br>(0.01%) |
| —用于家庭消费 | 2 911<br>(5.84%) | 2 694<br>(4.86%) | 2 691<br>(4.74%) | 1 984<br>(3.10%) |
| —用于商业 | 842<br>(1.69%) | 299<br>(0.54%) | 352<br>(0.62%) | 435<br>(0.68%) |
| —用于农业 | 917<br>(1.84%) | 820<br>(1.48%) | 1 067<br>(1.88%) | 960<br>(1.50%) |
| —其他 | 623<br>(1.25%) | 521<br>(0.94%) | 369<br>(0.65%) | 326<br>(0.51%) |
| 总计 | 49 848<br>(100%) | 55 442<br>(100%) | 56 772<br>(100%) | 64 006<br>(100%) |

资料来源：泰国国民经济和社会发展委员会（NESDB，不同年份）。

同样，泰国银行（BOT）（2015）报告了国内信贷市场为家庭债务人提供的正式贷款显著增加。家庭借款人获得的正式贷款总额从2010年的242 111.88亿泰铢大幅增加到2013年的377 094.24亿泰铢。提供的信贷大部分来自商业银行、国有银行和储蓄合作社等存款机构（见表4-7）。

表 4-7　按信贷机构类型分类的家庭贷款[a]　单位：百万泰铢

| 机构 | 2010 | 2011 | 2012 | 2013 |
|---|---|---|---|---|
| 存款机构 | 21 196 451 | 24 787 497 | 28 957 206 | 32 695 470 |
| —商业银行[b] | 10 007 834 | 11 479 788 | 13 472 040 | 15 861 753 |
| —专业政府银行[c] | 7 612 132 | 9 070 731 | 10 485 941 | 11 179 742 |
| —储蓄合作社 | 3 524 521 | 4 194 039 | 4 972 203 | 5 643 035 |
| —其他 | 51 964 | 42 939 | 27 022 | 10 940 |
| 其他信贷机构 | 3 014 737 | 3 289 088 | 4 037 990 | 5 013 954 |
| —信用卡、租赁和个人贷款公司 | 2 061 462 | 2 277 410 | 2 949 344 | 3 913 975 |
| —保险公司 | 248 928 | 260 221 | 279 755 | 302 463 |
| —证券公司 | 105 949 | 126 060 | 152 530 | 204 577 |
| —资产管理公司 | 390 818 | 377 943 | 358 189 | 296 755 |
| —当铺 | 181 886 | 220 607 | 265 257 | 249 117 |
| —其他 | 25 694 | 26 767 | 32 915 | 47 067 |
| 家庭贷款总额 | 24 211 188 | 28 076 505 | 32 995 196 | 37 709 424 |

a. 家庭债务人的贷款。

b. 由泰国商业银行（无海外分行）和外国银行分行组成。

c. 由政府储蓄银行（GSB）、BAAC、政府住房银行（GHBank）、泰国进出口银行（EXIM）、泰国伊斯兰银行（IBANK）和泰国中小企业发展银行（SMEBANK）组成。

资料来源：BOT（2015）.

上述讨论突出了影响泰国农村融资体系发展的贷款的重要性。银行与贫困网络（2010）认为，根据财政部（MOF）的分类，泰国的小额信贷可分为三大类，下面的内容中介绍了泰国小额信贷的三大分类。

### 4.3.1　正规的小额信贷机构

正规的小额信贷机构根据审慎原则经营金融服务。正规的小额信贷在泰国的农村融资体系中发挥着关键作用，包括泰国农业与农业合作社银行（BAAC）和政府储蓄银行（GSB）等专业政府银行。BAAC和GSB的特点和一些重要项目描述如下：

（一）泰国农业与农业合作社银行（BAAC）

BAAC是一家国有银行，其使命是为农民和农民协会提供财政援助。在信贷服务方面，BAAC设计了一系列适合农村个体农民的信贷，如下所列（BAAC，2015a；Limsombunchai，2006）：

（i）农业生产短期贷款：此类贷款旨在向农民提供流动资金来购买农业投入品以生产年度农产品。还款期通常在12个月内，但在某些情况下，还款期可以延长至18个月。

（ii）中期贷款：该贷款的目的是购买牲畜、购买农业机械和/或设备以及改良土地。 此类贷款必须在1~3年内偿还。

(iii) 长期贷款：此类贷款是为农民投资固定农业资产或购买额外土地以提高其农业生产能力而设计的。此外，农民还可以使用长期贷款偿还旧债和赎回。长期贷款的还款期通常不超过15年。

对借款人短期信贷的担保要求必须是担保人的书面承诺，或者是不动产抵押品。另外，对于长期信贷，只有借款人的资产才有资格作为抵押品。个别农户的贷款利率按最低零售利率（MRR）计算（见表4-8）。

表4-8　2015年泰国部分银行活期存贷款利率　单位：%/年

| 项目 | BAAC | GSB | 其他商业银行 |
|---|---|---|---|
| 存款（个人） | | | |
| —储蓄 | 0.50 | 0.50 | 0.05~2.50 |
| —3个月定期 | 0.95 | 0.95 | 0.25~2.00 |
| —12个月定期 | 1.55 | 1.55 | 0.25~2.25 |
| —24个月定期 | 1.75 | 1.75 | 1.30~2.38 |
| 贷款 | | | |
| —MRR | 7.00 | 7.48 | 8.39 |
| —MLR | 5.00 | 6.70 | 7.10 |
| —MOR | 7.38 | 7.10 | 7.92 |

资料来源：GSB（2015）、BAAC（2015）和BOT（2015）。

泰国农业与农业合作社银行向农民协会、农业合作社、村基金和社区企业等法人提供贷款，收取最低贷款利率（MLR）。此类贷款的目的是增加农村小额信贷机构的营运资金储备。

除了提供贷款，BAAC还鼓励农民开展储蓄动员活动。BAAC为农民推荐了许多产品和服务，以增加家庭储蓄和养成对财务负责的习惯。BAAC著名的成功储蓄产品之一是"Om Sap Taweechoke"储蓄存款（针对低收入人群的存款）。

该产品于1996年实施，旨在增加农村贫困客户的储蓄。参与这项储蓄动员计划的存款人有权参加抽奖计划，奖品有汽车、摩托车、黄金、电视等耐用品。BAAC（2010）声称，2007年该计划鼓励了超过360万客户开设储蓄账户，每个账户的平均储蓄金额约为6 200泰铢。

此外，泰国政府将继续与BAAC密切合作，以提高农村地区小农的生活质量。2000年以来，债务延期计划被多次使用，以缓解面临生产和价格风险的农民的还款问题。旧债再融资计划也在不断实施，以避免农民向非正规贷款机构借款。2013年，约有103 641名农民注册参与该计划，总债务为110.67亿泰铢（BAAC，2014）。

（二）政府储蓄银行（GSB）

GSB成立于1913年，其主要任务之一是确保泰国人的储蓄年限。2013年GSB的总资产约为21 771亿泰铢，比2010年的14 611亿泰铢大幅增加。此外，GSB的贷款从2010年的11 117亿泰铢增加到2013年的16 783亿泰铢（见表4-9）。2013年贷款总额的70.5%分配给个人和住房贷款的零售客户，使用GSB的“人民银行贷款”和“农村社区发展贷款”等贷款项目向基层客户提供了大约6.2%或1 040.55亿泰铢（GBS，2013）。

表4-9 政府储蓄银行当前财务指标 金额单位：百万泰铢

| 项目 | 2010 | 2011 | 2012 | 2013 |
|---|---|---|---|---|
| 总资产 | 1 461 189 | 1 772 111 | 1 962 550 | 2 177 193 |
| 贷款 | 1 111 755<br>（100%） | 1 351 990<br>（100%） | 1 585 145<br>（100%） | 1 678 309<br>（100%） |
| —向零售客户提供个人贷款和住房贷款 | 768 223<br>（69.1%） | 960 183<br>（71.02%） | 1 109 601<br>（70.0%） | 1 183 208<br>（70.5%） |
| —草根客户贷款 | 40 023<br>（3.6%） | 50 429<br>（3.73%） | 82 427<br>（5.2%） | 104 055<br>（6.2%） |
| —向政府和其他信贷机构提供的贷款 | 227 910<br>（20.5%） | 259 041<br>（19.16%） | 305 933<br>（19.3%） | 300 417<br>（17.9%） |
| —对商业部门的贷款 | 74 487<br>（6.7%） | 82 336<br>（6.09%） | 87 183<br>（5.5%） | 90 628<br>（5.4%） |
| 存款 | 1 180 248 | 1 525 756 | 1 679 764 | 1 879 425 |
| 存贷比 | 0.94 | 0.88 | 0.94 | 0.89 |
| 不良贷款 | 13 344 | 12 710 | 16 752 | 19 191 |
| 不良贷款率（%） | 1.20 | 0.94 | 1.06 | 1.14 |

资料来源：GSB（不同年份）。

人民银行贷款项目旨在帮助街头小贩等难以维持小本生意的城市贫民，他们可以获得正规信贷，而不是从非正规债权人处贷款。最高的贷款限额为200 000泰铢，还款期通常在96个月内。担保要求必须是担保人的承诺或借款人的资产。另外，GSB向农村社区企业集团、村基金和城市社区基金提供贷款，用于增加社区协会的储备数量。借款人的担保要求可以由指导委员会作为信贷协议的担保人做出书面承诺，如果贷款超过300万泰铢，还需要社区协会的不动产作为抵押。在这类贷款中，还款期不超过5年（GSB，2013）。

### 4.3.2 半正规小额信贷机构

半正规的小额信贷机构是具有会员制框架并在非审慎监管下运作的合法机构。泰国的半正规小额信贷机构包括合作组织、生产储蓄组织（SPG）和村基金（VF）。

（一）合作组织

合作社于1915年在泰国成立，主要目的是提高农村地区小农的生活质量。目前，泰国的合作社运动已开展得如火如荼，根据《1968年合作社法案》运作，并由合作社促进部（CPD）和合作社审计部（CAD）监督。泰国的合作社分为农业合作社、土地结算合作社、渔业合作社、消费者合作社、储蓄和信用合作社、服务合作社以及信用联合合作社7种类型（泰国合作社联盟，2015）。据CPD统计，2013年泰国共有7 134个合作社，其中一半以上是农业合作社，其次是储蓄和信用合作社。这两种类型的合作社为超过900万注册会员提供服务。此外，CPD（2015）指出，合作业务最初来自信贷业务，2013年的业务量为12 338.43亿泰铢（见表4-10）。

表4-10　　泰国合作社、会员和企业数量（2010—2013年）

| 项目 | 2010 | 2011 | 2012 | 2013 |
| --- | --- | --- | --- | --- |
| 合作社数量 | 6 962 | 6 963 | 7 018 | 7 134 |
| —农业合作社 | 3 850 | 3 777 | 3 768 | 3 812 |
| —储蓄和信用合作社 | 1 366 | 1 373 | 1 383 | 1 393 |
| —信用联合合作社 | 420 | 440 | 466 | 496 |
| —其他 | 1 326 | 1 373 | 1 401 | 1 433 |
| 会员人数 | 10 342 347 | 10 563 375 | 10 827 490 | 11 111 117 |
| —农业合作社 | 5 968 358 | 6 116 121 | 6 224 230 | 6 338 691 |
| —储蓄和信用合作社 | 2 618 501 | 2 638 641 | 2 640 664 | 2 727 637 |
| —信用联合合作社 | 431 325 | 494 067 | 585 607 | 647 638 |
| —其他 | 1 324 163 | 1 318 546 | 1 376 989 | 1 397 151 |
| 按合作社业务活动分类的业务量（百万泰铢） | 1 712 277 | 2 049 063 | 2 073 803 | 2 040 788 |
| —存款 | 469 560 | 559 809 | 648 747 | 587 217 |
| —贷款 | 1 067 218 | 1 249 763 | 1 194 494 | 1 233 843 |
| —输入耗材业务 | 61 530 | 71 419 | 83 201 | 85 365 |
| —其他 | 113 969 | 168 072 | 147 361 | 134 363 |

资料来源：CPD（2015）.

农业合作社旨在帮助农民会员获得生产贷款、提供投入品、以市场价格销售会员产品并提供农业推广服务。同样，储蓄和信用合作社旨在促进储蓄并向相同职业或相同社区区域的会员提供贷款（泰国储蓄和信用合作社联合会（FSCT），2015）。储蓄和信用合作社向其成员提供三种类型的贷款（FSCT，2015）：

（i）紧急贷款：当会员面临生活危机时，不需要任何抵押即可获得此类贷款。紧急情况下，贷款最高可达会员月收入的一半，分两期还款。

（ii）普通贷款：贷款金额取决于会员的月收入（在40 000至300 000泰铢之间）和还款期（在24至72期之间）。在所有情况下，此类贷款至少需要一名会员担保人。

（iii）专项贷款：会员可以借专项贷款用于土地、建筑、装修或其他永久性投资。此类贷款需要抵押品，还款期为10~15年。

每个储蓄和信用合作社的存款利率和贷款利率是不同的。通常，合作社的存款利率略高于其他商业银行，贷款利率略低。例如，2015年，孔肯大学储蓄合作社宣布储蓄率为每年2%，紧急和普通贷款利率为每年6.5%，特别贷款利率为每年5%。

（二）生产储蓄组织

生产储蓄组织（SPG）的发起旨在发展可持续的人力资本并解决农村社区会员缺乏信贷可及性的问题。每个农村SPG的会员聚集在一起，定期将钱存入团体现金基金。会员之间的储蓄金额在一定时间内是固定的，如每天1泰铢，每周10泰铢等，这种累积的储蓄被称为“Sajja储蓄”。成员选举委员会来管理集团资金和管理其他人的活动。当集团资金倍增时，可以产生更多的经济活动，如改善福利的储蓄服务和向其他缺乏商业投资的会员提供的贷款服务。此外，SPG在团体会员之间建立社交网络，如社区学习和营销示范中心、社区商店、社区碾米厂等。这些社交网络有助于改善学习过程和实现知识共享，从而促进可持续的人力资本发展成农村SPG会员（Luxchaigul，2014）。

2013年，SPG的数量约为44 944个团体，为全国超过670万会员提供服务，Sajja基金总额约为583.74亿泰铢。共有19 385个SPG位于东北部地区，其次是北部和中部地区（社区发展部，2015）。

（三）村基金

村基金（VF）于2001年引入泰国农村信贷体系。该计划在国家乡村和城市社区基金办公室（NVFO）的监督下运作，该办公室负责制定和实施有关监测和管理国家层面基金的各种政策、规则和法规。

根据Menkhoff和Rungruxsirivorn（2011）以及Chandoevwit和Ashakul（2008）的说法，在村庄建立VF要求村民组建一个由10~15人组成的委员会，该委员会应从村成员中选出。随后，委员会记录了贷款政策和程序、收取的利率、借款人的资格以及收集贷款、惩罚的政策和程序等法规和指导草案，这些草案可能因VF而异。每个VF必须符合《全国乡村和城市社区基金的建立和管理条例》（B.E.2544）中提及的法律要求。这将保证每个VF在相同的标准下进行操作。

设立村基金的法规和指导草案由NVFO批准。然后，通过BAAC或GSB把100万泰铢的营运资金从政府直接转入每个VF的银行账户（Menkhoff和Rungruxsirivorn，2011）。愿意向VF借款的会员可以向当地VF委员会提交贷款申请。一旦申请得到委员会的审议和批准，全部贷款将转入借款人的个人账户。贷款到期后，借款人应偿还VF银行账户中收取的本金和利息，并将收到BAAC或GSB的文件作为还款证明。这个过程表明，地方VF委员会不需要持有现金。此外，BAAC和GSB作为审计员与当地VF委员会密切合作，以监控VF资金账户（Menkhoff和Rungruxsirivorn，2011）。

VF贷款金额每人不得超过20 000泰铢，还款期在1年以内。但是，在某些情况下，贷款金额可以扩大至50 000泰铢，这取决于当地VF委员会的决定。

### 4.3.3 非正规小额信贷机构

银行与贫困网络（2010）肯定了泰国的非正规小额信贷机构，如独立贷方和社区组织，并得到了非政府组织、地方政府机构和僧侣的支持。Meagher（2013）认为，非正规小额信贷机构在过去几年显著增长。但是，由于未合法化，这些机构面临更多的违约风险。这意味着非正规小额信贷机构的金融服务不受政府监管。最近，泰国政策制定者试图放宽一些金融法规限制，以鼓励非正规小额信贷机构注册并获得政府机构的认可。

这使政府能够从非正规小额信贷机构的金融交易中征收更多的税，并防止贫穷的借款人被非正规贷款机构剥削。

非正规小额信贷机构更有可能为泰国农村和城市地区的低收入公民群体提供信贷服务。贷款利率远高于正规贷款人，有借款人透露，独立贷款人每天收取2%左右的贷款利息，并使用武力催收（泰国农村债务，2013）。此外，Meagher（2013）建议，解决泰国非正规小额信贷机构非法问题的替代方法是政府实施综合信用信息系统，提高消费者的权益保护意识，增加贷款人的金融知识，并建立保护贫困人口的法律机制。

## 4.4 传统信贷与微型企业融资新方式

过去几年，泰国政府直接和间接干预了小额信贷部门的发展。政府提供了若干小额信贷计划，目的是增加农村贫困人口获得和使用金融服务的机会。接下来将讨论政府最近推出的一些小额信贷计划。

### 4.4.1 纳米金融计划

纳米金融计划于2015年启动，获得了财政部和BOT的批准。纳米金融计划旨在促进非银行信贷机构向获得资本投资和增加收入机会有限的基层公民提供贷款。因此，财政部和BOT放宽了部分金融法规。政府允许18名新进入投资者（注册资本至少为5 000万泰铢）在泰国经营纳米金融业务。根据纳米金融计划向基层客户提供最高100 000泰铢的贷款，不需要任何抵押品，利率为每年30%~36%。然而，贷款的发放取决于贷款目的和借款人的还款能力（财政部，2015；Parpart，2014，2015a）。

泰国政府认为，发展纳米金融将扩大小额信贷市场。政府还辩称，纳米金融计划可以减少贫困人口对非正式借贷的需求。这是因为纳米金融的所有运作都在政府机构的监督下，借款人受到法律保护（Parpart，2014）。另外，一些政策制定者仍然担心纳米金融计划可能提高贫困家庭的债务水平和增加不良贷款数量。

### 4.4.2 村基金注资

2015年底，泰国政府决定向村基金（VF）再注资100万泰铢。GSB和BAAC各提供300亿泰铢来启动这个价值约600亿泰铢的政府项目。

VF的A级和B级从NVFO绩效报告中选出，从GSB或BAAC获得100万泰铢的贷款。重要的贷款条件包括最长7年的还款期，前2年不收取利息，剩余5年收取不超过4%的利息（Parpart，2015b）。此外，本次注资说明泰国政府仍将重点放在促进农村地区发展的VF机制上。

### 4.4.3 BAAC债务减免衡量

2015年，政府批准了债务减免措施，旨在帮助超过800 000名负债的农民。BAAC为债务减免和债务重组措施计划提供了约1 160亿泰铢的预算。

该计划适用于三类目标农民：(i) 缺乏偿还债务能力的农民 (ii) 还款能力低的农民 (iii) 有能力偿还债务，但面临季节性生产和/或营销风险的农民。债务减免措施适用的第一类目标群体包括28 000名农民，总额约为40亿泰铢。对于第二类的40万名农民，BACC决定免还本金3年，但农户仍需偿还利息费用。应用于第二类目标农民的债务重组措施的成本约为480亿泰铢。对于第三类，BAAC决定延长这45万名农民的还款期，预算为640亿泰铢（BAAC，2015b；债务减免措施，2015）。

政府和BACC预计，这一系列措施将提高农民的偿债能力，促进小额信贷行业的整体发展。

## 4.5 成功小额信贷的特征

尽管泰国农村信贷体系仍然相当活跃，但该体系面临着影响小额信贷机构成败的几个因素。这些因素包括以下4项（Limsombunchai，2006；The Banking with the Poor Network，2010；Meagher，2013）：

1.负债水平

农村贫困人口相对较高的负债水平是对泰国农村融资体系效率产生负面影响的主要问题之一。在过去的几十年里，泰国政府推出了多项计划来解决高比例的债务问题，如债务延期计划。政府花费数百万泰铢补贴这些项目，以重组农村贫困人口的债务，提高他们的偿债能力。这些计划直接影响了小额信贷部门的发展。因此，如果新措施要使农村融资系统的所有利益相关者受益，就应该仔细考虑政策影响评估。

无意愿使用贷款及其预期目的主要影响贷款偿还问题，尤其是泰国农村地区的小型农户（Huayhongtong，Aditto 和 Pakdee，2015）。因此，泰国政府应推广适当的金融知识和农场会计知识，以提高金融管理能力，降低农村贫困人口的负债水平。

2. 贷款利率

关于小额信贷机构向泰国农村贫困人口收取的最佳贷款利率，政策制定者意见不一。泰国政府在通过BAAC 和 GSB 等银行向小额信贷部门提供低息信贷方面发挥着重要作用。然而，由于缺乏抵押品问题，一些农村贫困人口可能无法从正规机构获得较低利率的贷款（Meagher，2013）。

非正规和半正规的小额信贷机构倾向于向借款人收取高利率，以防范高昂的资金成本和债务违约风险。因此，小额信贷机构之间必须谨慎规划合理且可持续的贷款利率。最近，政府改革产权和土地所有权的尝试旨在帮助偏远地区的小型农户获得正规信贷（Limsombunchai，2006）。

3. 法律机制的缺乏

适当的监管措施是监测和控制小额信贷机构金融服务战略的重要组成部分。伯德等（2011）认为泰国现行法律不利于投资者参与小额信贷市场，如非银行信贷机构的利率上限、对经营小额信贷业务的许可限制和政府信贷补贴计划的限制。因此，财政部和BOT应制定新的法规或放宽一些现有的金融法规限制，以支持小额信贷机构有效地开展业务。

4. 基金管理策略

基金管理是影响小额信贷业务成败的关键因素之一，尤其是半正规和非正规机构。可以明显看出，小额信贷机构借入资金的扩张能力有限。这是由于资金规模小，违约风险高（The Banking with the Poor Network，2010）。因此，通过转型战略加强小额信贷基金管理应被视为泰国小额信贷业务发展和增长的路径。

## 4.6 结论

近几十年来，小额信贷部门出现了显著的增长。泰国农村融资体系的显著转变始于2001年，当时政府启动了泰国村基金（VF），这是世界上最大的小额信贷计划之一。然而，VF计划在泰国农村家庭扶贫方面的利弊至今仍在广泛争论中。VF计划本应减少贫困并改善农村贫困人口的福利，但其导致了农村贫困人口负债和不良贷款水平居高不下。

泰国政府的干预在向农村贫困家庭提供低息信贷方面发挥了重要作用，并通过BAAC和GSB等国有银行实施了多个小额信贷计划。这些措施的目的是解决获得正规信贷的问题，提高农村贫困家庭的偿债能力。此外，这些措施直接影响了小额信贷部门的增长和发展。因此，政策制定者应该认识到，任何不考虑农村家庭的重大政策变化都可能对农村信贷体系中利益相关者的运营效率产生负面影响。

财政部和BOT等政府机构应改革法律机制和监管措施，以吸引新的投资者进入小额信贷行业。这可能会带来小额信贷行业的竞争，以促进农村信贷体系的发展，并在不久的将来减少农村贫穷家庭的贫困现象。

## 4.7 政策含义

小额信贷机构监管框架的发展和改革应成为泰国政府的优先事项之一。这些框架可能包括（i）重组小额信贷业务的许可限制和监管规定（ii）制定适当的利率上限以维持小额信贷部门的发展。希望一些经过修改的监管框架能够吸引新投资者进入小额信贷领域（The Banking with the Poor Network，2010；Meagher，2013）。

Meagher（2013）还认为，泰国政府应考虑建立一个不受政治权力支配的独立小额信贷监管机构。从理论上讲，这应该是管理有执照的小额信贷机构的有效办法。此外，应向商业银行提供奖励，以启动针对农村贫困人口的金融服务。在小额信贷补贴计划方面，政策制定者必须谨慎地制订对农村信贷体系所有利益相关者在经济上都合理的新计划。

或者，财政部、NVFO和BAAC等政府机构应尝试寻找可以提高全国村基金绩效的解决方案。这是因为村基金一直是政府促使农村贫困人口获得信贷的关键机制之一。当地村基金委员会应加强其对财务管理实践、贷款策略、信用评估和内部审计流程的了解。因此，应优先考虑适当的短期培训课程，将这些信息介绍给全国各地的村基金委员会。

政府应向农村贫困人口传授会计知识和基本金融知识，这可能会提高农村贫困人口的财务管理能力，降低他们的负债水平。

## 参考文献


Aditto, S. (2011). Risk Analysis of Smallholder Farmers in Central and Northeast Thailand. Unpublished Doctoral Thesis, Lincoln University, Lincoln, New Zealand.

Ahmad, A. & Isvilanonda, S. (2003). Rural Poverty and Agricultural Diversification in Thailand. Unpublished Working Papers. Department of Economics, Lund University.

Bank for Agriculture and Agricultural Cooperatives [BAAC] (2015a). Annual Report (in Thai). Accessed on 10 February, 2015. Retrieved from: http://www. baac. or. th / content-report. php? content_group_sub=3.

Bank for Agriculture and Agricultural Cooperatives [BAAC] (2015b). Press Release News 1/2558 (in Thai). http://www.baac.or.th/file-upload/13000-1.

Bank of Thailand [BOT] (2008). Thailand Key Economic Indicators. Accessed on March 22, 2015. Retrieved from https://www.bot.or.th/English/Statistics/Pages/default.aspx.

Bird, K., Hattel., Sasaki, E. & Attapich, L. (2011). Poverty, Income Inequality and Microfinance in Thailand. Asian Development Bank Southeast Asia Working Paper Series No. 6. Retrieved from http://www.adb.org/.../povertyincome-inequality-microfinance-thailand.pdf.

Boonperm, J., Haughton., J. & Khandker, S. R. (2013). Does the village fund matter in Thailand? Evaluating the impact on incomes and spending. Journal of Asian Economics, 25, 3-16.

Chandoevwit, W. & Ashakul, B. (2008). The impact of the village fund on rural households. TDRI Quarterly Review, 23(2), 9-16.

Coleman, B. E. (2006). Microfinance in Northeast Thailand: Who benefits and how much? World Development, 34(9), 1612-1638.

Community Development Department [CDD] (2015). Community Database Report (in Thai). Retrieved from http://203.114.112.233/CDDCENTER/cdd_report/com_rpt1.php.

Cooperatives Promotion Department [CPD] (2015). Cooperatives Statistics (in Thai). Retrieved from http://www.cpd.go.th/ewt_dl_link.php?nid=2446&filename=Cooperative_Infor_Statistics.

Debt-Relief Measures to Waive Four Billion Owed by Farmers. (April 2, 2015). The Nation. Retrieved from: http://www. nationmultimedia. com / national / Debtrelief-measures-to -waive-Bt4-billion-owed-by--30257228.html.

Falvey, J. L. (2000). Thai Agriculture: Golden Cradle of Millennia. Bangkok: Kasetsart University Press.

Fongthong, S. (2012). Determinants of loan sizes of microcredit for villages and communities in Thailand. International Journal of Intelligent Technologies and Applied Statistics, 5(2), 121-142.

Fuglie, K. O. (2001). Agricultural development in Thailand. In Pray, C. E. & Fuglie, K. O. (Eds.), Private Investment in Agricultural Research and International Technology Transfer in Asia, USDA Economic Research Service, pp. 76-98.

Retrieved from http://www.ers.usda.gov/publications/aer805/aer805d.pdf.

Gine, X. (2011). Access to capital in rural Thailand: An estimated model of formal vs. informal credit. Journal of Development Economics, 96(2011), 16-29.

Government Savings Bank [GSB] (2013). Annual Report (in Thai). Accessed on March 25, 2015, Retrieved from http://www. gsb. or. th / getattachment / 57a54b07-35dc-4ce6-b27b-a1f13345383c / img-report-2556.aspx.

Huayhongtong, P., Aditto, S. & Pakdee, P. (2015). The factors affecting the loan repayment of borrowers of Bank of Agriculture and Agricultural Cooperatives, Kong district, Nakornratchasima province, Thailand (in Thai). Khon Kaen Agriculture Journal, 1, 755-758.

Isvilanonda, S. (2002). Rice supply and demand in Thailand: Recent trends and future outlook. In Sombilla, M., Hossain, M. & Hardy, B. (Eds.), Development in the Asian Rice Economy. International Rice Research Institute, pp. 211 238. Retrieved from https://books.google.co.th/.

Krongkaew, M. (1985). Agricultural development, rural poverty, and income distribution in Thailand. The Developing Economies, 23(4), 325 346.

Limsombunchai, V. (2006). Rural Financing in Thailand. Unpublished Doctoral Thesis, Lincoln University, Lincoln, New Zealand.

Luxchaigul, N. (2014). The effectiveness of sustainable development of the saving for production groups in Northeast of Thailand. Environment Management and Sustainable Development, 3(1), 168-180.

Meagher, P. (2013). Microfinance regulation and supervision recommendations report in Thailand. ADB technical assistant consultant's report. Retrieved from: http://www.adb.org/sites/default/files/project.../45128-001-tacr-03.pdf.

Menkhoff, L. & Rungruxsirivorn, O. (2011). Do village funds improve access to finance? Evidence from Thailand. World Development, 39(1), 110-122.

Ministry of Finance (MOF). (2015). Nano-Finance Scheme Descriptions (in Thai). Retrieved from http://www.mof.go.th/home/…/58-07-01-NanoFinance.pdf.

National Statistical Office of Thailand [NSO]. (2015). Thailand population statistics. Accessed on January 26, 2015. Retrieved from http://www.nso.go.th.

Office of Agricultural Economics [OAE] (2015). Agricultural Statistics of Thailand. Retrieved from http://www.oae.go.th.

Office of the National Economic and Social Development Board [NESDB] (2015). Macroecnonics statistics of Thailand (in Thai). Accessed on February 20, 2015, Retrieved from http://www.nesdb.go.th/Default.aspx?tabid=433.

Parpart, E. (October 25, 2014). BOT considers 'nano-financing' for grass-roots people. The Nation. Retrieved from http://www.nationmultimedia.com/business/BOT-considers-nano-financing-for-grass-roots-peopl-30246202.html.

Parpart, E. (January 28, 2015a). Nano-finance Regulations Approved. The Nation. Retrieved from http://www. nationmultimedia. com / business / Nano-financeregulations-approved-30252792.htm.

Parpart, E. (September 4, 2015b). GSB says it can meet the Village Fund Loan Target. The Nation. Retrieved from http://www. nationmultimedia. com/business/GSB-says-it-can-meet-the-Village-Fund-loan-target-30268079.html.

Rafiq, S. (2013). The effect of microfinance on human capital formation: Evidence from rural Thailand. The Michigan Journal of Business, 6(2), 69-116.

Rural debt in Thailand: Turning the tide (September 19, 2013). The Economist.

Retrieved from http://www.economist.com/blogs/schumpeter/2013/09/rural-debt-thailand.

Siamwala, A. (1988). Rural credit markets in Thailand. TDRI Quarterly Newsletter, 3(4), 9-11.

Thai Parliamentary Budget Office. (2015). Village and Urban Community Funds (in Thai). Retrieved from http://www.parliament.go.th/ewtadmin/ewt/parbudget/ewt_dl_link.php?nid=105.

Thaiprasert, N. (2006). Rethinking the Role of Agriculture and Agro-Industry in the Economic Development of Thailand: Input-Output and CGE analyses. Unpublished Doctoral Thesis, University Library of Munich, Germany.

The Banking with the Poor Network (2010). Microfinance Industry Report: Thailand. Retrieved from http://www.microfinancegateway.org/library/microfinance-industry-report-thailand.

The Cooperative League of Thailand (2015). The Historical Movement of Cooperatives in Thailand. Retrieved from http://eng.clt.or.th/index/.

The Federation of Saving and Credit Cooperatives of Thailand Limited [FSCT]. (2015). Cooperatives in Thailand. Retrieved from http://www.fsct.com/english/index.php?f1=menu1.8.html.

United Nation Development Program [UNDP] (2015). About Thailand. Retrived from http://www.th.undp.org/content/thailand/en/home/countryinfo.html.

Wattanutchariya, S. & Jitsanguan, T. (1992). Increasing the Scale of Small-farm Operations in Thailand. Unpublished Working Paper. Department of Agricultural and Resource Economics, Kasetsart University.

# 第5章　菲律宾农村金融市场与信贷投放体系

*Salvador P. Catelo*[*], *Maria Angeles O. Catelo*[†] *and Ceptryl S. Mina*[‡]

[*]Professor, Department of Agricultural and Applied Economics, University of the Philippines Los Baños, Laguna, Philippines

spcatelo@up.edu.ph

[†]Associate Professor, Department of Economics, University of the Philippines Los Baños, Laguna, Philippines

mocatelo@up.edu.ph

[‡]Research Assistant, Department of Agricultural and Applied, Economics, College of Economics and Management, University of the Philippines Los Baños, Laguna, Philippines

cepmina03@gmail.com

**摘　要：** 菲律宾小额信贷行业的增长作为潜在"金融包容性"的创新是一个受欢迎的变革。小额信贷为中小微企业（MSME）和低收入客户提供机会以增加经济活动和收入、积累资产、应对紧急情况并投资于教育、卫生和住房。

但是，尽管小额信贷有许多好处且重要性日益增加，但仍然存在对社会和个人、企业财务绩效的影响问题，这些问题继续挑战小额信贷的发展。小额信贷成功的核心是使农村金融与发展的其他组成部分之间紧密联系，例如基础设施、适当的技术和改进的营销基础设施，这些都是有竞争力和可持续经济活动的必要条件。必须通过具备必要能力、网络、承载能力和基础设施的小额信贷机构（MFI）和其他政府资金渠道来加强私营部门在金融中介中的参与，以最大限度地减少（如果不能完全消除）信用污染和违约。信贷的正常获取和适当使用最终会导致总收入增加，这是脱贫和粮食安全这两个长期发展目标的跳板。

本章讨论小额信贷在菲律宾农村发展中的作用。特别确定了小额信贷对菲律宾农业背景下的投入使用、生产力和收入的影响。本章最后概述了小额信贷在菲律宾取得的成功及其政策方向。

**关键词：** 农业、信贷、农村金融、小额信贷、贫困、菲律宾

## 5.1 简介

菲律宾农村金融市场和信贷投放系统的重要性怎么强调都不为过。该国的历史性政策改革侧重于农业和渔业部门的现代化，以追求两个长期发展目标：扶贫和粮食安全。为了加快农业和农村发展以实现这两个目标，一个必要条件是运作良好的农业信贷和交付计划。

虽然人们认识到政策在很大程度上解决了硬件需求（例如基础设施、生产、加工和贸易设施）、软件需求（例如知识管理和能力建设）和组织件必需品（例如风险管理、利益相关者网络和财团建设）(Smits，2002)，但经常深深植根于贫困农村金融市场和信贷交付系统的持续存在的生产和市场问题，使扶贫和粮食安全的实现变得更加复杂和难以处理。

就像亚洲农村的大多数新兴国家一样，菲律宾在发展农村金融市场和农业信贷提供方面有着不断发展的经验。近年来，小额信贷作为一种潜在的“普惠金融”创新也成为该国的发展重心，因为小额信贷通常与通过银行业务扶贫有关。但是，正如Manos、Gueyie和Yaron（2013）所指出的，尽管小额信贷在为低收入客户提供金融服务方面具有诸多好处且其重要性日益增加，但仍然存在社会和财务绩效问题来挑战这个行业的持续发展。本章更深入地介绍了菲律宾的小额信贷故事。5.2节讨论了菲律宾的农业信贷和小额信贷政策。5.3节解释了菲律宾农业的信贷来源和小额信贷机构（MFI），而5.4节概述了农村/农业信贷问题，并阐明了小额信贷在农村发展中的位置。5.5节确定了小额信贷对投入、生产和收入的影响。5.6节通过考察成功的农业信贷和小额信贷系统以及经验教训和政策方向来结束本章。

## 5.2 菲律宾的农业信贷和小额信贷政策

### 5.2.1 农村信贷政策演进

本节追溯了为向菲律宾农民提供正规信贷而实施的各种信贷计划的历史。表5-1总结了这些主要金融市场改革和立法的主要规定。

早在20世纪60年代，村镇银行和合作社就开始了服务小额贷款的理念和实践。事实上，菲律宾采用了“以供应为导向的方法”，其中包括了不同的信贷计划，例如农业贷款的低成本再贴现机制、投入和信贷补贴以及对农业信贷的强制分配（Geron和Casuga，2012）。诸如信贷配额、存款保留和中央银行补贴贷款等监管计划也是这种方法的一部分（Llanto，1993）。

表 5-1　　1960—2009年菲律宾农村信贷政策的主要规定

| 时间 | 信贷政策/立法 | 重要规定 | 来源 |
| --- | --- | --- | --- |
| 20世纪60年代 | 使用了以供应为导向的方法政策<br>1952年农村银行法[①]，农业信用合作社和农民协会（ACCFA）[②]，Masagana 99[③]和PD 717[④] | —为农业贷款、投入和信贷补贴提供低成本的再贴现便利<br>—对农业信贷的强制分配<br>—采用信贷额度、存款保留和中央银行贴息贷款等监管方案 | Llanto（1993）；Geron和Casuga（2012） |
| 20世纪70年代 | DCP | —动员农村银行、开发银行和其他GFI向农村贫困人口提供高补贴信贷 | Llanto（2004）；Micu（2010） |
| 20世纪80年代中期 | 格莱珉银行法 | —由非政府组织实施<br>—为微型创业活动提供小额贷款 | Llanto（2004）；Micu（2010） |
| 20世纪80年代中期至90年代 | CALF（E.O.113） | —向菲律宾作物保险公司（PCIC）[⑤]、奎丹农村信贷和担保公司（QUEDANCOR）[⑥]以及中小企业担保基金（GFSME）[⑦]提供信贷 | Llanto（1993） |
| | 金融市场改革和自由化 | —通过取消所有存款和贷款的利率上限来放松利率管制<br>—终止中央银行的农业补贴再贴现机制<br>—强制提高银行最低资本要求 | Llanto（1993，1994）；ADB（1998）；Poliquit（2006） |
| | AMCFP | —农业部门实行市场化金融信贷政策<br>—为促进私营部门参与农业信贷提供有利的政策环境<br>—信贷计划合理化，补贴减少<br>—降低中介成本，允许其他银行、信贷机构和非政府组织在农村地区经营和提供信贷 | Lamberte et al.，（1994）ADB（1998）帮助改善了正规信贷系统 |
| 1997年（2004年颁布） | AFMA | —发起AMCFP，国家现行的农业、渔业和土地改革信贷融资体系 | Corpuz和Kraft（2005） |
| 2000年 | GBL | —承认小额信贷是合法的银行活动，BSP制定了规则和条例，使银行对小额信贷更加友好 | Llanto（2004）；Micu（2010）；BSP（2013） |
| 2002年 | BMBE Act（R.A.9178） | —将非正规部门的微型企业纳入主流经济<br>—提供小额信贷窗口以满足BMBE的金融需求 | 中小微企业发展规划（2011—2016） |
| 2008年 | CISA（R.A.9510） | —成立信用信息公司（CIC），接收并整合借款人信用历史和财务状况等基础数据，降低信贷机构的信用风险 | BSP（2013） |
| 2009年 | 2009年农业-阿格拉改革信贷法案（R.A.10000） | —修订后的PD 717<br>—提供农业、渔业和土地改革信贷、保险和融资体系，以提高农业和渔业部门的生产力 | Aquino，Anil & Correa（2014） |

① 允许建立家族所有的农村银行，其中政府提供50%的政府股权、获得优惠的再贴现率、免税和技术援助（Geron和Casuga，2012）。

② 成立于1952年，旨在为小农发展合作社，作为向农民提供小额生产信贷和营销贷款的渠道（Geron和Casuga，2012）。

③ 对农民的一揽子生产激励措施，包括低成本生产信贷、化肥补贴、技术援助和其他农业支持服务（Esguerra，1981）。

④ 1975年颁布的《农业-阿格拉法》要求银行一般将至少25%的可贷资金用于农业信贷，其中至少10%的可贷资金应用于农业改革信贷。

⑤ CALF用于保障小农生产信用。

⑥ 为存货融资提供担保。

⑦ 为中小企业提供信用担保。

此外，从20世纪70年代到80年代中期，农村银行、开发银行和其他政府信贷机构（GFI）被动员起来，通过定向信贷计划（DCP）向农村贫困人口提供高补贴信贷。然而，“以供给为导向的方法”受到严重违约问题的困扰，导致大多数信贷机构的财务表现疲软，特别是被用作廉价政府资金渠道的农村银行（Geron和Casuga，2012）。

由于信贷计划的“供应导向方法”失败，政府随后在20世纪80年代中期冒险实施金融改革。非政府组织（NGO）采用格莱珉银行方式[①]为微型创业活动提供急需的小额贷款。Ahon sa Hirap Inc.（ASHI）是1989年菲律宾格莱珉银行的第一个复制品，它也接受了成为贫困妇女变革推动者的挑战。该MFI的共同目标是通过向贫困妇女提供金融服务来减少贫困（http：//www.ashi.org.ph）。Ahon sa Hirap计划的实施不仅创造了经济利益，而且增加了妇女的权利和对她们的尊重并增强了她们的自我价值感。据报道，作为ASHI捐助者的收入增加（Sulit，1990；Jaldon，1999；Capuyan，2011）。收入的增加导致食品支出增加、贷款偿还和家庭支出增加。

其他金融市场改革也在实施，如放开所有存贷款利率，终止中央银行对农业的再贴现补贴，以及强制提高银行最低资本要求等。非金融政府机构的贷款计划和20个农业信贷计划随后被终止并合并到综合农业贷款基金（CALF）中（Llanto，1993）。

然而，20世纪80年代中期至90年代的金融市场改革遇到了项目管理不善、违约率高、政治干预和项目运作效率低下等问题，导致中介和政府成本过高（国家信用委员会 National Credit Council（NCC）[②]）（1999）。

农业和渔业现代化法案（AFMA）随后于1997年通过。AFMA采用了基于市场的利率和作为资金批发商的GFI动员（Llanto，2004；Micu，2010）。菲律宾小额信贷随后成为减轻贫困的社会发展举措。小额信贷提供范围广泛的金融服务，包括汇款、贷款、存款、支付服务和保险，旨在增强贫困人口和无经济能力的人的赋权。它帮助借款人增加收入或为他们提供收入来源。小额信贷还通过研讨会和培训提供技术支持，小额信贷是由小额信贷机构提供的小额贷款，对于任何微型企业或小型企业解决其财务困难至关重要。

同时，在农业工业现代化信贷和融资计划（AMCFP）下进一步针对农业部门采取了基于市场的金融和信贷政策，为更多私营部门参与提供农业信贷提供了有利的政策环境。信贷计划合理化，补贴大幅减少（Lamberte等，1994）。亚洲开发银行通过降低中介成本、允许其他银行和信贷机构在农村地区开展业务、取消信贷补贴以及鼓励非政府组织在提供信贷方面发挥更大作用，帮助改善正规信贷体系（Poliquit，2006）。

2000年，《一般银行法》（GBL）承认小额信贷是一项合法的银行活动。BSP的任务是制定规则和条例，使银行业对小额信贷更加友好（Llanto，2004；Micu，2010；BSP，

① 银行方法起源于1976年的孟加拉国，由客户提供担保。银行系统建立在相互信任、问责制和参与的基础上，仅向团体而非个人提供贷款，以使它们能够开展创收活动（农发基金，2003）。

② 国家信用委员会于1993年根据第86号AO成立，由政府和私营部门的代表组成，其主要任务是使所有政府DCP的实施合理化，并为贫困人口提供可行和可持续的替代机制获得信贷。

2013)。其他重要立法包括Barangay微型企业法（BMBE）、MSME法、信用信息系统法（CISA）和菲律宾合作法修正案。

特别是第9178号共和国法案（也称为2002年BMBE法案）和贸易和工业部国家首都地区（DTI-NCR）的国家中小企业发展计划（NSMEDP），均是小额信贷中的两个为贫困人口提供援助的措施。2002年BMBE法案是一项促进BMBE建立、提供激励和福利并鼓励BMBE形成和发展的法案。任何从事产品生产、加工或制造（包括农产品加工和贸易服务），总资产不超过300万菲律宾比索（以下简称比索）的企业，均可成为BMBE的受益人。成为BMBE的受益人意味着免除业务产生的税款。但是，想要申请BMBE的有抱负的企业家不包括会计师，律师等专业人士。

NSMEDP是另一项政府计划，它在战略上优先考虑中小企业（SME）部门的发展。NSMEDP与BMBE有着几乎相同的目标，旨在通过提高生产力和增值能力来帮助微型和小型企业发展更高水平的业务。它有5个要素：（1）融资（2）人力资源开发/创业培训（3）市场开拓（4）产品开发（5）倡导有利环境。

### 5.2.2 当前政策和计划

#### 5.2.2.1 共和国法案8435：AFMA

AFMA于1997年通过，2004年颁布并延长至2015年12月。AFMA旨在帮助提高农业部门的生产力和竞争力，使农民和渔民能够应对全球化的挑战。它涵盖了对农业现代化至关重要的许多要素，例如研发（R&D）、基础设施、培训、营销和信贷等。AFMA发起了AMCFP，这是该国当前的农业、渔业和土地改革信贷和融资体系。AMCFP终止了所有政府对农业的信贷计划（DCP），并采用了批发贷款计划的国家战略。

AMCFP的初步评估表明，AFMA推出的信贷政策改革以及小额信贷原则的主流化（通过采用国家小额信贷战略）已显示出一定的希望，鼓励更多私营部门参与农村信贷市场，同时增加小农获得正规融资的机会。农业信贷政策委员会（ACPC）进行的调查显示，从更正规的信贷来源借款有所增加。1997年只有24%的农户从正规机构借来贷款，这一比例在2005年跃升至49%（见表5-2）。

表5-2　　菲律宾1996—2005年按主要贷款来源的借款（%）

| 来源 | 1996—1997 | 1999—2000 | 2001—2002 | 2004—2005 |
|---|---|---|---|---|
| 所有借款人 | 100 | 100 | 100 | 100 |
| 正规机构 | 24 | 38.6 | 34.4 | 49.4 |
| 非正式贷款人 | 76 | 61.3 | 60.3 | 50.6 |
| 正式和非正式贷款人 | | | 5.3 | |

资料来源：ACPC小农和渔民信贷可及性调查（Llanto 2008，SEPO引用，2009）。

#### 5.2.2.2 共和国法案10000：2009年农业-阿格拉改革信贷法案

《农业-阿格拉改革信贷法案》（Agri-Agra Reform Credit Act）是经修订的PD717，

旨在为农业、渔业和土地改革部门提供信贷、保险和融资系统，以提高AFMA和菲律宾土地改革法典中规定的生产力（Aquino等，2014）。

第717号总统令，也称为《农业/阿格拉法》，要求所有银行将其净可贷资金的25%用于农业贷款，其中10%将贷给土地改革受益人，15%用于农业贷款。鉴于信用良好的农业综合企业数量众多，后者的客户群体很容易超过最低贷款要求，但在向土地改革受益者提供贷款方面，历史上并未达到原计划。主要原因是银行的结构无法有效管理向分布广泛的受益人提供的小额贷款。

2009年《农业-阿格拉改革信贷法案》为农民、渔民和土地改革受益人提供了更多获得信贷和金融支持的机会，并被视为满足他们对金融资本的需求，以支持生产和消费需求。

### 5.2.3 其他政策举措

ACPC设计了创新的融资计划，以满足无法满足银行抵押要求的边缘化农民和渔民的特殊要求。同样，与政府和私人培训机构合作，ACPC向农民组织提供赠款，用于机构能力建设活动，例如：资本和储蓄动员；管理信息系统的开发；小农和渔民的社会准备；管理培训；信用风险管理；合作银行和其他农民所有的信贷机构的组织、建立和加强（Corpuz和Kraft，2005）

## 5.3 菲律宾农业的小额信贷和信贷机构：福还是祸

菲律宾农村信贷市场的正规信贷渠道包括银行和非银行机构，而非正规信贷渠道包括所有不在银行系统范围内的信贷来源。

### 5.3.1 正规信贷机构

正规信贷机构由政府所有、控制和监管。Heidhues和Schrieder（1999）确定了农村金融市场的五个正式中介机构，其中包括商业和开发银行、专业农业信贷机构、合作社和非政府组织。

指定正规信贷机构提供政府制定的干预措施，以鼓励农民采用技术并以"比非正规渠道提供的利率更合理的利率获得资金（以信贷的形式）（Llanto，2007）"。正规信贷机构还提供补贴信贷计划，以刺激新技术的快速采用（例如，种子、肥料和生产化学品）（Llanto，2007）。

政府实施了旨在解决农村融资问题的干预措施，例如引入贷款配额、补贴利率和DCP等。不幸的是，据观察，这些计划结果的影响只是微乎其微（SEPO，2009）。这些计划削弱了金融市场中的金融纪律，使这些信贷计划（DCP）变得不可持续，迫使政府寻找提供农村金融的替代方法。

事实证明，正规信贷机构的表现令人失望（Heidhues和Schrieder，1999），原因如下。一方面，商业银行和开发银行对农业的了解有限，对向农民贷款几乎没有兴趣。另一方面，非政府组织能够也能够提供信贷，尽管客户数量有限。可以预料，由于农业活动是一项有风险的活动，因此信贷机构通常认为农户的信用不足。此外，正规信贷机构还需要大量的基本文件和抵押品，贷款程序漫长而复杂，所有这些因素促使农民转而依赖非正规信贷来源，尽管非正规贷款机构收取的利率相对较高（SEPO，2009）。显然，存在信息不对称形式的市场失灵，特别是从正规信贷机构的角度来看，它们对借款人的特征知之甚少，还款得不到保证（Poliquit，2006）。

另外，菲律宾建立了以市场利率提供无抵押小额贷款的小额信贷机构，以覆盖非农企业和微型企业等小规模客户。储蓄银行、农村银行和合作银行是受BSP监管的银行，为低收入部门提供小额信贷服务。

然而，也有一些不受BSP监管的机构在小额信贷中发挥着重要作用。这些是信贷和多功能合作社以及小额信贷非政府组织，它们将在以下小节中进行更详细的讨论。

### 5.3.2 农村银行

农村银行是农村发展的政府合作伙伴，通过向农村社区提供其他银行无法提供的基本金融服务，在促进和扩大农村经济方面发挥着至关重要的作用（Aragon、Kakinaka和Kim，2011）。自20世纪50年代初以来，政府一直在推动建立农村银行，主要是作为其在农村进行信贷计划的渠道。

农村银行非常适合提供商业小额融资，它们为客户提供储蓄和信贷便利。与商业银行不同，农村银行基本上由本地员工进行管理，所以在选择小微客户时保持了较低的信息成本（Charitonenko，2003）。与小额信贷非政府组织和合作社相比，农村银行可以容纳更广泛的客户，贷款余额更高，但只向少数客户提供团体贷款。大多数从事小额信贷的农村银行都提供个人贷款。

表5-3显示，农村银行是小额信贷的主要来源，其分支机构数量最多（截至2012年12月的190家小额信贷机构中的144家是农村银行）分布在各个地区。截至2012年12月，未偿贷款占小额信贷贷款总额的近80%，即约63亿比索（BSP，2012）。这些村镇银行能够为944 758名借款人提供服务，约占借款人总数的86%。

表5-3　　　　菲律宾银行小额信贷风险概览（2012年12月）

| 银行 | 银行数目 | 未偿贷款（百万比索） | 借款人数量 |
|---|---|---|---|
| 面向小额信贷的储蓄银行 | 3 | 186 | 21 378 |
| 面向小额信贷的农村银行 | 6 | 2 669 | 444 583 |
| 小额信贷参与的农村银行 | 138 | 3 585 | 500 175 |
| 小额信贷合作银行 | 22 | 653 | 63 062 |
| 小额信贷参与的储蓄银行 | 19 | 766 | 71 579 |
| 小额信贷参与的全能银行 | 1 | 1.5 | 41 |
| 小额信贷参与的正规商业银行 | 1 | 61 | 4 636 |
| 总计 | 190 | 7 921.5 | 1 105 454 |

注：BSP的普惠金融倡导工作人员区分了面向小额信贷的银行（MOB）和从事小额信贷的银行。如果2001年第273系列通知获得许可，根据BSP法规的定义，其中至少50%的总贷款组合始终由小额信贷组成。另外，从事小额信贷业务的银行的贷款总额可能低于或高于273号文规定的50%的上限。

资料来源：Bangko Sentral ng Pilipinas.

鉴于这一战略意义，农村银行的倒闭和可持续发展将是一个主要问题。在1970年至2007年期间，由于各种因素（例如错误的政府政策和失败的补贴信贷计划），大约有400家农村银行倒闭。缺乏信贷网络也是农村银行小额信贷项目运营的一个制约因素，因为在竞争日益激烈的环境中，它成了与农村银行体制结构相关的劣势。此外，农村银行由于其固有的结构性质，无法获得关键的支持服务。因此，开发新的小额信贷产品和服务、培训员工以及有效执行审计和控制机制本身就是昂贵和困难的，农村银行需要支持才能进行和保持长期竞争。

鉴于农村银行过去面临的挑战，政府进行了改革以加强其绩效，这些改革始于更严格的最低资本监管以及足以在遇到逆境和逆转时保护银行存款人的缓冲手段（Aragon等，2011）。另外，与其他信贷机构建立战略联盟以积极扩张被认为是进入区域市场的解决方案之一。

### 5.3.3 合作社

与农村银行类似，合作社建立在靠近社区的地方，提供获取有关其成员的重要信息的良好途径。成员客户也与其合作社的持续财务成功息息相关，这种相互持股有助于加强合作社的管理和运营的纪律。

在小额信贷部门，与其他信贷机构相比，合作社覆盖的个人和家庭要多得多。这使他们拥有能使得更多的人获得金融服务的机会，从而促进当地经济增长和减少贫困（ICA，2015）。信用合作社由菲律宾合作发展局（CDA）注册、监管和监督。合作社履行与公认信贷机构类似的职能。例如，法律允许信用合作社向其成员提供贷款和吸收存款，即使它们不是持牌银行（BSP，2011）。

合作社通常不用借款人的支付能力和他/她的现金流来确定信誉和还款条件（菲律宾小额信贷委员会，2012）。近年来，一些合作社已转向基于现金流的贷款，以避免高违约率，合作社提供的小额信贷服务主要包括微型企业贷款和储蓄。

合作社以个人和团体贷款的形式提供贷款。一些合作社对有贷款需求的会员进行强制性储蓄，然后将这些储蓄用于建立会员资本，最终能够满足普通会员所需的会员股本。合作社对小额信贷收取的利率通常高于向普通会员提供的常规贷款（菲律宾小额信贷委员会，2010）。

国家信用委员会（NCC）与菲律宾合作发展局（CDA）和主要信用合作社协调发布了标准会计表及其随附的会计手册，以及COOP（遵守行政和法律要求、组织结构、运营和管理以及计划和项目）管理标准和投资组合质量、效率、稳定性、运营和资产结构（PESOS）财务标准，将合作社从纯粹的发展实体转变为有效的监管机构（Charitonenko，2003）。剩下的挑战在于这些财务标准和管理标准的广泛采用和使用。

### 5.3.4 小额信贷非政府组织

非政府组织已成为小额信贷行业的主要参与者。小额信贷非政府组织不受BSP监管，但它们在各个方面都扮演着中介的角色（Charitonenko，2003）。他们同时也在证券交易委员会注册。

小额信贷非政府组织向其客户成员提供信贷服务，但与合作社不同，它们不允许从公众或成员那里吸收存款。这些非政府组织为社区和小额信贷组织开发了金融资源和信贷工具，监测信贷工作进展并界定良好信贷方式。但是，虽然这些非政府组织也通过出版物、讲习班、研讨会和培训计划让公众了解小额信贷的原则和创造实践的机会，但其中一些涉及实际信贷工作部分还是薄弱的，董事会成员缺乏金融和银行业背景，因此，克服财务挑战的能力有限。此外，大多数小型小额信贷非政府组织没有维持大众足够的关注或通过有效的承诺来维持组织的运行（Charitonenko，2013）。

小额信贷非政府组织的另一个问题是，机构的力量相对弱小，它们依赖补贴资金维持生存（Charitonenko，2013）。人们认为小额信贷非政府组织增长放缓的根源在于管理信息系统不足和缺乏对市场的研究。这些问题导致小额信贷非政府组织难以获得适当的、系统的支持（小额信贷委员会，2012）。

最后，在历史上，缺乏透明度一直是这些非政府组织在调动存款和通过贷出客户储蓄存在风险的一个重要原因。尽管非政府组织在法律上没有获得动用存款的授权，但不幸的是，许多非政府组织都会动用客户的存款来为其贷款组合提供资金（Charitonenko，2013）。

### 5.3.5 非正规信贷机构

Floro和Yotoupolos（1991）引用了ADB（1989）的研究确定了四大类非正规信贷；直接贷款、联合贷款、捆绑贷款和团体或互惠金融。直接贷款是朋友和亲戚提供的贷款，联合贷款涉及以自生资金或借来的资金放贷和经营的贷方。捆绑贷款是指与其他作为抵押品的交易捆绑在一起的信贷，例如买一送一（Floro和Yotoupolos，1991）。团体或互惠金融是由在轮换或非轮换的基础上放贷或个人存储组成的。

农民未能组建合作社等组织，形成了信用营销捆绑模式，农民最终严重依赖贸易商购买产品并将其出售给消费者。农民与贸易商的信贷营销结盟被认为是导致农民无法进入正规信贷市场或农民无力偿还贷款的原因。尽管生产具有季节性，但贸易商提供的资金支持使农民能够平滑他们的消费模式（Llanto，2005）。

在非正规的信贷来源中，贸易商是最常见的。这些贸易商提供生产必需的投入物，同时充当产品的市场中的借款人（Peñalba、Paunlagi和Elazegui，2012）。有时贸易商会为借款人家庭在农作物收获前所需的食物和其他必需品提供现金贷款，尽管正规贷方也提供贷款服务，但非正规信贷由于来源灵活而占了上风。非正规信贷没有抵押品要求、烦琐的文件、复杂的处理过程和过程记录的要求，所以相比之下非正规的放债人更自由，更愿意处理金额很小的交易。

不利的一面是，这些非正规信贷来源以高利贷和剥削借款人而著称。非正规信贷来源每年收取超过100%的高利率足以证明其盘剥的特点（Madamba，2005）。高利率补偿了向信用较差的借款人提供信贷的高风险（Castillo，2005）。来自直系亲属和朋友的贷款通常规模小且期限短，甚至借款人有可能在需要时也无法及时获得帮助，因为亲属和朋友可能有自己的经济需要。然而，在没有任何其他替代信贷来源的情况下，非正规信对农村地区的资金需求做出了重要的贡献。

农民因突发的作物损失和紧急医疗需求而求助于非正规信贷，而这些家庭通常在信贷紧缩下很脆弱（Peñalba等，2012）。例如，由于无法满足正规信贷机构的要求而无法获得正规信贷的农民会发现，从非正规信贷机构借款虽不那么麻烦，但也不能保证非正规信贷的条款和条件就优于正规信贷。

虽然在为小农提供贷款上，非正规信贷来源可能会填补一些空白，但不能保证在其高利贷的条款和条件下，农民在获得信贷支持后会过得更好（Peñalba等，2012）。非正规信贷相比正规信贷借款的优势是让农户能够及时获得可用资金，尤其是在生产中急需资金的时候（Peñalba等，2012）。

然而，非正规信贷体系的高利率和较低的农产品价格是不利于农民福利的，这促使政策制定者重新审视现有的信贷政策。因此，2009年菲律宾制定了《信贷法》，此法案允许银行机构以较低的利率为农业和土地改革提供信贷和融资。

## 5.4 菲律宾农村的小额信贷在哪里

农业发展在菲律宾仍然是重要的经济支柱。2004年至2010年，农业对国内生产总值的贡献平均为18.4%，占出口总收入相当大的份额。农业生产还为该国劳动力的约1/3即1 180万人提供了就业机会（BAS，2014）。

然而，参与农业生产的大多数人居住在农村地区。农村地区的贫困人口占全国贫困人口总数的70%以上，其中渔民和农民的贫困率最高，分别为39%和38%（PSA，2014）。为什么农村人口中存在大量贫困问题？Poliquit（2006）解释说，农村贫困是农业生产力增长缓慢、农村基础设施投资不足、土地和收入分配不平等、人口高速增长以及社会服务质量低下的结果。其他因素会加剧这种情况，例如自然灾害、与市场波动相关的风险、无法获得金融服务（Tayag，2011）和信息闭塞（Charitonenko，2003；ACPC，2010），这些可能会阻碍增长并进一步增加贫困。

因此，减少农村贫困对经济发展具有深远的影响，尤其是当粮食低产和粮食供应失衡导致粮食价格飙升时。国家需要能够及时地给予支持，因为当这些事件发生时贫困人口和弱势群体受到的打击最大，而他们本已艰难的情况会更加严重。

随着菲律宾准备加入东南亚国家联盟（ASEAN）区域合作，它必须巩固其经济支柱产业，以有效地实现该地区经济和社会的稳定。因此，竞争力和粮食安全仍然是政府的首要任务。正如大多数研究表明的那样，菲律宾需要能够为农户提供信贷的支持和有效的金融市场，这是提高农业生产力的关键（Heidhues和Schrieder，1999）。

小额信贷和农业信贷可以有效解决所谓的“低资本形成的恶性循环”。正如亚洲开发银行（2000）所阐述的那样，信贷体系的主要功能是在不确定的环境中促进资源的跨时空配置。当它运行良好时，它通过两个渠道促进经济增长：资本积累和技术创新。影响资本形成的因素包括人均收入、储蓄率、投资率和生产率。获得农村信贷最终可以通过提高生产力和增加IGA的收入来增加总收入。反过来，除了增强农民的流动性管理和风险承担能力之外，收入增加还可以为农业生产注入额外的家庭储蓄和资本。

菲律宾坚决支持小额信贷和农业信贷，以加快农村和农业发展。农村地区的正规信贷机构被认为对改善小农的收入和生计战略很重要（Geron和Casuga，2012）。菲律宾国家银行（PNB）、菲律宾开发银行（DBP）和菲律宾土地银行（LBP）等信贷机构专门为农业部门提供融资。PNB专注于为制糖业的需求提供资金，而DBP则为碾米、椰子和牲畜等农业加工业提供资金。LBP主要服务于土地改革的受益者。

然而，虽然一些政策改革[①]旨在发展可行和可持续的农村金融市场，使农户更容易信贷，但银行对农业的贷款规模仍然很小，农村家庭获得正规信贷机构的机会和贷款利用率仍然很低（Llanto，1993；Corpus和Paguia，2008；Peñalba等，2012；Aquino等，2014）。

农业信贷和政策中心（ACPC，2014）指出，尽管银行业报告称有大量可用于贷款的资金，但农户和渔民获得信贷的机会有限，这是由于某些交易成本较高和信息不对称造成的，例如：(a) 农民缺乏信用记录 (b) 缺乏获得正规银行融资的知识，尤其是整合所需文件的技能 (c) 缺乏可接受的抵押品和/或延迟发放贷款 (d) 正式贷款机构在交易开始时要求农民提供的其他文件。对银行而言，道德风险和逆向选择问题，如厌恶高风险、低收入的农业项目，农业贷款的还款表现不佳，加上向农民和渔民提供信贷的小额贷款管理缺乏规模的计划（NEDA，2013）。

上述与向农业部门提出的与正规信贷有关的问题和限制最终促成了菲律宾采用小额信贷的创新。2000年大湾区的设立带来的有利环境促进了小额信贷[②]在菲律宾作为一种创新贷款技术而引入（Pabuayon等，2013）。该法律包括授权菲律宾中央银行（BSP）制定实施小额信贷的政策指南的条款（Llanto，2006）。

借鉴其他发展中国家的经验，小额信贷被认为以不止一种方式解决了向微型企业和贫困人口提供可创造收益的贷款这一难题（Llanto，2007）。一方面，小额信贷在发展中发挥着重要作用，因为它与扶贫和妇女的生活状况有着直接的关系。另一方面，小额信贷克服了诸如抵押品要求、男性或受薪担保人要求、文件要求、文化背景不同、有限的流动性和识字率等障碍，这些障碍传统上使妇女无法获得正规金融服务。截至2014年6月，共有183家银行开展小额信贷业务，为约120万客户提供服务，未偿还贷款总额为93亿比索。2008年至2014年间，借款人的数量在7年期间以31%的显著速度增长（见表5-4）。

储蓄银行、农村银行和合作银行目前以储蓄、贷款、支付和汇款的形式为低收入部门提供小额信贷服务。BSP（BSP，2011）将这些银行分为MOB和从事小额信贷业务的银行（BEMO）。MOB是指拥有至少占其总贷款组合50%的小额信贷贷款的银行。同时，BEMO是小额信贷组合不到总贷款组合50%的银行。2013年，发放的小额信贷中有82%用于小微企业，其余用于小额农贷和住房贷款。

---

① 1997年《国家小额信贷战略》；1997年《社会改革和扶贫法》；指示政府机构实施信贷计划以采用NCC信贷政策指南的第138号行政命令（AMCFP）；2000年《一般银行法》（GBA）；2009年农业-阿格拉改革信贷法案。

② 小额信贷或小额信贷是向贫困和低收入家庭及其微型企业提供的小额贷款，例如存款、贷款、支付服务、汇款和保险产品，使它们能够提高生活水平和收入水平（BSP，2013）。

表5-4　　菲律宾小额信贷银行的未偿贷款和借款人数量（2008—2014）

| 年份 | 未偿贷款（十亿比索） | 借款人数量 |
|---|---|---|
| 2008 | 6.4 | 878 322 |
| 2009 | 6.7 | 880 000 |
| 2010 | 6.9 | 930 000 |
| 2011 | 7.2 | 980 000 |
| 2012 | 7.9 | 1 137 813 |
| 2013 | 8.1 | 1 017 351 |
| 2014 | 9.3 | 1 155 282 |

资料来源：BSP（2014）.

小额信贷机构现在越来越熟悉客户的需要和要求，因此提供的产品和服务范围多样化。除了通常的微型企业和农业贷款产品外，小额信贷机构已经开始向其客户提供小额保险、住房小额信贷以及小额储蓄或小额存款。微型企业银行服务（MABS）项目①显示，越来越多的MABS参与银行提供非传统的金融产品和服务（见表5-5）。

表5-5　　MABS参与银行的产品和服务（2004—2011）[a]

| 微型企业贷款 | 2004 | 2005 | 2006 | 2007 | 2008 | 2009 | 2010 | 2011 |
|---|---|---|---|---|---|---|---|---|
| 微型企业贷款 | | | | | | | | |
| 参与银行总数 | 72 | 82 | 87 | 90 | 91 | 90 | 90 | 95 |
| 参与银行单位数目 | 204 | 264 | 320 | 358 | 529 | 573 | 584 | 625 |
| 住房小额信贷 | | | | | | | | |
| 拥有住房小额信贷产品的银行数量 | … | … | … | … | 3 | 4 | 6 | 9 |
| 参与银行单位数目 | … | … | … | … | 6 | 40 | 56 | 72 |
| 小额农贷 | | | | | | | | |
| 拥有小额农业贷款产品的银行数量 | 4 | 8 | 10 | 17 | 18 | 18 | 18 | 20 |
| 参与银行单位数目 | 5 | 16 | 25 | 41 | 49 | 55 | 58 | 61 |
| 手机银行[b] | | | | | | | | |
| 提供手机银行服务的银行数目 | … | … | … | … | 46 | 60 | 67 | 72 |
| 参与银行单位数目 | … | … | … | … | 413 | 885 | 974 | 1 165 |
| 小额保险 | | | | | | | | |
| 拥有小额保险产品的银行单位数量 | … | … | … | … | 70 | 74 | 155 | 128 |

注：…表示数据不可用。

a.数据仅适用于MABS参与银行，并不代表整个农村银行业。

b.手机银行数据截至2011年11月下旬。银行单位指分行及其他银行营业网点。

资料来源：MABS项目。

---

① MABS是美国国际开发署的一项计划，旨在通过鼓励菲律宾农村银行业显著增加获得小额信贷服务的机会来加速国家经济转型（http：//www.rbapmabs.org/）。

### 5.4.1 小额保险

菲律宾的小额保险由三个主要提供商提供：(i) 商业保险公司 (ii) MBA (iii) 合作社。正规小额保险是指由保监会监管的机构提供的产品，具有销售保单所需的许可证。另外，非正式小额保险有可能在或可能未在保险委员会合法注册，并且没有机构提供的销售保险单的许可证。它通常由非政府组织小额信贷机构和合作社通过共同基金计划提供，成员定期向基金捐款预定金额，并在发生风险事件时可确保获得一定数量的收益（GTZ-MIPSS，2007）。

截至2015年，财政部（DOF，2015）报告称，在亚太经济合作组织（APEC）成员经济体中，菲律宾的小额保险覆盖率最高。小额保险覆盖率从2012年的20%上升到2014年的28%。它覆盖了2 800万人，年增长率为18.4%。提供小额保险产品的银行、合作社和小额信贷非政府组织等50多家机构获得许可提供保险。此外，23个小额互利协会、18家人寿保险公司、24家非寿险公司、42家农村/合作银行代理人和约100家小额保险代理人从事小额保险产品的提供。

这里介绍一个农业和农村发展公司（CARD）小额保险机构的例子。CARD的小额保险计划于1994年4月作为CARD会员共同基金（MMF）开始实施，旨在为会员提供死亡时的相关支持。CARD和MMF提供的资金支持还涵盖死亡、残疾和养老金。1999年10月29日，MMF在美国证券交易委员会注册成为CARD MBA。CARD MBA拥有三大产品：人寿保险计划、贷款赎回和退休储蓄基金。截至2015年6月，CARD MBA报告称共有11 631 625名投保人（CARD，2015）。

小额保险不仅可以保护最弱势群体，还可以促进地区经济可持续性和包容性的增长。根据Portola和Vergara（2013）研究的说法，当今可用的小额保险产品还可以提供抵御洪水、农作物损失、火灾、住院和地震的帮助。在台风海燕对农田和渔业造成的损失估计为320亿比索之后，小额保险作为经济冲击时期恢复经济的支持工具的重要性（ISEA，2014）得到了显现（菲律宾农业部，2014）。政府通过小额信贷机构设立了一个20亿比索的基金，帮助416 000名企业家及其小企业获得廉价融资，使其能够恢复经营、创造新的就业机会并重振受影响地区的经济。此外，据报道，129 786个家庭在台风过后购买了新的小额保险（DOF，2015）。

### 5.4.2 住房小额信贷

住房小额信贷产品是一种非抵押贷款，“旨在为装修、改善和扩建提供资金，具有小额信贷的共同要素，如小额贷款、短期、市场定价和非抵押担保”（CGAP，2004）。住房小额信贷不需要抵押品和文件要求，而且审批要简单得多。因此，解决了贫困人口在获得住房融资方面面临的常见障碍（BSP，2008）。提供住房小额信贷也被视为改善贫困人口和低收入家庭的生活条件并有助于改善其健康、生产力和生活质量的一种方式。

越来越多的微型企业家现在将他们的房屋用作创造收入的生产性资产，因为房屋可以成为“生产商品、储存库存和开展业务”的场所（CGAP，2004）。因此，通过房屋贷款产品提供财务援助，必将为提高微型企业的生产力铺平道路。

另外，菲律宾的住房问题很严重，这是国家城市发展和住房框架（NUDHF）2009—2016报告的主要城市现象。据估计，2016年，住房需求量将达到约580万套住房（HUDCC，2015），预计仅马尼拉大都会就有近50万的买房积压订单。

为了解决住房需求和基本服务的缺口，特别是针对贫困人口和边缘化人群，NUDHF计划刺激住房小额信贷为用户融资。BSP于2008年2月批准了住房小额贷款产品，以通过下游行业产生的乘数效应刺激经济活动和创造就业。住房小额信贷的目的是改善家居、建造房屋以及购买房屋和/或地块（BSP，2015）。

在参与MABS的银行中提供住房小额信贷的银行单位从2008年的3个增加到2011年的9个（BSP，2015）。表5-6显示了包括微型住房在内的各种小额信贷产品。提供住房小额信贷的小额信贷机构，例如，Tulay sa Pag Unlad，Inc.（TSPI），该公司于2006年与Habitat for Humanity Philippines（HFHP）建立了合作伙伴关系。TSPI的住房小额信贷开始作为长期的计划提供给客户，此业务已扩展到全国75%的TSPI分支机构。TSPI很快意识到，通过提供满足客户需求的贷款，它可以惠及数以千计寻求改善住所的贫困菲律宾人。2012年，TSPI还与拉法基合作，推出了经济适用房小额信贷计划。该计划的目标是开发满足当地市场需求并改善低收入社区住房条件的服务。该计划已帮助了400多名小额信贷用户，自2006年至2012年7月，TSPI的住房产品已发放了11 000笔住房小额信贷，价值700万美元。

表5-6　　按用途分类的小额信贷（2012年6月）　　单位：百万比索

| 详情 | 总额 | 微型企业和小企业 | 小微企业贷款+/小额信贷+[a] | 小额农贷 | 小型房屋 | 其他 |
|---|---|---|---|---|---|---|
| 面向小额信贷的储蓄银行 | 213 | 188 | 6 | 19 | 0 | 0 |
| 面向小额信贷的农村银行 | 2 536 | 2 219 | 0 | 209 | 108 | 1 |
| 小计 | 2 750 | 2 407 | 6 | 227 | 108 | 1 |
| 参与小额信贷的农村银行 | 3 332 | 2 443 | 44 | 286 | 40 | 519 |
| 小额信贷合作银行 | 691 | 646 | 0 | 9 | 11 | 25 |
| 参与小额信贷的储蓄银行 | 786 | 605 | 8 | 28 | 10 | 135 |
| 参与小额信贷的全能银行 | 1 | 1 | 0 | 0 | 0 | 0 |
| 从事小额信贷的正规商业银行 | 64 | 63 | 2 | 0 | 0 | 0 |
| 小计 | 4 875 | 3 758 | 54 | 322 | 62 | 678 |
| 总计 | 7 624 | 6 165 | 60 | 549 | 170 | 679 |

注：a.BSP通告744对其定义为贷款产品范围从150 001到300 000比索，以满足小额信贷客户不断增长的业务。面向小额信贷的银行是指小额信贷贷款至少占其总贷款组合50%的银行。从事小额信贷的银行是指小额信贷组合不到总贷款组合50%的银行。

资料来源：BSP.

### 5.4.3 小额储蓄（小额存款）

BSP[①]将小额存款定义为“满足基本部门和低收入客户以及信贷系统未提供服务或服务不足的小额信贷储蓄账户”。小额储蓄账户的最低维持余额不得超过100比索或大约2.12美元[②]；它们不受休眠费用的限制，平均每日余额账户不应超过15 000比索或约319美元。

极低的账户余额和开设小额储蓄账户的便利性旨在激励低收入个人和家庭储存资金以备将来使用（Abiola、Taiwo和Sibor，2015）。小额储蓄是一种创新产品，旨在提高小额信贷对减贫的整体影响，因为它可以帮助贫困人口管理风险，使他们能够平滑消费并自己创造金融资产（Ashraf等，2003）。

菲律宾中央银行（BSP）（2014）显示了国家层面客户获得小额信贷储蓄的机会有所改善的证据。开设小额存款账户的银行数量从2012年的58家增加到2013年的69家，增长了19%。提供小额存款的银行数量的增加也导致账户数量和价值的明显增长。在数量方面，小额存款账户总数从2012年的110万个账户激增36%至2013年的150万个账户。另一方面，小额存款账户总额从2013年的23.3亿比索增长了27%。2013年增加到29.6亿比索。小额存款账户数量和价值的上升趋势表明低收入市场对存款产品的接受度越来越高。

在地方层面，《小微银行快报》数据显示，按储户总数计算，CARD银行2014年客户数量最多，为1 016 867名会员。然而，就存款总额而言，第一山谷银行位居榜首。此外，与CARD的平均存款仅为3 461比索或74美元（见表5-7）相比，第一山谷银行每位成员的平均年存款约为30 000比索或估计为638美元。

表5-7　　菲律宾2014年顶级小额信贷机构的存款总额和存款人数量

| 小额信贷机构 | 存款（百万比索） | 存款人数量 |
|---|---|---|
| 第一山谷银行 | 3 757 | 122 465 |
| CARD银行 | 3 520 | 1 016 867 |
| ASA菲律宾 | 2 158 | 849 232 |
| 吕宋通用银行 | 1 890 | 117 434 |
| Bangko Kabayan农业银行 | 1 754 | 49 173 |
| Bangko Mabuhay农业银行 | 1 009 | 34 750 |
| RB Camalig银行 | 668 | 31 857 |
| TSKI | 436 | 319 777 |
| NWTF | 434 | 216 819 |
| Pagasa | 348 | 193 363 |

资料来源：http：//www.themixmarket.org/（2015）.

① BSP于2010年发布了第694号通知，其中提供了包括小额存款在内的小额信贷产品的说明。

② 2015年11月的平均月汇率为1美元=47比索。

传统的承诺储蓄账户是菲律宾小额信贷机构的策略之一，它通过限制提款直到达到预设的储蓄目标来鼓励储蓄行为。Ashraf、Karlan和Yin（2006）为一家菲律宾银行设计了一种承诺储蓄产品，并对同一家银行的1 777名现有或前任客户进行了调研。使用随机控制方法，研究的是对承诺限制其储蓄使用权的个人而设计的储蓄产品。一个月后，承诺产品被提供给随机选择的710位客户，其中202（28.4%）位客户接受了产品承诺并开设了账户。他们的研究结果表明，那些可能具有承诺偏好的女性，如其边际时间偏好率所表现出的那样，更有可能开设承诺储蓄账户。一年后，调研组客户的平均储蓄余额比参照组增加了81%。他们得出结论，“储蓄承诺反映了最近的客户对待储蓄态度的相关变化，而不仅仅是其对新产品的短期反应”。

根据Ashraf等（2006）的研究，扶贫行动创新（IPA）在2013年设计了之前很少有银行采用的固定分期付款的承诺储蓄产品（John，2015）。调查结果表明，即使所有人都在他们之前获得了一个免费的储蓄账户，定期储蓄（RS）产品的使用率也仅为27%，而提款限制（WR）产品的使用率为42%。John（2015）得出结论，提供RS产品在增加储蓄方面非常有效，因为定期储蓄（RS）客户比参照组节省了1 928比索（41美元），而提款限制客户（WR）节省了324比索（6.9美元）。此外，RS产品客户更有可能使用他们的常规储蓄而不是借贷来购买支出项目。

### 5.4.4 小额保险、住房小额信贷、小额储蓄或小额存款面临的挑战

#### 5.4.4.1 小额保险

Portula和Vergara（2013）认为保险购买率低[①]和产品开发问题是该国小额保险业面临的主要挑战。民众缺乏强烈的保险意识被认为是该国保险购买率低的主要原因。作者透露，该国大多数人不了解保险的好处和重要性，只有少数人愿意将辛苦赚来的钱用于意外事件的保障福利。菲律宾文化通常相信宿命，这使得保险在该国难以销售。为了提高保险渗透率，Portula和Vergara（2013）建议挖掘低收入市场。人们需要了解保险产品的优点和好处。亚洲开发银行（2013a）建议教育低收入市场克服他们对保险的偏见，并实施全面的金融教育计划，教导客户成为积极主动的资金管理者。

亚洲开发银行（2013b）对小额保险提出的另一个挑战是可负担性和可及性。低收入客户通常不会因为可能产生的费用而购买保险。保持较低的管理和分销成本对于小额保险能够为低收入市场提供负担得起且易于获得的保险非常重要。在GTZ-MIPSS（2007）进行的一项研究中发现可及性是获得保险的决定性因素。调查显示，保险用户的数量与产品的认知程度成正比。产品认知与注册和加入有组织的团体或小额信贷机构之间的关系很强。大多数人通过他们所属的小额信贷机构获得保险服务。

利用靠近客户的机构、协会和销售点在扩大小额保险的覆盖范围方面发挥着重要作

---

① 在小额信贷中，参与率是指参与计划的人数与较大人口中人数的比率。参与的形式可能是过去几年的借款、活跃的贷款、开立储蓄账户、签署保险合同等。在这个比率中，分母通常更难以衡量，可能会导致计算结果的变化（Karlan et al.，2010）。

用。为确保这些交付渠道增进客户对保险体系的信任，亚洲开发银行（2013a）建议保险委员会制定适当的规则和指导方针，以促进小额保险的交付。GTZ-MIPSS（2007）指出像MFI这样有组织的团体是人们获取信息和保险服务的重要渠道，因为它们就在当地并获得了社区的信任，这对于获取信息和进入保险服务领域非常重要。

#### 5.4.4.2 住房小额信贷

小额信贷机构提供的住房小额信贷往往是短期的，通常是一年或更短。CGAP（2004）还指出，虽然一些住房小额信贷提供者获得了储蓄，但他们很少能筹集到足够的资金来满足住房贷款的需求。CGAP（2004）还建议使用充足的融资工具，这将允许机构扩大其投资组合并避免资金来源和用途之间的不匹配。

菲律宾的贫困人口可以使用政府的一些社会住房项目。然而，此类项目的供应仍然不足以满足需求。尽管人们对住房改善、翻新和维修的需求很高，但住房信贷部门（Habitat.org）对这个市场的服务却不足。自然灾害的威胁也影响了住房小额信贷需求的增长，由于菲律宾经常遭受台风袭击，社区不得不重建房屋，因为居民房屋对强风的抵御能力不够。

鉴于上述国家对小额信贷服务发展的支持，经济学人智库（EIU）将菲律宾列为2013年全球第三个最有利于小额信贷业务发展的国家（见表5-8）。2014年的报告显示秘鲁连续第七年在全球小额信贷商业环境中名列前茅，紧随其后的是哥伦比亚。该研究表明，具有有利于小额信贷环境的国家往往也具有促进金融包容性的有利条件。因此，菲律宾因提供小额信贷机构蓬勃发展的商业环境而获得认可。

表5-8　　　　菲律宾2013年总体小额信贷商业环境排名

| 排序 | 国家 | 分数 |
| --- | --- | --- |
| 1 | 秘鲁 | 87 |
| 2 | 哥伦比亚 | 85 |
| 3 | 菲律宾 | 79 |
| 4 | 智利 | 66 |
| 5-6 | 印度 | 61 |
| 5-6 | 墨西哥 | 61 |

注：类别分数的加权总和（0~100，其中100=最有利）。

资料来源：经济学人智库（2014）。

#### 5.4.4.3 小额储蓄（小额存款）

本节介绍 CARD Bank Inc. 面临的挑战，特别是在提供小额储蓄产品方面[①]。主要

① 来自CARD Bank，Inc. 2013年年度报告。

挑战与小额储蓄的可及性、通信基础设施的缺乏以及小额储蓄服务的可负担性有关。这些挑战不一定是CARD银行作为小额信贷投资（MFI）所独有的。

1）获得小额储蓄

过去，CARD曾试图收集更多的自愿储蓄，但力度不够。格莱珉基金会的小额储蓄通过市场研究和产品设计、营销和金融知识、信息技术、人力资源、金融风险管理和社会绩效管理支持CARD银行，以帮助其创建更强大的储蓄计划。

市场研究结果表明，可访问性是储蓄账户的最高优先级。例如，“Matapat”是一种CARD试点产品，旨在为客户提供最大的小额储蓄。格莱珉基金会的小额储蓄帮助实施了这种基于ATM的储蓄产品，以移动金融服务为解决方案，目的是覆盖银行的农村客户。这两种技术的结合使银行能够满足客户的需求。

为了方便客户使用这种小额储蓄产品，CARD为客户提供了提取存款的服务。ATM安装在一些CARD分行和全国其他的银行，让客户可以在除了到银行柜台以外的时间也能使用他们的资金。

2）一些农村地区缺乏通信基础设施

使用ATM是“Matapat”小额储蓄账户最受欢迎的功能，因为可以随时取款。通过短信确认存款和确认账户余额为客户增加了安全感。然而，一些农村地区仍然缺乏通信基础设施，不能够提供此类服务。

虽然ATM和SMS短信服务等技术可用于使产品更易于访问和方便使用，但必须谨慎实施以确保客户对技术感到满意并相信服务是可靠的。还需要确保有关地区的通信设施可用。

3）小额储蓄服务的可负担性

市场研究将可负担性（低初始账户余额）确定为CARD储蓄产品的三大理想属性之一。最初推出的最低余额为500比索（10.6美元），与CARD现有的储蓄产品和竞争对手的产品一致。后来被提高到1 000比索，但由于该产品的初始使用结果比预期慢得多，初始存款又被降低到100比索，赚取利息的最低余额为500比索。这一变化的影响是在改变后的短短1个月内开设的账户数量翻了一番，较低的初始账户余额对客户极为重要。

尽管提供小额储蓄面临上述挑战，但有证据表明，小额信贷客户已转变为净储蓄者，并且现在实现了一定程度的财务独立（BSP，2013）。2013年5月，BSP发布了796号文，修改了小额存款的一般特征，以进一步鼓励小额信贷客户建立储蓄。根据2013年6月的数据，拥有超过百万客户的小额信贷业务的银行有186家。小额信贷客户的储蓄达到88.7亿比索，高于小额信贷余额（80.4亿比索）。

然而，尽管该国处于为小额信贷创造有利环境的最前沿，但EIU（2014年）认为，小额信贷的交付和实施对菲律宾来说仍然是一个挑战。菲律宾的岛屿众多，这给信贷机构为贫困人口提供安全和服务保障设立了挑战。很多研究的都结果证实了这一说法（菲律宾小额信贷委员会）（MCPI，2012；BWTP，2015；BSP，2014；Charitonenko，2003；Micu，2010；Corales和Cuevas，1987），研究发现：（a）小额信贷机构市场导致金融服务集中供应不平衡，一些社区有多种服务，而其他社区则没有得到服务（b）小额信贷机构在42 000多个（65%）地区的渗透水平[①]已经饱或超过饱和水平，这意味着一个家庭中可能有不止一个借款人，或者一个客户可能从不同的小额信贷机构获得了不止一笔贷款（c）由于一些城市没有银行办事处以及城市地区的小额信贷机构相对集中，小额信贷服务仅提供给了贫困家庭总数的1/3（d）基础设施和交通系统差、文化和社会障碍、缺乏教育，以及由于没有收入和现金流的基础，小额信贷的风险很高（e）超过50%的银行业务仍然集中在马尼拉大都会、吕宋岛中部和吕宋岛南部等高度城市化的地区。经济机会、基础设施和通信设施、和平与秩序条件和政策影响了小型农村单位银行和非银行机构的分支机构和建立[②]。

与Manos等（2013）研究的发现类似，农业农村信贷（尤其是小额信贷）对菲律宾等新兴国家农村发展的影响相当复杂或毁誉参半。交易成本和信息不对称等问题，例如道德风险和逆向选择，可能会限制贫困人口参与小额信贷可以提供的发展机会和创收活动并从中受益的能力。

## 5.5 信贷和小额信贷对投入使用、生产、生产力和收入的影响

大多数农户面临现金流不足，无法获得化肥和农药等重要生产投入品（Sial、Awan和Waqas，2011），这些投入品通常占总生产成本的20%~30%（BAS，2014）。因此，不可否认，获得信贷是必要的。

几十年来菲律宾农业部门的糟糕表现与该部门政策的失败和制度的缺陷有关，尤其是在获得信贷的机会上（Habito和Briones，2005）。Habito和Briones重申，未能提供足够数量和高质量的灌溉研发（R&D）、农村道路和港口建设投资的欠缺都提高了农村信贷成本。

更糟糕的是，获得信贷的机会受到许多与供需相关的限制。Corpuz和Paguia（2008）确定了与供应相关的限制因素，其中包括：（1）许多农民的信用状况不佳（2）农业项目的内在风险（3）交易成本和利率高（4）支持农渔业部门信贷需求的低成本资金有限。在需求方面使得信贷受到的限制包括：（1）农民由于抵押品等的严格要求而不愿向银行借款（2）农民继续依赖贸易商/非正规贷款人来满足融资需求（3）政府缺乏对土著人口的农业支持基金等。

随着时间的推移，农业信贷与非农业信贷维系了信贷机构的信贷、GDP和农业部门绩效之间的预期关系。多年来，农业贷款占银行贷款总额的比重持续下降。20世纪70年代后期，农业生产贷款高达8%。那是政府提供信贷补贴的时期（Llanto，1993）。但从1999年到2010年，农业生产贷款的比重下降到只有1%多一点。Geron和Casuga

① 小额信贷机构的市场渗透可能意味着某个地理区域的“当前低收入者与潜在低收入者的比率”。饱和意味着从小额信贷机构借款的家庭过度负债，这些小额信贷机构可能针对同一地理区域的相同家庭客户。

② 包括信用合作社和典当行。

（2012）声称这是AFMA和农业贷款市场化政策实施的时期，他们认为市场化方法鼓励信贷机构不仅为生产贷款融资。因此，信贷机构从资助农业生产转向资助与农业无关的生产活动。农业生产贷款占银行贷款总额的比重以及农业生产贷款占农业增加值总额（GVA）的比例下降也支持了这一说法（见表5-9）。

表5-9　1978—2008年菲律宾各时期农业生产贷款与农业GVA的年均值比率

| 项目 | 1978—1980年 | 1981—2000年 | 2000—2008年 |
| --- | --- | --- | --- |
| 农业生产贷款占GVA的比率（%） | 41.34 | 39.36 | 22.10 |

资料来源：ACPC（Geron和Casuga，2012）.

然而，农业生产依赖于转化为产出的前期投入，这使得农村家庭能够在投入和消费购买以及低收入而导致的季节性高支出上平衡其预算（Dong、Lu和Featherstone，2010）。缺乏信贷或信贷渠道有限可能成为农业生产的制约因素，因为农民可能不会利用最佳的资金投入组合，这也往往会限制他们选择在最佳时期生产和消费。

因此，菲律宾小额信贷行业的增长是有发展空间的。而大量的经验证据和成功案例证明小额信贷是经济发展的有效工具。小额信贷通过提高人们的消费能力和收入水平，在减少贫困方面发挥了关键作用（Khan，2014）。这对菲律宾具有重要意义，菲律宾有944 897家中小微企业，占整个行业的99.58%。在中小微企业总数中，89.78%是微型企业，其余是中小企业（DTI n.d.）

农村微型企业的发展是政府经济战略的一个关键要素。如果无法获得金融服务，这些微型企业将被迫更多地依赖非正规信贷来源。因此，只有让中小微企业能够获得小额信贷，它才能对经济发展和扶贫产生直接的贡献和影响。除了允许中小微企业增加经济活动和收入、积累资产、为紧急情况做准备以及投资教育、卫生和住房服务外，小额信贷还可以使微型企业创造急需的就业机会并增加当地经济的整体经济动力。

然而，获得小额信贷服务的机会有限仍然是世界银行（2013年）分析的对菲律宾中小企业进一步扩张的主要制约因素。这也是农村发展的主要障碍。这些企业中有很多都参与了初级资产的增值，但它们受到低生产力技术的限制，难以满足国内市场和外国进口商对质量和食品安全的新标准要求。这些企业中只有约1/4能够获得可靠的信贷来源，例如农村银行、信用合作社、合作社和非营利性小额信贷机构。与农户的困境类似，中小企业通常缺乏可接受的抵押形式和透明的会计记录，被认为是有风险的企业。

Karlan和Zinman（2011）评估了菲律宾重点关注的微型企业家小额信贷的获取情况。他们的研究表明，借款人的主观幸福感略有下降，获得信贷并没有增加企业的投资以及企业活动和员工的总体数量。但是获得信贷有助于借款人应对风险，加强他们的社区联系并增加他们获得非正规信贷的机会。Karlan和Zinman（2011）得出结论，小额信贷可以发挥作用，但其渠道不同于其支持者通常假设的渠道。研究还建议企业家获得信贷支持后首先应改善的是家庭福利而不是企业福利。

另外，Corpuz和Paguia（2008）也强调了广泛的网络/或信贷零售商广泛覆盖的先决条件。因此，信贷计划的有效性取决于其影响范围，信贷的影响范围也成为计划成功的最关键因素之一。广泛的网络还为借贷监管提供了更多机会，并降低了交易成本。

## 5.6 结论：教训和政策方向

### 5.6.1 从不同信贷和小额信贷政策中吸取的教训

菲律宾政府已采取政策措施来提高小农获得信贷的机会（Corpuz和Kraft，2005）。在1986年政策改革之前，政府采取的农村信贷政策是以供给为导向的，强调政府对农业的信贷计划（DCP）和利率补贴（Llanto，2005）。然而，研究表明，许多参与政府补贴信贷计划的农村银行由于拖欠率高和贷款回收率低而倒闭（Peñalba等，2012）。

意识到这种以供应为导向的方法的失败，政府取消了补贴DCP的实施。为此，政府采取并实施了市场化信贷政策，提高了信贷渠道。在信贷政策改进计划（CPIP）的协助下，NCC能够推行和实施基于市场的信贷政策，并使补贴DCP的实施合理化。这些改革旨在发展可行且可持续的农村和小额信贷市场（Peñalba等，2012）。

为了消除或最大限度地减少意外的信贷补贴（以违约补贴的形式），重要的是确保政府有融资能力、网络和基础设施建设完善，以最大限度地减少违约。对独立第三方（例如BSP）的监督和监控是确保有效和高效贷款的必要系统和程序到位的关键。作为GFI的LBP也有资格担任该角色（Geron和Casuga，2012）。

### 5.6.2 小额信贷及其对投入使用、收入、生产和生产力的影响

Llanto（1993）强调了应为农村人口提供良好的信贷服务，因为信贷是农村地区生产和消费的重要组成部分。大多数农村家庭的生产能力非常低或资金没有剩余，因此即使利率非常高也要借贷以求生存（Chowdhury和Garcia，1993）。涵盖生产、消费和其他非农业活动的贷款项目应包括在信贷机构的服务项目中（Chowdhury和Garcia，1993）。为了满足农村家庭的需求，农村银行各种机构的设置应该在农村地区有效地进行（Desai和Mellor，1993）。

现代技术的使用、改进的投入和信用监督可能会进一步提高农户的农业生产力。为农户或无地农民提供信贷可以证明是摆脱贫困的好选择（Mohsin、Ahmad和Anwar，2011）。

农业信贷是农户为弥合田间收支差距而获得的重要财政支持，这并不是一个新的说法。农业信贷是一个重要的工具，使农民能够掌握营运资金的使用，以提高他们的生产力和收入。因此，农业信贷是农业增长战略的重要组成部分（Mohsin等，2011）。

农业政策的成功取决于农村金融与其他发展组成部分之间的联系，例如获得生产投入品、市场和营销基础设施、土地和适当技术。政府必须评估目标家庭利用金融服务提高生产的能力、偿还贷款和确保受益人全面参与的能力（农发基金，2014）。

### 5.6.3 获得小额信贷，而不是资助高回报的投资活动

政府和信贷机构需要增加向农村部门提供的融资金额，并进一步增加农户获得这些资金的机会。为农民提供基础设施、适当的技术和改进的市场信息等政府服务将消除/

最小化农业部门的固有风险，这仍然是引入农村金融的最佳解决方案。

农业支持政策应专注于扩大信贷渠道和提供信贷推广（Habito和Briones，2005）。不幸的是，有些农业贷款资助了成本高昂的投资活动，例如提供收获后设施、营销和信贷补贴，这些活动可能最好留给金融市场（Tolentino、Balisacan和Intal，2001）。而无法为农户提供信贷准入会影响农村的灌溉、道路和港口以及研发投资的数量和质量，因此，应降低农业贷款的准入成本。

### 5.6.4 包括私营部门（非正规信贷来源）

由于政府提供资金用于农业贷款时会出现意外的信贷补贴（默认补贴），政府可能会重新考虑公共资金的使用。一些最近研究的证据表明，私营部门拥有必要的流动性，并愿意为可行的经济活动提供急需的信贷资源。因此，可以更好地为农业提供补贴，以提高农业部门经济活动的可行性，这可以通过其他方式以更透明的方式实现（例如，修整农场到市场的道路、改善灌溉和收获所使用的设施）。这将增加农村地区的经济活动并增加收入，从而指导或鼓励私人信贷机构向该部门提供所需的信贷资源（Geron和Casuga，2012）。

政府还可能寻求其他支持服务，以降低农业贷款的风险，因而应鼓励非正规信贷机构更多地参与金融中介的职能中来。政府可能会考虑使用基于天气的保险指数来降低农业风险。但是天气保险的成本相对较高，政府可以更仔细地研究如何降低成本，因为保险的收益往往很高（Geron和Casuga，2012）。

### 5.6.5 加强小额信贷部门

#### 5.6.5.1 发展/加强征信局

通过建立信用信息局来加强对信用信息的获取，可以使信息系统更加透明，从而缩短小额信贷机构的信贷流程（Charitonenko，2003）。随着小额信贷作为一种潜在的减贫工具以支持小企业和微型企业发展的需求不断增加，小额信贷参与者的数量也在增加。然而，小额信贷参与者数量的增加可能会导致信用问题，因为客户会变成多个信贷机构的借款人。如果发现客户同时欠两个或多个农村信贷机构的债务，则将其视为多个借款人。Chua和Tiongson（2012）发现，85%的多个借款人有两个小额信贷机构的贷款未偿还。在所有借款人中，约有15%拥有三笔或更多现有贷款。他们研究的主要结果表明，平均14%的活跃小额信贷机构客户从一个以上的小额信贷机构借款。

小额信贷机构必须实施战略来保护客户，尤其是免于过度负债。应制定有关最高债务风险水平的政策，以便能够评估借款人的还款能力。对贷款申请进行更仔细的筛选也很重要，尤其是在许多小额信贷机构争夺同一类型客户的领域。小额信贷机构应监控客户之间的多次借款并调整其系统和流程，以便能够帮助陷入财务困境的客户，并防止其他客户陷入债务陷阱（Diaz和Ledesma，2011）。

菲律宾银行家协会（BAP）是一家私营的国家信用局，自1990年开始运营。截至2015年5月，它已积累了840 210家企业和个人借款人的记录。但是，只有协会成员才能访问到记录。CISA于2008年创建，旨在设想一个CIC，它将充当与个人和公司信誉有关的所有信用信息的数据库存储库。然而，迄今为止，信用登记处的实施和运作仍然受到中央政府缺乏机构成立的初始资本且缺乏预算拨款的阻碍（BSP，2015）。

2012年，专门为小额信贷借款人服务的私人征信机构成立。小额信贷数据共享系统（MiDAS）是一个试点征信局，允许参与的小额信贷机构提交报告、发送查询和检索有关借款人的信息。该征信局根据信息的互惠运作，其中只有提供资金的小额信贷机构才能使用该平台。

考虑到已经有建立中央信用信息系统的授权法，不仅政府应该重视和关注，而且关注该部门的生存能力，以及小额信贷机构的网络也应该被重视，这些都会涉及小额信贷机构客户的切身利益。

#### 5.6.5.2 加强小额信贷网络之间的联系

银行和小额信贷网络（农村银行、合作社、小额信贷非政府组织和商业银行）之间的联系对于向农村家庭和微型企业提供信贷服务，以增强小额信贷的可持续性很重要。在当地和借款人附近经营的小额信贷机构通常拥有更好的客户和微型企业家的信用信息。但是，他们的资金有限，无法扩大服务范围。另外，商业银行拥有更多的资金，但对于农民和微型企业家的信息了解得较少。因此，商业银行和地方小额信贷机构之间的战略联系将有助于满足农民、微型企业和小企业的信贷需求。

监管政策还必须被审查和重新制定，以保护农户免受欺诈贷款人的侵害。佩纳尔巴等（2012）；Llanto和Vogel（2005）建议国会应该通过一项法案，在该国建立一个全面的信用信息系统，以便更好地了解非正规金融在解决农村地区信贷缺口方面的作用，并找出非正规和正规金融之间互补作用的程度。

#### 5.6.5.3 提高小额信贷技术能力

BSP已将小额信贷纳入基本农村和储蓄银行课程。还有一些私人机构提供小额信贷培训，例如：（1）雅典耀大学和亚洲管理学院（AIM）合作的PUNLA sa Tao Foundation课程（2）CARD培训中心（3）TSPI培训中心（4）菲律宾小额信贷委员会提供一些精选课程。菲律宾农村银行协会为农村银行提供银行服务的微型企业服务（RBAP-MABS），以及专门为合作社提供的信用合作社环境服务（CUES）也为小额信贷提供技术援助。然而，没有任何机构提供关于小额信贷计划管理和操作的定期时间表和负担得起的这类技术课程。AIM发展管理中心和亚洲创业中心则提供项目管理、社会发展和创业方面的高级培训和证书课程，但尚未为小额信贷机构经理设计专门解决小额信贷问题的公共培训课程。

最后，小额信贷行业需要进一步加强其技术能力，以增强小额信贷机构的专业化和商业化。应更多地关注人力资源的状况，以加强小额信贷机构的财务分析和对银行知识的了解，从而能够更广泛地接触目标客户，以满足客户需求为目标来管理和运营小额信贷机构。

## 参考文献

Abiola, B. A., Taiwo, J. N. & Sibor, J. A. (2015). Microsavings Mobilization Innovations and Poverty Alleviation in Nigeria. Mediterranean Journal of Sciences. 6(4) http://www.mcser.org/journal/index.PHP/mjss/article/view/6942.

Agricultural Credit and Policy Council(ACPC)Website. 2014. Retrieved from: http://www.acpc.da.gov.ph.

Agriculture and Fisheries Modernization Act of 1997(AFMA). Retrieved from: http://www.lawphil.net.

Aquino, A. P., Ani, P. A. & Correa, A. B. (2014). Republic Act No. 10000: Providing Agricultural and Agrarian Reform Credit. Retrieved from http://ap.fftc.agnet.org.

Aragon, J., Kakinaka, M. & Kim, D. 2011. Capital requirements of Rural Banks in the Philippines. Bangko Sentral Review 2011. Retrieved from http://www.bsp.gov.ph.

Ashraf, N., Gons, N., Karlan, D. & Yin, W. (2003). A Review of Commitment Savings Products in Developing Countries. A project sponsored by the Asian Development Bank. Retrieved from http://www.adb.org/publications/review-commitment-savings-products-development-countries.

Ashraf, N., Karlan, D. & Yin, W. (2006). Tying Odysseus to the mast: Evidence from a commitment savings product in the Philippines. Quartely Journal Economics, 121(2), 635-672.

Asian Development Bank(ADB)(2000). Rural Asia: Beyond the Green Revolution.

Asian Development Bank (ADB) (2012). Philippines: Microfinance Development Program-Performance Evaluation Report.

Asian Development Bank(ADB)(2013a). Assessment of Micro insurance as Emerging Microfinance Service for the Poor: The Case of the Philippines. Retrieved from http://www.adb.org.

Asian Development Bank(ADB)(2013b). Philippines: Microfinance Development Program. Retrieved from http://www.adb.org.

Banking With the Poor Network(BWTP)Website. (2015). Philippines: Country Profile. Retrieved from http://www.bwtp.org.

Bangko Sentral ng Pilipinas(BSP)(2011). BSP Releases Guidelines to Implement New Agri-Agra Law. Retrieved from http://bsp.gov.ph.

Bangko Sentral ng Pilipinas(BSP)(2012). Report on the State of Financial Inclusion in the Philippines 2011. Inclusive Finance Advocacy Staff, Supervision and Examination Sector. Retrieved from http://bsp.gov.ph.

Bangko Sentral ng Pilipinas(BSP)(2013). Report on the State of Financial Inclusion in the Philippines. Retrieved from http://bsp.gov.ph.

Bangko Sentral ng Pilipinas(BSP)(2014). Financial Inclusion Initiatives. Retrieved from http://bsp.gov.ph.

Bangko Sentral ng Pilipinas(BSP)(2015). Consumer Expectations Survey(CES)2015. Retrieved from http://www.bsp.gov.ph.

Bangko Sentral ng Pilipinas(BSP)(2015). Report on the State of Financial Inclusion in the Philippines. Retrieved from http://bsp.gov.ph.

Bureau of Agricultural Statistics(BAS)Website. 2014. Retrieved from http://www.bas.gov.ph.

Capuyan, K. L. (2011). Effects of Ahon Sa Hirap Inc. (Ashi)on Income and Socio Economic Status of Women Borrowers in Calamba City, 2010. Unpublished Undergraduate Thesis. Department of Agricultural Economics, College of Economics and Management, University of the Philippines at Los Baños.

Castillo, C. Q. (2005). Impact of Agricultural Credit of the Land Bank of the Philippines on the Income of Backyard Poultry Farmers in Malolos, Bulacan. Unpublished Undergraduate Thesis. Department of Agricultural Economics, College of Economics and Management, University of the

Philippines at Los Baños.
Center for Agriculture and Rural Development (CARD) (2013). Keeping the Spirit. Card Bank Inc. Annual Report 2013. Retrieved from http://www.cardbank.com.
Center for Agriculture and Rural Development (CARD) (2015). Microfinance Institutions Continue to Provide Health Services to the Poor Communities. Retrieved from http://www.cardmri.com/.
Charitonenko, S. (2003). Asian Development Bank (ADB) report on commercialization of microfinance in the Philippines.
Chowdhury, A. H. M. N & Garcia, M. C. (1993). Rural Institutional Finance in Bangladesh and Nepal: Review and Agenda for Reforms. Retrieved from https://openaccess.adb.org/ handle/ 11540/3175.
Chua, R. T. & Tiongson, E. R. (2012). Philippine Microfinance Discussion Papers: multiple borrowing in the Philippines: A Pilot Area Study Based on Branch Client Data. Retrieved from http://www.microfinancecouncil.org/.
Congress of the Philippines (2009). Republic Act 10000. Agri-Agra Reform credit Act of 2009. Retrieved from http://www.lawphil.net.
Consultative Group to Assist the Poor (CGAP) 2004. Helping to Improve Donor Effectiveness in Microfinance. Housing Microfinance. Retrieved from http://www.cgap.org and http://www-wds.worldbank.org/external/default/WDSContentServer/WDSP/IB/2005/11/16/000011823_20051116174843/Rendered/INDEX/342400ENGLISH0DonorBrief120.txt.
Corales C. I. & Cuevas, C. E. (1987). Cost of Agricultural Credit in the Philippines: The Short-Run Effects of Interest Rate Deregulation.
Corpuz, J. & Kraft, N. (2005). Policy Options in Agricultural & Rural Finance: The Experience of the Philippines and Other Asian Countries. In Asia-Pacific Rural and Agricultural Credit Association Planning Workshop on Integrating Training Interventions with other APRACA Development Initiatives, Manila, Philippines.
Corpuz, J. M. & Paguia, F. (2008). Rural Credit Success Stories: The Case of the Philippines and Selected APRACA Member Countries. Paper presented during the Regional Consultation on World Development Report and Preparation for the 2008 IFAP. World Farmers Congress, April 16, AIM Conference Center, Makati City, Philippines.
Department of Agriculture (DA) Website. (2014). Retrieved from http://da.gov.ph.
Desai, B. & Mellor, J. (1993). Institutional Finance for Agricultural Development: An Analytical Survey of Critical Issues, Food Policy Review, Washington: International Food Policy Research Institute. Department of Trade and Industry (DTI) n.d. Retrieved from http://www.dti.gov.ph/ dti/index.PHP/resources/sme-resources/sme-statistics.
Department of Finance (DOF) (2015). Microfinance institutions continue to provide health.
services to the poor communities: Philippines Leads the Way on Microinsurance. Retrieved from http://www.dof.gov.ph.
Diaz, J. N. & Ledesma, J. M. (2011). MicroSave Briefing Note # 114: A Closer Look at Multiple Borrowing in the Philippines.
Dong, F., Lu, J. & Featherstone, A. M. (2010). Effects of Credit Constraints on Productivity and Rural Household Income in China.
Floro, S. & Yotopoulos, P. (1991). Informal Credit Markets and the New Institutional Economics: The Case of Philippine Agriculture. Boulder: Westview Press.
German Technical Cooperation-Microinsurance Program for Social Security (GTZ-MIPSS). (2007). Demand study of microinsurance in the Philippines. Retrieved from http://www.microinsurance.ph/.
Geron, M. P. & Casuga, M. (2012). Credit Subsidy in Philippine Agriculture. Philippine Institute of

Development Studies (PIDS) Discussion Paper Series No. 2012-28. Retrieved from http://dirp3.pids.gov.ph.

Habito, C. & Briones, R. (2005). Philippine Agriculture Over the Years: Performance, Policies and Pitfalls. Retrieved from http://siteresources.worldbank.org.

Heidhues, F. & Schriender, G. (1999). Rural Financial Market Development: Supply Response within the Farming System. Retrieved from https://www.uclouvain.be.

Housing and Urban Development Coordinating Council (HUDCC) (2015). 2014 Housing Sector Year End Report. Retrieved from http:// www.hudcc.gov.ph/.

International Cooperative Alliance (ICA) Website (2015). Retrieved from http://ica.coop.

Investing in Rural People (IFAD) Website (2003). Replicating Grameen in the Philippines: A Winning Development Strategy? Retrieved from http://www.ifad.org.

IFAD Website. (2014). Livestock and Rural Finance. Retrieved from http://www.ifad.org.

Institute for Social Entrepreneurship in Asia (ISEA). 2014. Reconstruction Initiative through Social Enterprise: A Poverty Sector-Focused, Post-Yolanda Response in the Philippines.

Iqbal, M., Ahamad, M. & K. Abbas. 2003. The impact of institutional credit on agricultural production in Pakistan. The Pakistan Development Review, 42(2), 469-485.

Jaldon, M. D. J. (1999). Evaluation of the operation and impact of Ahon sa Hirap program in Los Baños. Laguna. Unpublished Undergraduate Thesis. Department of Agricultural Economics, College of Economics and Management, University of the Philippines at Los Baños.

John, A. (2015). When Commitment Fails — Evidence from a Regular Saver Product in the Philippines. Retrieved from http://www. poverty-action. org / sites / default / files / publications/ When_Commitment_ Fails.pdf.

Kondo, T. (2007). Impact of Microfinance on Rural Households in the Philippines: A Case Study from the Special Evaluation Study on the Effects of Microfinance Operations on Poor Rural Households and the Status of Women. Retrieved from http://www.adb.org.

Karlan et al. (2010). Take Up: Why Microfinance Take Up Rates are Low and Why It Matters. Retrieved from http://www.microfinancegateway.org/sites/default/files/mfg-en-paper-take-up-why-microfinane-take-up-rates-are-lowwhy-it-matters-jun-2010.pdf.

Karlan, D. & Zinman, J. (2010). expanding credit access: Using randomized supply decisions to estimate the impacts. The Review of Financial Studies, 23 (1): 433-464. "Microcredit in theory and practice: Using randomized credit scoring for impact evaluation." Science, 332 (6035), 1278-1284.

Khan, N. (2014). The impact of micro finance on the household income and consumption level in Danyore, Gilgit-Baltistan Pakistan. International Journal of Academic Research in Economics and Management Sciences. 3(1).

Llanto, G. (1993). Agricultural Credit and Banking in the Philippines: Efficiency and Access Issues. Working Paper Series — Philippine Institute for Development Studies.

Llanto, G. M. & Laviña, G. R. (2006). Innovations as Response to Failures in Rural Financial markets. Discussion paper Series No. 2006-24. Philippine Institute for Development Studies.

Llanto, G. M. & Vogel, R. C. (2005). Philippine Rural Finance: Apparent and Real Problems, with Some Possible Solutions. First Draft. Credit Policy Improvement Program Department of Finance — National Credit Council.

Llarena, A. E. (2015). Effects of Capital Sources on the Operations of the Roadside Ornamental Plants Vendors in Selected Towns of Laguna, 2014.

Unpublished Undergraduate Thesis. Department of Agricultural Economics, College of Economics and Management, University of the Philippines at Los Baños.

Lamberte, M. B. (1995). Small Enterprises' Access to Formal Financial Services: A Review and

Assessment. PIDS Discussion Paper Series No. 95-23.
Lamberte, M., Llanto, G., Meyer, R. & Graham, D. (1994). Dynamics of Rural Development. Philippine Institute for Development Studies, Makati City, Philippines.
Lamberte, M., Llanto, G., Meyer, R. & Graham, D. (1997). Microfinance institutions in poverty alleviation: A case of the blind leading the blind? Publication at Philippine Institute for Development Studies.
Lamberte, M., Llanto, G., Meyer, R. & Graham, D. (2004). Is the Promise being Fulfilled? Microfinance in the Philippines: Status, issues and challenges, PIDS Policy Notes No. 2004-10. Makati City: Philippine Institute for Development Studies.
Lamberte, M., Llanto, G., Meyer, R. & Graham, D. (2007). Overcoming Obstacles to Agricultural Microfinance: Looking at Broader Issues. Asian Journal of Agriculture and Development. 4(2). Retrieved from http://ageconsearch.umn.edu.
Lamberte, M., Llanto, G., Meyer, R. & Graham, D. (2008). Credit. In Dy et al. Modernizing Philippine Agriculture and Fisheries: The AFMA Implementation Experience. University of Asia and the Pacific.
Madamba, A. C. T. (2005). Impact of SIKAP BIDANI Credit Program on Member Borrowers in Los Baños, Laguna. Unpublished Undergraduate Thesis. Department of Agricultural Economics, College of Economics and Management, University of the Philippines at Los Baños.
Manos, R. Gueyie, J-P. & Yaron, J. (2013). Dilemmas and Directions in Microfinance Research. In Gueyie, Manos & Yaron, (eds). Microfinance in Developing Countries: Issues, Policies and Performance Evaluation. London: Palgrave Macmillan.
Microfinance Council of the Philippines, Inc(MCPI). The 2012 Microfinance Client Mapping: The State of market saturation and inclusion in the Philippines. Retrieved from http://www.microfinancecouncil.org.
Micu, N. (2010). State of the art of microfinance: A narrative. Pinoy Me Foundation, Ninoy and Cory Aquino Foundation, and Hanns Seidel Foundation. Retrieved from http://www.hss.de.
Mohsin, A. Q., Ahmad, S. & Anwar, A. (2011). Impact of Supervised Agricultural Credit on Farm Income in the Barani Areas of Punjab.
National Credit Council Policy Notes 99-2, Policy Framework for Rationalizing Directed Credit Programs, July, (1999a).
National Credit Council Policy Notes 99-3, The Agro-Industry Modernization Credit and Financing Program: An Alternative to Directed Credit Programs in Agriculture, August(1999b).
National Credit Council Policy Notes 99-4, Executive Order No. 138: Towards Sustainable Financial and Credit Policies, September, (1999c).
National Economic and Development Authority (NEDA). (2013). Philippine Development Plan 2011-206: Competitive & Sustainable Agriculture & Fisheries Sector. Retrieved from http://www.neda.gov.ph.
NAFC Website. (2014). AFMA. Retrieved from http://nafc.da.gov.ph.
Pabuayon, I. M., Catelo, S. P., Rola, A. C. & Paris, Jr., T. B. (2013). Agricultural Policy: Perspectives from the Philippines and Other Developing Countries. The University of the Philippines Press. (ISBN 978-971-542-715-9).
Peñalba L. M., Paunlagui M. M. & Elazegui D. D. (2012). The Role of the Informal Credit System in the Agricultural Innovation Promotion Chain. Center for Strategic Planning and Policy Studies, College of Public Affairs and Development, University of the Philippines Los Baños, Philippines. Working Paper No. 2012-02. Accessed in February 2014. http://cpaf.uplb.edu.ph.
Philippine Institute for Development Studies(PIDS)(2014). Retrieved from. https://www.pids.gov.ph.
Philippine Statistics Authority Website(2014). Retrieved from http://www.psa.gov.ph.

Poliquit, L. Y. (2006). Accessibility of Rural Credit Among Small Farmers in the Philippines. Thesis presented to the Massey University, Palmerston North, New Zealand. Retrieved from http://mro.massey.ac.nz.

Portula, D. O. & Vergara, R. (2013). Case Study. The Philippine Experience on Microinsurance Market Development. Retrieved from https://a2ii.org.

Senate Economic Planning Office(SEPO)2009.

Sial, M. H., Awan, M. S. & Waqas, M. (2011). Role of Institutional Credit on Agricultural Production: A Time Series Analysis of Pakistan. University of Sargodha, Pakistan.

Smits R. (2002). Innovation studies in the 21st century: Questions from a user's perspective. Technological Forecasting and Social Change, 69(9), 861-883.

Sulit, T. R. (1990). Effects of the Ahon Sa Hirap Project in Alleviating Poverty Among Women-Borrowers and Their Household in Selected Villages in Laguna. Unpublished Undergraduate Thesis. Department of Agricultural Economics, College of Economics and Management, University of the Philippines at Los Baños.

Tayag, P. (2011). A Corporate Strategy to Develop a More Inclusive Financial System. In The Fletcher School Leadership Program for Financial Inclusion. Policy Memoranda 2011. Retrieved from http://fletcher.tufts.edu/~/media/Fletcher/Microsites/CEME/pubs/papers/MEMOS% 20Final.pdf.

Tolentino, B., David, C., Balisacan, A. & Intal, P. (2001). Strategic Actions to Rapidly Ensure Food Security and Rural Growth in the Philippines. In Yellow Paper II: The Post-Erap Reform Agenda.

World Bank Website(2013). Philippine Economic Update. Retrieved from http://www.worldbank.org.

# 第6章　孟加拉国的小额信贷市场

*Mohammad Monirul Hasan* and Mohammad Abdul Malek†*

*PhD Researcher, Center for Development Research (ZEF), University of Bonn, Bonn and is also affiliated with Institute of Microfinance (InM) at Dhaka

mhasan@uni-bonn.de

† Senior Research Fellow at BRAC Research and Evaluation Division (RED), Dhaka and is also affiliated with Faculty of Economics, University of Tokyo and Centre for Development Research (ZEF), University of Bonn

malekr25@gmail.com

**摘　要：**本章概述了孟加拉国的小额信贷市场，孟加拉国通常被称为全球小额信贷机构（MFI）的中心。小额信贷的发展一方面基于贫困人口普惠金融的原则，另一方面基于机构的可持续性。通过适当瞄准和更好地设计小额信贷产品，可以成功实现信贷机构外展与可持续性的平衡。小额信贷的积极影响已得到广泛证实，它在农村经济发展中发挥作用，如果没有小额信贷业务，这种经济发展的势头可能会丧失。本章探讨了孟加拉国小额信贷市场的演变和现状、供需因素、并进一步研究和其创新的机会以及政策建议。

**关键词：**小额信贷、贫困、可持续性、风险、孟加拉国

## 6.1　简介

孟加拉国被称为全球小额信贷机构（MFI）的中心，许多国家都复制了该国模式以在各自国家扩展金融包容性（Hossain和Bayes，2015）。在过去的三年里，孟加拉国的小额信贷市场获得了巨大的曝光率，事实证明，贫困人口是值得信赖的，他们定期偿还贷款。基本上只为贫困人口提供信贷服务的市场增加了其他金融服务，如储蓄、保险、金融转移等，并建立了自己的主导机构作为代价高昂的非正规信贷的替代品，填补了正规信贷部门的空白。小额信贷的发展一方面基于贫困人口的金融包容性原则，另一方面基于信贷机构的可持续性。为难以接触的家庭提供信贷业务和使小额信贷机构在财务上可行的双重目标使市场处于具有挑战性的地位，例如较低的运营自给自足（OSS）（Wahid、Hasan和Rabbani，2015）。然而，通过适当审视和更好设计小额信贷产品，可以成功地实现外展与可持续性的权衡。为贫困人口提供银行业务需要适当的目标定位和

风险缓解策略。在孟加拉国的小额信贷计划开始时，尝试了许多贷款方法，后来基于信贷团体的方法大多取得了成功。基于团体的方法成功的主要原因是家庭逆向选择带来的风险降低和现有借款人的道德风险问题得到改善（Armendáriz de Aghion 和 Morduch，2005）。除了小额信贷机构的适当目标之外，团体成员的同行效应和每周成员的团体会议防止他们成为贷款违约者。此外，会员还可以效仿他人的做法，成功还清贷款。小额信贷的经济学仍然与消费平稳和改善个人和家庭在就业、收入、资产、健康和能力发展方面的机会密切相关。尽管有积极的影响，但小额信贷最近几乎在世界各地受到了政策制定者的批评，主要是因为小额信贷机构的利率高于正规银行，这导致借款人负债更高，并面临同业催收贷款的压力（Duvendack 等，2011）。因此，值得详细介绍孟加拉国的小额信贷机构。

## 6.2 农村信贷市场：非政府小额信贷机构（NGO-MFI）的出现与变革

农村信贷市场包括正规、半（准）正规和非正规信贷市场。正规信贷市场是来自公共和私营商业银行的信贷，而非正规信贷市场是来自朋友、家人、当地商人或商人以及传统放债人的信贷。半（准）正规信贷市场由小额信贷机构运营，它与正规信贷机构不同。

### 6.2.1 非正规农村信贷市场

小额信贷的运作在农村信贷市场并不是一个新名词。它以非正规信贷的形式发展，以满足农村居民的消费、医疗、节日、教育、服务中小企业、农业活动等需求。非正规的信贷来源包括亲戚、朋友、邻居、店主和传统的放债人（Hollis 等，1997；Spooner，1846）。由于缺乏正规信贷市场或无法获得正规信贷，这些放债人收取非常高的利息，这对借款人的福利产生了不利影响。由于从亲戚那里轻松贷款（一种社交网络形式）和正规信贷市场对信贷的需求未得到满足，非正规信贷仍然盛行。对信贷的过度需求和正规信贷偿还的刚性推动了非正规信贷在经济中的可持续性，非正规信贷的年利率从100%到120%不等（Berg、Emran 和 Shilpi，2014）。

正规金融对农村经济的供给是有限的，只有部分富裕的农村居民才能获得信贷。在农村金融市场中，非制度性结构使得农户、农场、贸易商、地主、放债人等农村经济主体之间通过信贷、商品和金融服务的本地化交易，实现资金和金融资产的转移。这些金融交易大多没有书面形式，书面监管面临着许多还款、欺诈和承诺等问题，这些问题有时会导致借款人陷入极度贫困（Mudahar 和 Ahmed，2010）。农村经济总是需要一个正规的信贷市场，但商业银行由于筛选和高违约率等问题并没有扩大在农村地区的业务服务。逆向选择和道德风险的经典经济问题限制了正规贷款人在孟加拉国实施正规农村金融。筛选问题以及对贷款违约的恐惧，尤其是在没有抵押品的情况下，使得这些贷方退出了农村信贷业务，而只专注于城市信贷市场（Armendáriz de Aghion 和 Morduch，2005）。

#### 6.2.1.1 正规的农村金融

孟加拉地区的正规融资始于英国殖民时期，第一家孟加拉银行成立于1784年，在孟加拉国的许多地区提供信贷（Shah、Rao和Shankar，2007）。然而，本章将主要集中在过去几十年正规金融发展，特别是在孟加拉国独立之后，以更多地了解最近的信用记录。

#### 6.2.1.2 将贫困人口排除在普惠金融之外

只有两家信贷机构——孟加拉国克里希银行（BKB）和农业信贷的合作社在1971年至1976年间提供农村金融服务。为了扩大信贷对农业生产的影响，孟加拉国政府于1976年引入了国有商业银行（NCB）来满足季节性农作物贷款的需求，但其运作却在许多方面受限。NCB的目标客户是可以提供贷款抵押品的贸易商和企业。由于制度缺陷，许多国家商业银行向农民提供的农业贷款项目失败了。它们有意将贫困人口排除在它们的保护伞之外（Faruqee和Badruddoza，2011）。私人银行没有扩大针对贫困人口的贷款政策，其中BKB的844家分行和Rajshahi Krishi Unnayan银行（RAKUB）的301家分行帮助农村地区的农民，但只向有土地作为抵押的农民提供信贷（Alamgir，2010）。除了这两个机构外，其他组织，如孟加拉国三巴亚银行有限公司（BSBL）、合作土地抵押银行、中央甘蔗种植者协会和thana（街道）合作社等也提供农村金融服务。但这些信贷机构的财务业绩很差，而且大多也是将贫困人口和核心贫困人口排除在外（法拉利，2008）。尽管过去几十年农业信贷大幅增加，但NCB、BKB和RAKUB等公共银行目前仅提供农业信贷总额的50%。在格莱珉银行（GB）运营之前，所有国家银行和商业银行都在一定规模的农村金融领域开展业务，但主要针对有抵押品的非贫困企业家。

在孟加拉国的农村发展倡议中，发展实践者和社会科学家Akhter Hameed Khan于1959年发起了一项名为“科米拉（Comilla）模式”的计划，让人民参与草根合作以刺激农村发展。Khan先生发现，要实现快速发展，就必须开发该地区的基础设施，尤其是道路、排水和灌溉系统，这些基础设施可以由人们自己维护。Khan先生上任后，由于种种原因，该模式还是失败了。原因之一是内部和外部控制不力以及缺乏捐助资金使得计划无法在Khan先生的领导下继续开展（Alamgir，2010）。“科米拉模式”虽然失败了，但为实践者提供了一些借鉴参考。格莱珉银行（GB）的穆罕默德·尤努斯（Muhammad Yunus）教授和BRAC的Fazle Hasan Abed就曾测试了这种模式——直接向贫困人口提供了横向免费贷款，后来他们了解到合作模式在孟加拉国农村行不通。孟加拉国农村信贷机构的失败主要是由于该组织规模庞大，经济团体异质化，组织中的富裕成员较多（Dowla和Barua，2006）。到20世纪90年代，GB和BRAC以及其他MFI放弃了“科米拉模式”，并开发了更加集中的控制和服务交付结构。

### 6.2.2 GB的出现和兴起

GB的突破在于重新设计了仅提供信贷的国家和商业组织的传统信贷交付系统。然而，GB脱离了现有的信贷提供系统，并发展了一个新的组织，为贫困人口提供金融服务（Alamgir，2010）。GB（格莱珉在当地语言中意为村庄）是穆罕默德·尤努斯教授在1976年的一项行动研究项目，当时他试图采用一种模式，让贫困人口不需要抵押即可获得信贷。该研究成功地测试了1976年至1979年间在“乔布拉村”和邻近村庄首次实施的信贷发放系统。1979年，在国家中央银行的帮助下，试点扩展到“Tangail区”并取得成功。后来该项目扩展到其他地区。1983年10月，政府立法将GB项目制度化为独立银行（Alamgir，2010）。目前，GB主要由农村贫困成员所有。2006年，GB和穆罕默德·尤努斯教授因其对贫困人口的经济和社会发展的贡献而被授予诺贝尔和平奖。

GB方法与孟加拉国的传统银行业务大不相同。GB实施了一些关键步骤，例如（Alamgir，2010）：

（1）GB针对主要承担贫困负担的贫困妇女。它从那些拥有不到0.5英亩土地的人中选择它的成员，并排除从GB获得金融服务的富人。以女性为目标的理由是女性定期偿还贷款，将借来的资金投资于生产项目，并将大部分收入用于提高家庭成员的生活质量。妇女通过这种经济活动获得权利，并在社会中发挥重要作用。

（2）GB没有向个别妇女提供贷款，而是组成了一个5人小组和一个6~10人小组，以小组为中心提供贷款。

（3）GB提供无抵押贷款，但在小组成员之间分配负债。GB的主要成功在于小组成员之间的同伴效应激励成员更成功地按时还贷。

（4）GB提供可由妇女管理的小额贷款，并按周分期偿还利率。

（5）会员不需要去银行，而是银行去贫困人口家中提供金融服务。银行工作人员每周到会员家做客，像商业银行一样为贫困人口提供必要的金融服务。他们使银行程序对不识字的贫困妇女变得简单易懂。交易主要在公开场合进行，以保持可信度和降低腐败的可能性。银行在银行工作人员中建立了强大的监控系统。

格莱珉用简单的方法帮助贫困人口吸引了许多发展从业者（主要是信贷运营的非政府组织）复制该模式（Alamgir，2010）。该计划具有双重目标，例如帮助贫困人口并同时使该机构可持续发展，吸引了许多已经在开展教育、健康、救济和康复、能力发展等社会计划的非政府组织引入小额信贷业务，使它们现有的计划是可持续的。他们没有复制格莱珉模式，而是在利率、储蓄业务、贷款上限、团体规模、还款系统等方面对模型进行了一些变化。不是仅限于5人团体，有些提供给更大的团体，例如20至50人，还款时间表具有一定的灵活性。在某些情况下，储蓄业务与贷款挂钩，在获得贷款资格之前有一些储蓄门槛，但许多非政府组织为了自己的利益而放宽或收紧了这些选择权。伴随着不同贷款类型、不同贷款规模、连续贷款、分期付款时间和贷款限期，贷款政策变得多样化（Faruqee和Badruddoza，2011）。20年间，非政府小额信贷（NGO-MFI）遵循格莱珉模式，模式几乎没有变化，并以其差异化产品在内的众多金融服务占领了全国。

#### 6.2.2.1 孟加拉国农村推进委员会的出现

BRAC（最初于1972年在孟加拉国成立，前身为孟加拉国康复援助委员会，后称为孟加拉国农村发展委员会），由Fazle Hasasn Abed爵士创立，现已发展成为世界上最大的非政府发展组织之一（BRAC，2016b）。BRAC的愿景是建立一个没有任何形式的剥削和歧视的世界，每个人都有机会发挥自己的潜力，其使命是助力人民和社区消除贫困、文盲、疾病和社会不公正。BRAC干预措施旨在通过经济和社会计划实现大规模的积极效应，使男性和女性能够发挥其潜力。BRAC认为，贫困的根本原因是多方面且相互关联的。BRAC在人权和社会赋权、教育和健康、经济赋权和企业发展、生计培训、环境可持续性和备灾等领域开发了支持服务项目。它经营与发展有战略计划联系的社会企业，并形成重要的价值链，从而提高成员资产和劳动力的生产力，并降低其企业的风险。为确保BRAC继续创新并保持其工作的相关性，BRAC以审计的形式在所有活动和财务制衡中建立了培训、研究和监控系统（BRAC，2016b）。BRAC已将其开发活动扩展到亚洲和非洲的12个不同国家，其中一个在南美洲（海地）。

#### 6.2.2.2 社会进步协会的出现

社会进步协会（ASA）由Md. Shafiqual Haque Choudhury于1978年创立，最初服务于贫困人口，帮助他们为自己的政治和社会权利进行组织和赋权（Alamgir，2010）。ASA开展了多项计划，包括社会行动意识培养、法律援助计划、培训计划、传播支持计划、农村记者培训等。ASA在健康、营养、教育、卫生和金融服务方面为贫困人口提供服务。ASA提供了一整套小额信贷和相关服务，包括信贷、储蓄和小额人寿保险，以确保贫困人口的收入。ASA在亚洲和非洲的少数几个国家有国际业务。

#### 6.2.2.3 孟加拉国非政府小额信贷机构的增长——小额信贷监管机构的运作

目前有数百个非政府组织的小额信贷机构在孟加拉国运营。然而，确切的数字还并不清楚。许多小型非政府组织开展社会活动；向客户支付贷款和存款储蓄，其中也包括许多没有正式许可证的非政府组织小额信贷机构。小额信贷机构收集储蓄并将资金投资到有需要的地方，有时可能会在没有通知和追踪的情况下进行。由于缺乏监控，一些小额信贷机构会收取高利率。孟加拉国政府于2006年颁布了《小额信贷监管局（MRA）法》，并于同年成立了MRA，以监督孟加拉国的小额信贷部门。

NGO-MFI的数量从1996年到2003年快速增长，数量在一年后保持不变，然后有所下降（如图6-1所示）。根据2009年孟加拉国小额信贷统计，孟加拉国非政府组织小额信贷机构的数量为745个。MRA采用一些截点向拥有至少1 000名成员和至少400万塔卡未偿贷款的非政府组织小额信贷机构提供许可证。许多非政府组织不符合这一标准，在不久的将来可能面临关门（Faruqee和Badruddoza，2011）。

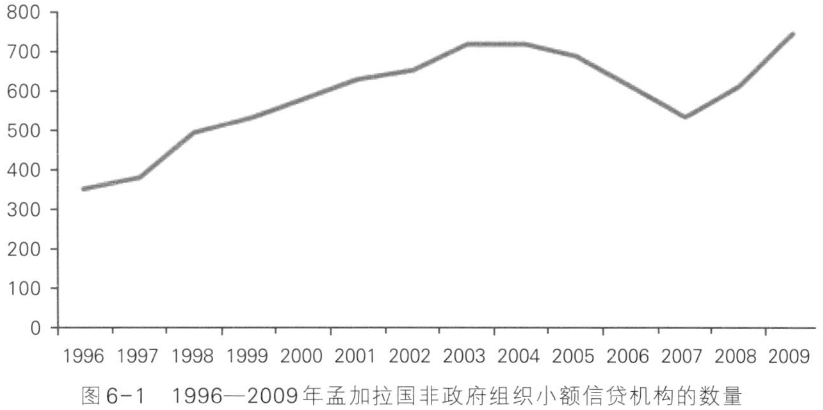


图6-1 1996—2009年孟加拉国非政府组织小额信贷机构的数量

资料来源：Bangladesh Microfi nance Statistics，改编自Faruqee & Badruddoza（2011）。

#### 6.2.2.4 Palli Karma-Sahayak 基金会的作用

Palli Karma-Sahayak 基金会（PKSF）是政府设立的批发销售小额信贷的最高组织，于1990年在孟加拉国开始运营，旨在通过向小额信贷机构提供补贴资金来减少贫困，创造就业机会（http：//pksf bd.org/portal/）。PKSF向MFI支付资金，它们的合作伙伴组织被称为PO。目前，PKSF有257个PO，它们提供补贴批发式信贷，为农村地区和城市地区的贫困人口提供金融服务。在PKSF的许多其他特殊项目中，农村小额信贷（RMC）、城市小额信贷（UMC）、创业小额信贷（ME）、超贫困小额信贷（UPP）、农业部门小额信贷（ASM）、季节性贷款（SL）等是突出的运营项目。

### 6.2.3 市场规模和运营

过去30年的小额信贷运动为被排除在外的贫困人口的金融包容性提供了最有活力和最有效的助力。小额信贷是该国底层群体金融包容性的主要推动者，并一直引领其他国家。MRA监管该部门，以建立该国非政府组织-小额信贷机构的透明度和问责制，并确保所需的基础设施可以促进该部门的发展（MRA，2014）。许多小额信贷机构的成功故事激励其他小额信贷机构蓬勃发展并扩大外展范围。它们实现了平均贷款规模和借款人的稳定增长，这有助于它们在市场上实现财务可行性（如图6-2所示）。活跃会员和借款人的增长以相同的模式共同发展。活跃会员是那些从小额信贷机构获得储蓄和其他金融服务的人，借款人从小额信贷机构获得储蓄和贷款。2001年以后，会员和借款人数量都急剧增加。2007年和2008年，活跃会员和借款人的数量急剧增加（如图6-2所示）。1999—2009年，小额信贷会员从1 179万增加到3 571万。同期，借款人从925万增加到2 705万，这显示着其健康的增长率（MRA，2011）。

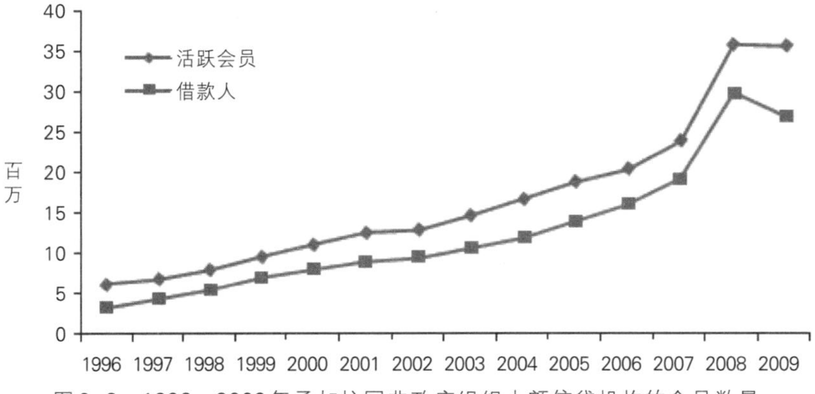


图6-2 1996—2009年孟加拉国非政府组织小额信贷机构的会员数量

资料来源：Bangladesh Microfi nance Statistics，改编自 Faruqee & Badruddoza（2011）。

20个小额信贷机构占小额信贷部门的90%的业务（MRA，2014）。表6-1显示了孟加拉国小额信贷部门的特点。到2013年，共有650个非政府组织小额信贷机构在MRA注册。截至2013年，有14 674个非政府组织小额信贷分支机构在运营，近110 734名员工直接在该部门工作（见表6-1），为全国总共2 460万客户提供服务。贷款发放在2012

年之前的增长相当可观，但在2013年有所下降。以前的小额信贷发放主要限于小规模的非农商业活动，因此，没有证据显示非政府小额信贷机构（NGO-MFI）提供农业贷款有所增加的年限。会员的储蓄在动员农村信贷方面发挥着至关重要的作用，占2013年未偿还贷款的近37%（MRA，2014）。多年来的贷款回收率非常可观，2013年接近98%（见表6-1）。

表6-1　　孟加拉国的小额信贷部门（获得许可的NGO-MFI）

| 细节 | 2009年6月 | 2010年6月 | 2011年6月 | 2012年6月 | 2013年6月 |
|---|---|---|---|---|---|
| 获得许可的NGO-MFI数量（提供有效数据） | 419 | 516 | 576 | 590 | 650 |
| 分行数目 | 16 851 | 17 252 | 18 066 | 17 977 | 14 674 |
| 员工人数 | 107 175 | 109 597 | 111 828 | 108 654 | 110 734 |
| 客户数（百万） | 24.85 | 25.28 | 26.08 | 24.64 | 24.6 |
| 总人数（百万） | 18.89 | 19.21 | 20.65 | 19.31 | 19.27 |
| 贷款拨付（十亿塔卡） | 261.18 | 306.72 | 303.18 | 456.02 | 432.28 |
| 农业贷款拨付（十亿塔卡） | — | — | 93.63 | 110.84 | 131.98 |
| 未偿还贷款金额（十亿塔卡） | 143.13 | 145.02 | 173.79 | 211.32 | 257.01 |
| 未偿还农业贷款（十亿塔卡） | — | — | 59.36 | 66.71 | 89.05 |
| 储蓄金额（十亿塔卡） | 50.61 | 51.36 | 63.3 | 75.25 | 93.99 |
| 贷款回收（十亿塔卡） | — | 280.78 | 271.83 | 314.11 | 375.07 |
| 回收率（%） | 97.93 | 97.35 | 95.52 | 97.74 | 97.69 |

资料来源：MRA-MIS数据库2013，改编自MRA（2014）。

图6-3显示了2010—2012年会员和借款人有下降的趋势。2012年后，会员和借款人均出现大幅增长。2012—2013年借款人的数量及其贷款余额增加了近50%，这是一个很好的增长状况（如图6-4所示）。同时，储蓄率也提高了，这也推动了贷款的进一步增长（MRA，2014）。

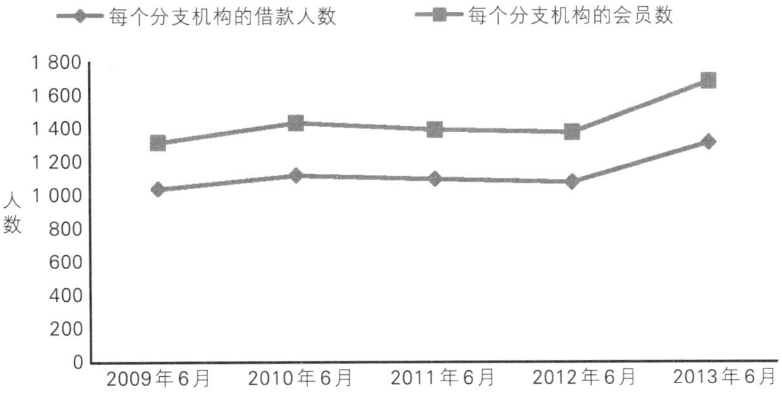


图6-3　会员和借款人的增长数量（每个分支机构）

资料来源：MRA MIS database 2013，改编自MRA（2014）。

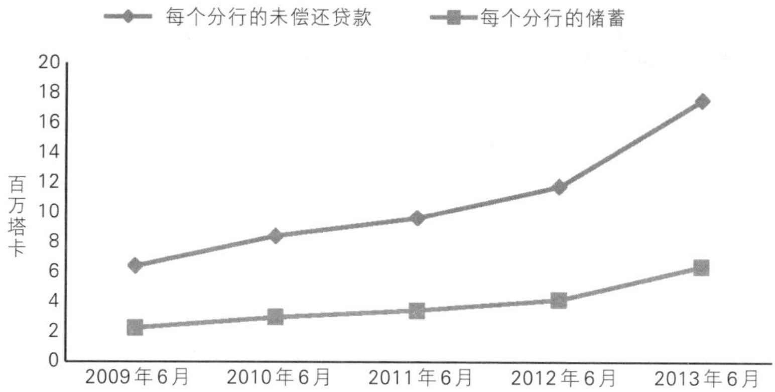


图6-4　未偿还贷款和储蓄增长（每个分行）

资料来源：MRA MIS database 2013，改编自MRA（2014）。

GB、BRAC和ASA等小额信贷机构占据了孟加拉国小额信贷市场份额的81%。这些机构很早就开始运营，并且仍然主导着小额信贷市场（Alamgir，2010）。它们拥有最多的贷款组合和借款人。图6-5显示了2009年孟加拉国大型小额信贷机构在总贷款组合和活跃借款人数量方面的市场份额。GB在总贷款组合中承担35%的份额，在活跃借款人中承担31%的份额。紧随其后的是BRAC，它在总贷款组合中占27%的份额，在活跃借款人中占30%。ASA在这两个类别中占据近20%的市场份额，获得第三名。2009年，其他非政府组织小额信贷机构在这两个类别中占据19%的市场份额（如图6-5所示）。

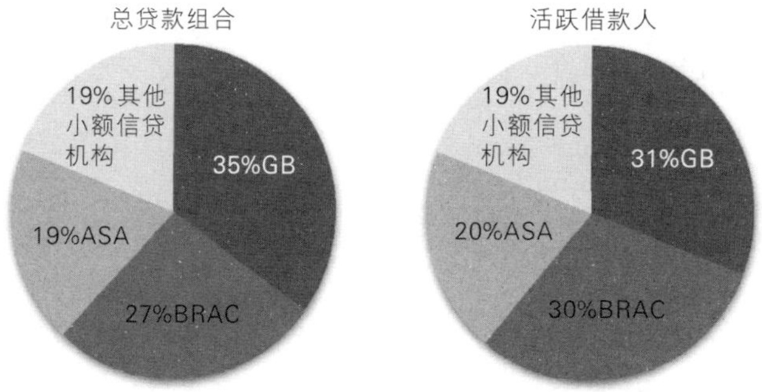


图6-5　2009年孟加拉国小额信贷机构的市场份额

资料来源：改编自Faruqee & Badruddoza（2011）。

MRA根据借款人的数量对孟加拉国的NGO-MFI进行分类，NGO-MFI的分类见表6-2。非常小的非政府组织是那些借款人数量不及10 000人的非政府组织。相反，非常大的小额信贷机构是借款人数量超过100万人的小额信贷机构。2013年，大型非政府组织小额信贷机构占市场贷款总额的近76%（见表6-2）。

表6-2　　基于借款人规模的小额信贷机构贷款余额（截至2013年6月30日）

| 类别 | 借款人范围 | 小额信贷机构数量 | 借款人总数 | 未偿还贷款总额（百万塔卡） | 占未偿还总额的百分比 |
|---|---|---|---|---|---|
| 很小 | 1 000以下 | 171 | 135 130 | 1 831.37 | 0.71 |
| | 1 001~2 000 | 165 | 232 729 | 1 955.97 | 0.76 |
| | 2 001~6 000 | 123 | 436 916 | 3 962.65 | 1.54 |
| | 6 001~10 000 | 42 | 322 254 | 3 765.44 | 1.47 |
| 小 | 10 001~50 000 | 105 | 2 374 418 | 26 809.01 | 10.43 |
| 中等 | 50 001~100 000 | 22 | 1 588 952 | 22 735.43 | 8.85 |
| 大 | 100 001~1 000 000 | 20 | 5 722 781 | 71 403.24 | 27.78 |
| 非常大 | 1 000 001以上 | 2 | 8 452 815 | 124 546.89 | 48.46 |
| 总计 | | 650 | 19 265 995 | 257 010.00 | 100 |

资料来源：MRA-MIS数据库（2013），改编自MRA（2014）。

除了GB之外，前20名小额信贷机构在孟加拉国的小额信贷市场中发挥着主导作用。BRAC的累计贷款拨付额最高，其次是ASA（见表6-3）。Buro Bangladesh、TMSS、JCF和SSS也是具有大量累计贷款拨付的大型小额信贷机构。

表6-3　　孟加拉国前20名小额信贷机构的累计贷款发放（单位：十亿塔卡）

| 小额信贷机构名称 | 2009 | 2010 | 2011 | 2012 | 2013 |
|---|---|---|---|---|---|
| BRAC | 394.35 | 469.46 | 544.39 | 642.12 | 754.77 |
| ASA | 305.08 | 377.49 | 454.96 | 549.58 | 645.76 |
| Buro Bangladesh | 23.6 | 33.38 | 44.87 | 58.14 | 80.25 |
| TMSS | 31.11 | 38.71 | 48.45 | 60.3 | 74.94 |
| JCF | 12.77 | 17.29 | 25.29 | 34.65 | 45.73 |
| SSS | 19.23 | 24.78 | 32.01 | 41.48 | 53.88 |
| Shakti基金会 | 13.2 | 18.33 | 26.93 | 29.24 | 34.27 |
| Uddipan | 9.27 | 13.15 | 17.76 | 23.5 | 30.36 |
| Padakhep | 8.34 | 11.1 | 14.62 | 20.04 | 24.71 |
| RDRS | 8.82 | 10.79 | 13.48 | 16.65 | 20.06 |
| PMK | 7.67 | 9.77 | 12.31 | 15.27 | 18.83 |
| Caritas | 10.38 | 11.72 | 13.91 | 16.42 | 19.16 |
| Sajida基金会 | 4.9 | 6.85 | 9.11 | 12.34 | 16.1 |
| CSS | 2.92 | 4.18 | 6.99 | 8.58 | 11.4 |
| RRF | 7.05 | 8.59 | 10.82 | 13.17 | 15.76 |
| RIC | 4.25 | 5.66 | 8.26 | 11.01 | 14.1 |
| POPI | 5.89 | 8.28 | 9.21 | 11.32 | 13.76 |
| DSK | 5.26 | 6.31 | 8.24 | 10.56 | 14.46 |
| 总计 | 918.86 | 1 124.35 | 1 354.64 | 1 632.93 | 1 953.03 |

## 6.3 供给侧：随着时间推移的创新

在过去的三年中，孟加拉国的小额信贷部门一直在为会员不断创新产品。小额信贷机构相互竞争以在市场上获得更多份额，并试图实现长期可持续性（PKSF，2014）。竞争集中在三个方面：位置、产品和价格。几乎所有的小额信贷机构在市场上都有几种产品，它们几乎是同质的。彼此的模式非常接近，但在目标群体、还款时间表、还款宽限期（灵活性）、贷款规模、贷款目的、利率和储蓄产品方面有所不同（Faruqee和Badruddoza，2011）。小额信贷机构根据贫困人群和职业人群细分市场，设计贷款和储蓄产品，合理满足不同人群的需求。市场细分基于需求驱动的金融产品，例如贷款、储蓄、保险等，并牢记目标群体的需求。例如，在为核心贫困人口或超贫困人口设计产品时，小额信贷机构牢记首先需要资金用于个人消费，然后它们将部分贷款金额用于创收活动。个人不定期储蓄，随时提取储蓄。因此，小额信贷机构设计产品特点包括：（1）没有最低储蓄额（2）储蓄可以随时存取（3）贷款与储蓄无关（4）贷款偿还应在比正常贷款还款日期晚几周后开始（Alamgir，2010）。小额信贷机构根据目标群体的需要对市场进行细分。除了信贷产品的变化外，小额信贷机构还为会员提供信贷加服务，如卫生服务、能力发展培训、技术服务、总开发项目等。

小额信贷机构产品在选择目标群体、贷款方式、贷款上限、贷款目的、还款期限、还款宽限期的灵活性、储蓄产品创新等方面也存在差异。由多国捐助者或国际研究机构提供的计划（例如减免了Monga倡议（PRIME））也由孟加拉国的非政府组织小额信贷机构实施（PKSF，2014）。因此，孟加拉国的小额信贷市场是多元化的，并且不断出现新的创新产品。表6-4显示了大多数非政府的小额信贷机构提供的基本产品。例如，表6-4显示了多年来PKSF的合作伙伴组织实施的核心产品。大多数小额信贷机构出售贷款的目标是核心贫困人口或中等贫困人口。合作伙伴组织以补贴价格从PKSF获得批发贷款，然后将这些贷款以每年10%~15%（实际上几乎为每年30%）的较高利率分配给其成员/客户（Rashid，2011）。实际利率（EIR）为30%，因为MFI使用统一利率计算，而不是余额递减法。遵循MRA监管的政策，小额信贷机构根据余额递减法计算贷款，因为这种方法会产生较低利息，这有助于维持借款人的还款能力（MRA，2014）。PRIME和学习创新基金（LIFT）是两种主要由捐助者资助的专门为特困家庭设计的项目。

表6-4　　PKSF各小额信贷机构在孟加拉国开展的主流项目

| 产品名称 | 方式 | 目标组 | 贷款金额（塔卡） | PKSF成立时间 |
|---|---|---|---|---|
| 超贫困计划 | 组 | 核心贫困人口 | 500~50 000 | 2004—2005年 |
| 定期小额信贷 | 组 | 中等贫困 | 5 000~30 000 | 1990—1991年 |
| 城市小额信贷 | 组 | 中等贫困 | 5 000~30 000 | 1998—1999年 |
| 微型企业计划 | 组/个人 | 中等贫困 | 25 000~500 000 | 2004—2005年 |
| 农业SL | 组 | 边际农民 | 10 000~50 000 | 2006—2007年 |
| PRIME | 组 | 核心贫困人口 | 2 000~50 000 | 2006—2007年 |
| LIFT | 组 | 核心贫困和中等贫困 | 2 000~50 000 | 2006—2007年 |

资料来源：PKSF年度报告，2014（PKSF，2014）。

除了PKSF与合作伙伴组织的常规计划外，表6-4还显示了其他专业计划，例如：

- SUFOLON-ASM始于2008—2009年。
- 企业发展和就业创造融资（FEDEC）项目于2008—2009年启动。
- 2009—2010年开始为贫困家庭增加资源并提高其消除贫困的能力（ENRICH）。
- 2010—2011年启动了发展包容性保险部门项目（DIISP）。
- 孟加拉国气候变化信托基金（MCCTF），于2012—2013年启动。
- 畜牧股和农业股于2013—2014年启动。
- 社会倡导和知识传播部门于2013—2014年启动。
- 基于结果的监测（RBM）部门于2013—2014年启动。

与孟加拉国的其他小额信贷供应商相比，BRAC力求了解贫困人口的不同需求并相应地设计小额信贷服务。BRAC的小额信贷计划为无法获得主流银行服务的贫困人口提供多样化的金融服务。它利用其在农村发展领域（例如农业、教育和卫生）的丰富专业知识来创新金融服务，以满足不同群体的特定需求。其中包括为农村贫困人口和城市妇女、无地和持有土地的农民、农民工和小企业家量身定制的产品（BRAC，2016c）。其中一种贷款产品是针对佃农的小额信贷，其制订的信贷计划旨在发展多年来被正规银行和主流非政府组织小额信贷机构忽视的佃农的生活和生计扶持，并为该国的农业生产力和粮食安全状况提供帮助（Malek等，2015）。

通过BRAC，客户可以获得100~10 000美元的储蓄产品和贷款。BRAC力求确保客户能够从其产品中获得最大收益。为了支持借款人，BRAC还投资供应链和营销基础设施的建设，以便微型企业的产品能够进入市场（BRAC，2016c）。此外，每款小额信贷产品都在其服务中融入了一套金融教育和客户保护措施，帮助客户防范风险。BRAC致力于严格的监控和评估流程。所有BRAC小额信贷项目都经过试点、评估和修订，然后提交给孟加拉国所有64个地区的2 000多个分支机构。由于BRAC是一个社会影响驱动的组织，其小额信贷计划的成功是根据其项目在提供社会产品方面的有效性来衡量的。BRAC小额信贷产品的财务可持续性使其能够提供更有效的产品和服务，并为客户提供更多利益。BRAC认为，金融服务不足以实现可持续的减贫。BRAC的小额信贷计划代表了BRAC整体发展计划的一个组成部分。它旨在补充教育、医疗保健和法律援助等其他干预措施，并鼓励所有小额信贷客户使用这些服务。BRAC还成功创新了不适合所有人的小额信贷产品，尤其是针对非常贫困人群的产品。因此，它为最弱势群体运营了一个单独的“针对超贫困者计划（TUP）”，包括资产转移、培训和贷款跟进，称为BRAC毕业方法，现在已成为全球公认的帮助超贫困人口的模式（Banerjee等，2015）。

与BRAC、ASA和孟加拉国的其他非政府组织小额信贷机构一样，市场上的产品几乎相似，但名称不同。这些产品在目标群体、贷款金额、信贷和金融服务方面有所不同。NGO-MFI之间存在差异化产品的竞争，每个MFI都可以从其运营中获得最大的市场份额。这些差异化产品可分为小额信贷机构经营的主要四个领域。它们是金融服务、非金融服务、能力建设和管理以及产品质量改进和营销（PKSF，2014）。表6-5显示了这四个领域下的分类产品。

表 6-5　　孟加拉国小额信贷部门的创新

| 金融服务 | 非金融服务 | 能力建设和管理 | 产品质量改进和营销 |
|---|---|---|---|
| 1.紧急贷款 | 1.组队的信息 | 1.对成员进行农业和非农业活动的技能和职业培训 | 1.推广自己的产品 |
| 2.灵活的小额信贷 | 2.初级医疗保健服务 | 2.创收活动讲习班 | 2.推广农业新技术 |
| 3.灾害管理信用贷款 | 3.公共卫生运动 | 3.灾害管理培训 | 3.推广太阳能 |
| 4.储蓄产品 | 4. IGA 技术援助计划 | | 4.价值链开发服务 |
| 5.小额保险产品 | 5.教育计划 | | |
| 6.汇款转账 | 6.教育奖学金 | | |
| | 7.培训中心设施 | | |
| | 8.汇款转账 | | |
| | 9.倡导新技术适应 | | |
| | 10.倡导女性赋权 | | |
| | 11.倡导法律援助 | | |
| | 12.气候变化适应和意识 | | |
| | 13.灾害管理服务 | | |
| | 14.减轻季节性饥饿的现金 | | |

资料来源：PKSF（2014）.

### 6.3.1　小额信贷机构的融资

资金来源是MFI的一个关键问题，因为它涉及机构的财务可持续性。长期严重依赖捐助资金会影响小额信贷机构的可持续性。尽管大多数小额信贷机构依赖补贴率的捐助资金，但这种依赖程度大大降低。如今，捐助者的资金平均仅占总资金的2.64%。图6-6显示捐助资金每年都在减少。这包括来自PKSF的贷款。该行业现在在财务上变得更加可持续，因为资金的主要来自其累积盈余和客户的储蓄。在过去的5年里，商业银行和其他资金来源现在一直在为孟加拉国的小额信贷机构融资（MRA，2014）。

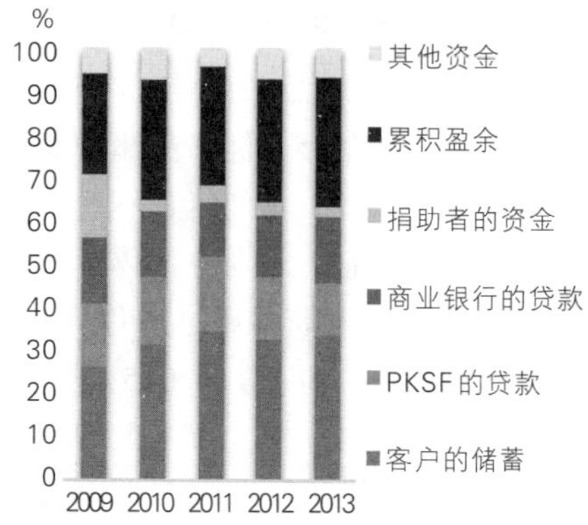


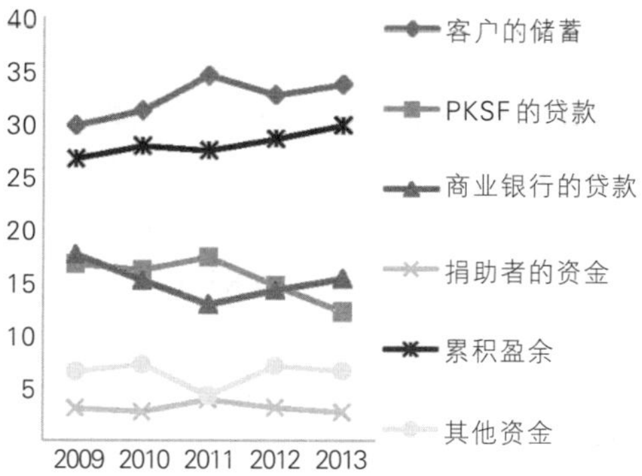


图 6-6　孟加拉国小额信贷机构的资金来源（2009—2013）

资料来源：MRA MIS database 2013，改编自 MRA（2014）。

### 6.3.2 开源软件

财务可持续性对于小额信贷机构在竞争激烈的市场运营中成功很重要。为确保MFI的可持续性，大多数MFI试图在OSS和财务自给自足（FSS）方面保持其运营的可行性。OSS衡量小额信贷机构从经营收入中支付经营和财务成本的能力。相反，FSS是衡量小额信贷机构在调整所有类型的补贴、贷款损失准备金和通货膨胀后从收入中支付运营成本的能力（Wahidet al.，2015）。随着孟加拉国小额信贷机构自筹资金的增加以及对补贴的依赖程度大大降低，我们的分析只集中在OSS上。OSS是营业收入与成本的比率，其中营业收入是贷款和投资的总和。成本包括运营成本、贷款损失准备金和财务成本。OSS是用100%的参考值衡量的，其中如果成本等于收入，则小额信贷机构在运营上可以自给自足。但如果这一比率低于100%，那么它在运营上就不能自给自足，这意味着运营成本高于收入（Wahid等，2015）。图6-7显示了孟加拉国主要MFI的OSS和前10名MFI的平均水平。孟加拉国的一些主要小额信贷机构，如Buro Bangladesh、Padakhep和RDRS的OSS低于100%。部门平均值（基于576个小额信贷机构）为102.88%，这意味着孟加拉国的小额信贷机构在运营上是可以自给自足的。排名前十的小额信贷机构也显示OSS为113.89%。

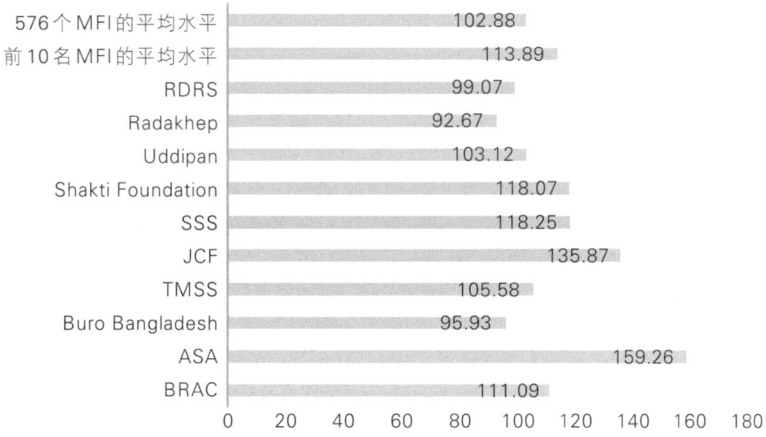


图6-7 孟加拉国主要小额信贷机构的OSS（%）

资料来源：MRA MIS Database 2011，改编自MRA（2011）。

### 6.3.3 小额信贷机构的实际利率（EIR）

小额信贷行业的利率自该行业成立以来就受到批评。非政府组织小额信贷机构开始运营，以填补商业银行与传统放债人之间的差距，传统放债人基于统一利率方法以更高的利率为贫困人口提供服务（Faruqee和Khalily，2011）。统一利率法是用贷款金额和利息金额的总和除以分期付款的次数。统一利率制度的一个主要问题是名义利率可能是更高的实际利率（EIR）。发生这种情况的原因包括还款频率、宽限期（延期还款日期的灵活性）、各种费用和其他费用（保险、强制储蓄等）。例如，1 000塔卡本金的名义利率为10%，在没有宽限期和44次分期付款的情况下产生25.1%的实际利率（EIR）。但如果允许4周的宽限期，则实际利率（EIR）变为22.3%（Faruqee和Khalily，2011）。一个由来自InM、MRA和PKSF的成员组成的委员会提出了一些设置EIR的法规，这些法规最近获得了监管机构MRA的批准。法规包括（Faruqee和Khalily，2011）：

- 最高的实际利率设定为每年27%，利率计算应基于余额递减法。
- 偿还贷款的最低分期周数必须为普通贷款的46周。
- 贷款发放和第一期之间至少有15天的宽限期。

较高的实际利率不仅是孟加拉国小额信贷机构的问题，也是全球小额信贷机构的问题。大多数小额信贷机构声称它们必须支付费用才能使业务到达超贫困风险高的地区。因此，与贫困人口做生意需要贷款资产的更高回报。然而，由于市场竞争和监管机构的监管，小额信贷机构被迫在一定程度上降低利率（Islam，2012）。图6-8显示了PKSF在不同产品中25个合作伙伴组织的年度实际利率。包括微型企业在内的城市和RMC计划的实际利率（EIR）大于30%。一个主要原因是分期付款的数量改为每月而不是每周。如果分期付款的数量是48周或52周，则EIR较高，但如果是12周，则较低。当贷款产品利率按月或每半年设定时，实际利率会急剧下降。超贫困计划的最低实际利率为23.91%（如图6-8所示）。

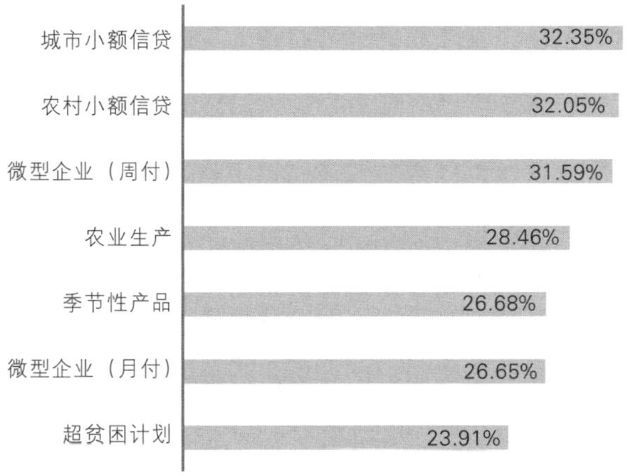


图6-8　2011年PKSF的25个合作伙伴组织收取的年度实际利率

资料来源：PKSF（2014）.

## 6.4　需求侧：信贷利用、孟加拉国农村家庭获得小额信贷的决定因素以及对农村生活和经济的影响

### 6.4.1　信贷需求

人们对信贷的需求是通过借贷来平滑消费并在有盈余时偿还。农村家庭的信贷需求主要是为了支持它们的创收活动，如农业、非农活动、小企业等。此外，家庭在危机时期需要信贷来支持它们的消费，为额外支出提供资金，例如婚礼、仪式和健康相关的支出。协变量和特殊的冲击都使家庭消费偏离了常规消费模式，需要更多的财政和非财政援助（Hasan，2014）。在这方面，主要是由朋友和亲戚提供帮助。然而，由于亲属的帮助不足，

因此对信贷的需求是大多数家庭不可避免的一部分。如前所述，商业银行由于多种原因无法提供贷款，小额信贷的出现对贫困人口发挥了至关重要的作用。农村经济中的小额信贷机构对国民经济的贡献很大。小额信贷机构有助于减少贫困和赋予妇女权利。小额信贷机构还为成人的儿童教育和能力建设培训做出贡献。当家庭成员去小额信贷机构寻求信贷时，他们需求的信贷支持比实际获得的要高。因此，需求信贷高于可用的信贷供应（Alamgir，2010）。尽管非政府组织小额信贷机构大量涌入孟加拉国，但仍有大量来自非正规渠道的信贷提供者，这表明正规渠道并不能满足或不足以满足对小额信贷的需求。

除了信贷需求外，另一种对小额信贷机构及其会员都起着至关重要作用的金融产品是储蓄。储蓄现在是小额信贷机构内部资金的主要来源。一个家庭想要成为小额信贷机构的成员，则需要拥有一些储蓄，例如小额储蓄。小额信贷机构每周收集小额储蓄，有时还提供与贷款相关的小额保险产品。之前的研究表明，即使贫困家庭的消费资金非常有限，它们也可以储蓄（Islam，2012）。

### 6.4.2 小额信贷多次借款

家庭对信贷的需求不是来自一个MFI，而是来自多个MFI。尽管小额信贷机构努力增加业务，但它们不能评估出现有借款人（他们也从多个小额信贷机构获得贷款）的所有贷款申请，这对其贷款组合的质量产生了不利影响。这是因为借款人将自己置于更高违约者的风险中。许多借款人从多个贷款来源借款。有时借款人不会将借入的金额用于规定的目的。滥用贷款以及非正规来源的贷款会使借款人落入债务陷阱。因此，小额信贷机构不鼓励多次借款，因为借款人无法偿还多个来源的贷款（Khalily和Faridi，2011）。多次借款的主要问题是小额信贷机构针对特定贷款目的的贷款上限、借款人对企业贷款的需求较高以及不同贷款产品的利率不同。有时，小额信贷机构也会诱使会员以家庭其他成员的名义贷款，以增加他们的业务。图6-9显示了孟加拉国家庭以及家庭成员的多次借款率。近年来，该比率从40%到50%不等。

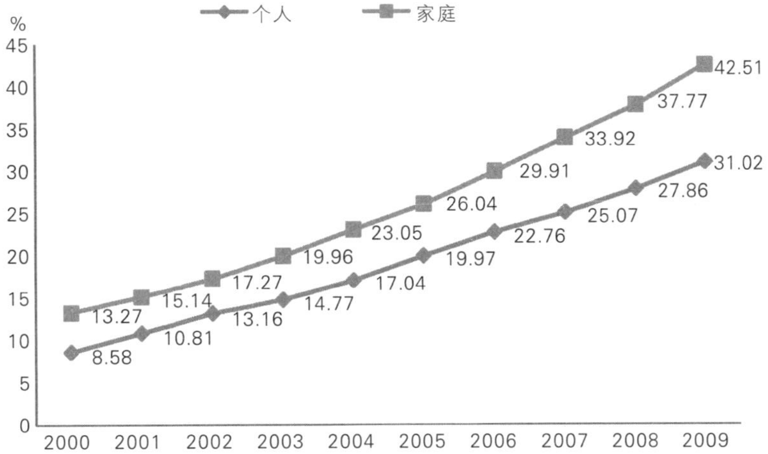


图6-9 孟加拉国小额信贷部门的多次借款

资料来源：改编自Khalily & Faridi（2011）。

### 6.4.3 信用利用

贷款应由借款人用于规定的用途，但大多数情况下会有出入。这背后的原因有很多，例如对消费贷款、紧急贷款的需求增加以及一些额外的支出，例如健康、婚姻、仪式，甚至贿赂等。小额信贷机构记录了贷款的预期用途，但大多数情况下它们无法追踪钱花在哪里（Rashid，2011年）。由于货币本质上是可替代的，因此很难追踪哪些钱用于特定目的。批评者说，小额信贷机构主要针对无土地的借款人，因为信贷主要用于非农业活动。然而，Hossain和Bayes（2015）使用Mahabub Hossain（MH）62个村庄面板数据发现，小额信贷也被用于从事农业活动。Malek等（2015）最近的一项研究发现针对佃农贷款制订的小额信贷计划主要用于农业用途（约60%）。

根据2009年孟加拉国小额信贷统计，大量资金属于“其他类别”，包括消费贷款和其他多元化贷款用途，因小额信贷机构而异。第二大类是小企业和农业贷款（如图6-10所示）。农户实际使用贷款的情况显示，大部分贷款用于一次性支出（21.46%）和农业（16.74%）。小企业、牲畜、偿还贷款、贿赂和其他在小额信贷机构贷款的总使用中表现出近似的比率（近10%）（如图6-10所示）。

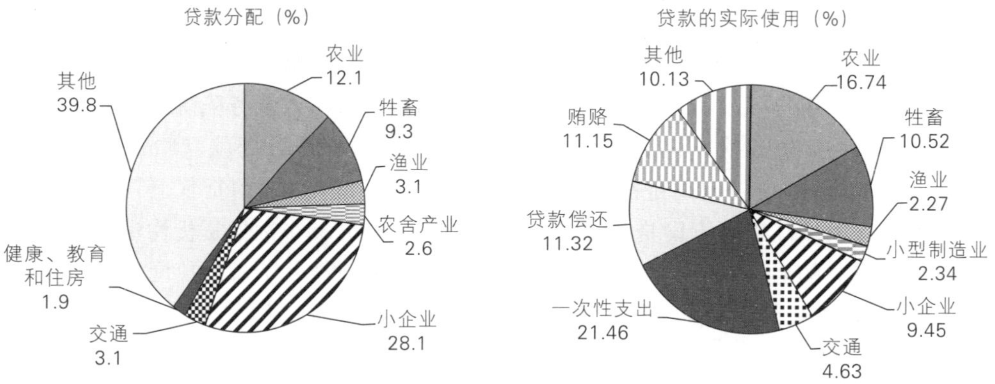


图6-10　孟加拉国家庭贷款支付的目的和实际使用贷款的情况

资料来源：改编自Rashid（2011）。

### 6.4.4 小额信贷机构参与的决定因素

孟加拉国的小额信贷产品多种多样，不同的小额信贷产品针对不同的收入群体，从非常贫困的农户到中等收入的企业家。不同的产品用不同的特定信用资格标准来获得。例如，对于超贫困计划，资格标准是拥有少于50平方米土地的家庭或家庭是临时工或家庭收入低于3 000塔卡（PKSF，2014）。因此，任何符合这些标准的家庭都有资格从小额信贷机构获得信贷。其他产品，如常规小额信贷和其他产品，也会评估提供贷款所需的资格标准。

### 6.4.5 小额信贷的影响

小额信贷在农村经济中发挥着重要作用，特别是它涉及农村储蓄和贷款资金，增加了农村GDP和国民收入价值。此外，小额信贷机构对农村生活的许多方面都有影响，如（1）金融包容性（2）扶贫（3）促进储蓄和投资（4）赋予妇女权利（5）人力资本形成（Rashid，2011）。

（1）金融包容性

小额信贷使被排斥的贫困人口能够获得金融服务。贫困人口有能力获得来自小额信贷机构的金融服务。在孟加拉国，近77%的家庭可以获得某种金融服务，例如信贷、储蓄或保险，43.23%的家庭可以获得小额信贷机构的服务（Khalily和Khaleque，2011）。

（2）扶贫

贫困是一个多维度的方面，小额信贷在扶贫中的作用只能通过家庭和个人特征的渠道发挥作用。创造就业、创收、资产积累、教育和能力发展以及卫生产品是小额信贷的主要促成因素。Hossain（1988）研究使用格莱珉银行（GB）小额信贷借款户和非借款户来检验收入差异，发现小额信贷参与者的收入比同村的非参与者高28%。使用相同的方法Khandker（1998）使用世界银行1991—1992年的BIDS调查数据发现，位于小额信贷计划村庄的家庭可以将其平均产量提高50%。Kerr（2009）的研究发现了类似的结果，表明参与小额信贷可以增加非农企业的单位劳动产出。文献中记载了小额信贷对个人和家庭的创业和就业的积极影响。例如，格莱珉银行给予女性参与者的信贷显著提高了家庭劳动力供应（Pitt和Khandker，1998）。由于小额信贷机构提供的信贷加服务，如培训和其他技术援助服务，妇女的工作生产力提高了（McKernan，2002；Nussbaum，1999；Zaman，1998b）。研究发现，小额信贷是减轻金融脆弱性的根本原因（Zaman，1998a）。将贷款资金用于生产很重要（Khandker，1998；Roodman和Morduch，2009）。即使以消费为目的的贷款也可以通过减少危机时期的资产出售来帮助家庭（Osmani，2011）。

（3）促进储蓄和投资

小额信贷机构收集储蓄并提供贷款，储蓄对小额信贷机构和借款人的影响都是巨大的。小额信贷机构可以通过积累农村储蓄和帮助家庭从这个准正规（半正规）市场借款来减少对非正规信贷市场的依赖。Khandker和Chowdhury（1996）使用来自GB、BRAC和BRDB的数据表明小额信贷可以对储蓄和资产积累产生积极影响，目前小额信贷参与者的储蓄明显高于非参与者。家庭将累积的储蓄用于投资，特别是在住房、交通和牲畜方面。Rahman（1996）表明，从小额信贷机构（MFI）获得的贷款数量越多，借款人的资本资产就越高。

（4）赋予妇女权利

小额信贷的主要作用在于通过一些创收活动赋予妇女权利，并作为变革理论的重要推动者。孟加拉国的小额信贷接受者大多是女性（超过90%），她们为家庭和社会带来物质和非物质变化。先前关于小额信贷的文献批评女性借贷受男性控制（Goetz和Gupta，1996），然而，Malek等（2015）通过解释妇女对贷款投资方式的控制来挑战这一主张，正如在评估孟加拉国女佃农的有针对性的信贷计划中的许多案例所证明的那样。许多研究也分析了小额信贷对女性赋权的影响，发现获得信贷可以提高女性在家庭中的权利（Hashemi、Schuler和Riley，1996；Zaman，1998b）。研究还发现，在小额贷款计划家庭中，针对妇女的家庭暴力发生率往往随着小额贷款女性成员的时间长短而下降。

（5）人力资本形成

小额信贷机构通过提高孟加拉国的生产力在人力资本形成方面发挥着重要作用。一些小额信贷机构为贫困家庭的孩子提供初级教育的非正规信贷。除了技术援助计划外，许多小额信贷机构还提供创收活动方面的培训和讲习班。Rahman（1996）、Hossain（1998）、Khandker（1998）和BIDS（2001）等研究证实了小额信贷机构在人力资本形成中的作用。这些研究讨论了入学率、儿童免疫接种、卫生厕所的使用和避孕普及率的提高。然而，Islam和Choe（2013）发现家庭参与小额信贷计划可能会增加童工并降低入学率，这可能是由于家庭有额外还款压力，需要赚取额外收入以支付定期小额信贷分期付款。

## 6.5 结论和前进方向

小额信贷机构几乎遍布孟加拉国的每个地方。除了小额信贷机构，国有商业银行和商业银行也提供小额信贷。小额信贷机构在传播小额信贷和信贷服务方面发挥着重要的作用。新术语“金融包容性”在最近的小额信贷文献中很流行。今天，小额信贷机构不仅针对贫困人口提供信贷，还提供信贷加服务，使农户能够管理信贷并使他们摆脱贫困。尽管小额信贷的产品设计和模式有所创新，但仍有许多家庭没有成为贷款目标，它们仍依赖于非正规贷款。贫困家庭有时不喜欢小额信贷，因为它们的还款时间表很固定。在这方面需要更多的创新。信贷机构有必要知道小额信贷可以改变贫困人口的命运，以及如何避免借款人成为违约者。因此，针对不同的目标群体设计合适的产品是小额信贷取得进一步成功的关键。

尽管孟加拉国和世界的小额信贷市场在向农村贫困人口提供金融服务方面取得了令人瞩目的进展，但小额信贷还是有些问题。这主要是方法的问题（Bunting，2011）。这种逻辑背后的基本原理是，在学术研究中小额信贷的参与者是研究者选择的，并根据需要在特定领域引入该计划。因此，大多数实证研究和准实验研究的结果都存在选择偏差。然而，最近关于小额信贷计划的实验证据，如Banerjee，Karlan和Zinman（2015），Angelucci，Karlan和Zinman（2015），Crépon等（2015），Augsburg等（2015），Angelucci等（2015）和Attanasio等（2015）发现小额信贷短期内对贫困没有影响或影响很小。主要原因可能是小额信贷可以帮助贫困人口创业，但他们需要为维持企业提供更多的企业贷款，才能做出明显的改变。因此，借款人需要更长时间的小额信贷（Islam，2012）。但长期暴露的随机对照试验（RCT）分析表明长期的小额信贷不符合成本效益，难以实施。因此，小额信贷的长期影响在小额信贷文献中没有定论。

然而，实证研究表明，小额信贷在减少贫困、创造就业、资产积累、妇女赋权、家庭成员流动、降低脆弱性以及增加总消费方面的统计结果显著。但这些研究并不能真正衡量小额信贷本身产生的影响程度。然而，小额信贷的积极影响还是被广泛接受，小额信贷业务在农村经济中产生推动作用。Osmani（2015）明确得出两个强有力的结论：首先，几乎没有任何其他干预措施能够使世界上任何地方的超过1/10的贫困人口摆脱贫困。其次，小额信贷的好处远远超出了它的扶贫人数，关于小额信贷的讨论应该向前推进。与其对小额信贷的总体效果停留在僵化的分析结果上，支持者应将注意力集中在如何使小额信贷对贫困人口更有用的细节上。除此之外，与政府援助计划和小额信贷机构本身的金融组成部分相比，小额信贷的影响也很重要。由于小额信贷机构的产品多种多样，而且它们还提供信贷加服务，例如培训、技术援助计划、初级卫生保健服务等。将这些组成部分中的每一个分离出来以确定影响是一项非常艰巨的任务。看到小额信贷机构提供的金融服务之间的一些协同作用和平衡也是很必要的。此外，小额信贷的跨国分析对于测试成功案例的复制也很重要。对小额信贷机构可持续性和财务可行性的研究极其重要。截至目前，在孟加拉国，小额信贷机构是免税的，但如果政府对小额信贷机构征税，那么它对小额信贷机构绩效的影响仍然是留给政策制定者去解决的一个问题。

## 6.6 政策建议

尽管孟加拉国的小额信贷计划取得了令人瞩目的进展，但仍有一些关键问题需要解决，旨在为其扩张创造一些有利的社会政治环境。主要问题包括高利率、多次借款（重叠贷款）和贫困人口的债务。为了小额信贷的进一步发展，应特别创造社会政治环境、使用信息通信技术缓解贷款偿还、贷款回收的灵活性、确保小额信贷机构的可持续性、扩大小额信贷、附加汇款服务和小额保险与正规信贷体系的对接，加强对小额信贷机构的监管（Faruqee和Badruddoza，2011）。

利率是小额信贷部门和政策制定者考虑的一个重要因素。利率应该以合法有效的方式去支付运营成本，这需要利率计算的透明度和统一性。例如，余额递减法。监管机构还应注意那些收取高利率的小额信贷机构，并采取必要措施解决这一问题。除了利率，多次借款也是一个关键问题，它是由贷款的固有条款和条件、偿还现有贷款、管理项目的贷款需求过剩等多种原因引起的。多次借款有时会导致家庭负债累累，成为拖欠还款的原因。一些创新措施可以降低多重借贷的程度，例如建立征信局/数据库、利用信贷政策、重组贷款金额和还款方式以及适当的信息系统来筛选申请。针对债务问题，小额信贷机构应根据现有借款人的还款能力，对其信贷申请和信用记录进行审查。应考虑采取主动措施来解决这个问题。

金融自由化的国家政策对于维持小额信贷机构的发展很重要。信贷决定原则应该是在没有政治干预的情况下做出的。为了信贷部门的利益，需要确保财产权，确保交易的法律支持。独立的银行监管机构应严格监督该行业。

目前，孟加拉国的小额信贷部门对信息技术的使用不充分。将财务会计系统升级为基于互联网的系统很重要，并且应在农村分支机构中使用MIS软件。为了有效地管理并向监管机构报告，在当地使用管理软件很重要。借款人还尝试接触手机银行，通过手机银行系统还款，以降低交易成本。手机银行还将确保借款人和小额信贷机构之间的适当文件和信用依据。除了偿还贷款外，手机应用程序还可用于存款储蓄、小额保险保费和汇款服务。

确保小额信贷机构的可持续性对任何国家的信贷部门都很重要。财务可持续性取决于若干因素，例如管理效率、投资组合质量、较低的运营成本等。小额信贷机构应该有效地调动自己的资源，而不是严重依赖捐助资金。此外，由于规模经济，扩大小额信贷部门有助于实现财务可持续性。应优先照顾贫困人口的需要，设计创新产品应该成为小额信贷行业的规则。

小额信贷部门不被视为正规的信贷体系，因其仅针对低收入人群，尤其是农村贫困人口。商业银行和国有银行向人民提供小额信贷的情况正在变得复杂。与其让两个信用系统分开运行，不如将两个系统整合起来，以便对信用分配进行适当的管理和监控。加强 MRA 等监督机构可以有效地促进和监督小额信贷机构。

普惠金融是经济社会发展的新产物。小额信贷机构不应只关注经营性贷款和储蓄，还应关注其他金融服务，例如差异化储蓄账户、小额保险、企业发展援助，以及培训和营销等赋能支持服务、基本扫盲等福利支持、卫生服务、性别以及社会意识培训和灾害管理培训、小组平台，例如村组织。小额信贷机构需要更多的功能来协调所有基层活动。

## 参考文献


Alamgir, D. H. (2010). State of Microfinance in Bangladesh. Dhaka. Retrieved from http://www.inm.org.bd/publication/state_of_micro/Bangladesh.pdf.

Armendáriz de Aghion, B. & Morduch, J. (2005). The Economics of Microfinance. Massachusetts, London: The MIT Press Cambridge.

Angelucci, M., Karlan, D. & Zinman, J. (2015). Microcredit Impacts: Evidence from a Randomized microcredit program placement experiment by compartamosBanco, American Economic Journal, 7(1), 151–182.

Attanasio, O., Augsburg, B., De Haas, D., Fitzsimons, E. & Harmgart, H. (2015). Estimating the impact of microcredit on those who take it up: Evidence from a randomized experiment in morocco. American Economic Journal, 7(1), 90–122.

Augsburg, B., De Haas, R., Harmgart, H. & Meghir, C. (2015), The impacts of microcredit: Evidence from Bosnia and Herzegovina. American Economic Journal, 7(1), 183–203.

Banerjee, A., Karlan, D. & Zinman, J. (2015). Six randomized evaluations of microcredit: Introduction and further steps, American Economic Journal, 7(1), 1–21.

Banerjee, A., Duflo, E., Glennerster, R. & Kinnan, C. (2015). The miracle of microfinance? Evidence from a randomized evaluation. American Economic Journal, 7(1), 22–53.

Crepon, B., Devoto, F., Duflo, E. & Pariente, W. (2015). Estimating the impact of microcredit on those who take it up: Evidence from a randomized experiment in morocco. American Economic Journal, 7(1), 123–150.

Bateman, M. (2011). Microfinance as a Development and Poverty Reduction Policy: Is it Everything it´s Cracked up to be? Overseas Development Institute (ODI) Background Notes, (March), 1–4. Retrieved from http://www.odi.org.

Berg, C., Emran, M. S. & Shilpi, F. (2014). Microfinance and Moneylenders: Long-run Effects of MFIs on Informal Credit Market in bangladesh (No. 25). Dhaka, Bangladesh.

BRAC (2016a). BRAC at a Glance. Retrieved from http://www.brac.net/partnership, dated 17th March 2016.

BRAC (2016b). BRAC Approach. Retrieved from http://www.brac.net/ourapproach dated 17th March 2016.

BRAC (2016c). BRAC Microfinnace Program Overview. Retrieved from http://brac.net/microfinance-programme/item/855-overview dated 17th March 2016.

Bunting, M. (2011). Microfinance´s Sober Reckoning. Poverty Matter´s Blog, The Guardian 2011. Retrieved from http://www.guardian.co.uk/global-development/poverty-matters/2011/aug/18/microfinance-sober-reckoning-studies-question.

Dowla, A. & Barua, D. (2006). The Poor Always Pay Back: The Grameen II Story. Bloomfield, Connecticut: Kumarian Press Inc. Duvendack, M, Palmer-Jones, R. et al. What is the Evidence of the Impact of Microfinance on the Well-being of Poor People? London: EPPI-center, Social Science Research Unit, Institute of Education, University of London, 2011.

Faruqee, R. & Badruddoza, S. (2011). Microfinance in Bangladesh: Past, Present and Future. Institute of Microfinance (InM), Dhaka. Retrieved from http://inm.org.bd/publication/occasionalpaper/Occasional paper-2.pdf.

Faruqee, R. & Khalily, M. A. B. (2011). Interest Rates in Bangladesh Microcredit Market. Dhaka, Bangladesh.

Ferrari, A. (2008). Increasing Access to Rural Finance in Bangladesh: The "Missing Middle." The World Bank, Washington, D.C.

Hasan, M. M. (2014). Climate change induced marginality: Households´vulner-ability in the meal consumption frequencies. American Journal of Environmental Protection, 3(3), 103–112.

Hashemi, S. M., Schuler, S. R. & Riley, A. P. (1996). Rural credit programs and women's empowerment in bangladesh. World Development,24(4),635-653.

Hollis, A., Sweetman, A., Emery, H., Feeny, D., Mokyr, J., Connor, G. O. & Gr, C. (1997). Complementarity,Competition and Institutional Development:The Irish Loan Funds through Three Centuries. Microfinanc Gateway. Retrieved from microfinancegateway.org.

Hossain,M. (1988). Credit for Alleviation of Rural Poverty:The Grameen Bank of Bangladesh. IFPRI, Washington D.C.

Hossain, M. & Bayes, A. (2015). Rural credit market. In Leading issues in Rural Development: Bangladesh Perspectives. Hossain,M. & Bayes,A. (Eds.),Dhaka Bangladesh. AH Development Publishing House.

Islam,N. (2012). Thoughts on Microfinance and All That. Research & Publications Cell Palli Karma-Sahayak Foundation(PKSF),Dhaka,Bangladesh. Available at:http://intranet.ifpri.org:8090/COM/IFPRIpurchasedarticles/Thoughts on Microfinance and All That-Final Print.pdf.

Karlan, D. & Zinman, J. (2010). Expanding credit access: Using randomized supply decisions to estimate the impacts. Review of Financial Studies,23(1),433-464.

Kerr, E. (2009). Micro-Credit and Household Productivity: Evidence from Bangladesh. Baylor University.

Khalily, B. & Faridi, R. (2011). Multiple Memberships (Overlapping) in Microcredit Markets of Bangladesh. Institute of Microfinance(InM),Dhaka,Bangladesh.

Khalily, B. & Khaleque, A. (2011). Access to Financial Services in Bangladesh. Institute of Microfinance(InM)Dhaka,Bangladesh.

Khandker,S. R. (1998b). Fighting Poverty with Micro Credit:Experiences in Bangladesh. New York, NY:Oxford University Press,USA.

Khandker, S. R. (1998a). Fighting Poverty with Microcredit: experience in Bangladesh. Dhaka, Bangladesh:The University Press Limited(UPL).

Malek, M. A., Ahasan, A., Hossain, M. A., Ahmed, M. S., Hossain, M. & Reza, M. H. (2015). Impact assessment of credit programme for the tenant farmers in Bangladesh,3ie Grantee Final Report. New Delhi:International Initiative for Impact Evaluation(3ie).

McKernan, S.-M. (2002). The impact of microcredit programs on self-employment profits: Do noncredit program aspects matter? Review of Economics and Statistics,84(1),93-115.

MRA. (2011). NGO-MFIs in Bangladesh. Microcredit Regulatory Authority (MRA), Dhaka, Bangladesh.

MRA. (2014). NGO-MFIs in Bangladesh. Microcredit Regulatory Authority(MRA),Dhaka. Retrieved from http://www.mra.gov.bd/images/mra_files/Publications/finalvolx.pdf.

Mudahar,M. S. & Ahmed,R. (2010). Government and Rural Transformation Role of Public Spending and Policies in Bangladesh. Dhaka,Bangladesh:The University Press Limited.

Nussbaum,M. (1999). Women and equality:The capabilities approach. International Labour Review, 138(3),227-245.

Osmani, S. (2011). Asset Accumulation and Poverty Dynamics in Rural Bangladesh: The Role of Microcredit. Dhaka,Bangladesh.

Pitt, M. M. & Khandker, S. R. (1998). The impact of group-based credit programs on poor households in Bangladesh: Does the gender of participants matter? Journal of Political Economy, 106(5),958.

PKSF. (2014). Annual Report. Dhaka,Bangladesh.

Rashid,F. (2011). Impact of Microfinance Programms on Poverty in Bangladesh. Dhaka,Bangladesh.

Roodman,D. & Morduch,J. (2009). The Impact of Microcredit on the Poor in Bangladesh:Revisiting the Evidence. (No. 174).

Shah, M., Rao, R. & Shankar, P. S. V. (2007). Rural credit in 20th century India: Overview of history and perspectives. Economic and Political Weekly, 42(15), 1351-1364.
Spooner, L. (1846). Poverty: Its Illegal Causes and Legal Cure. Boston: Bela Marsh.
Wahid, A., Hasan, M. & Rabbani, A. (2015). The Outreach-Profitability Tradeoff: Evidence from an Ultra-Poor Program in Bangladesh. Dhaka, Bangladesh.
Zaman, H. (1998a). Assessing the Poverty and Vulnerability Impact of MicroCredit in Bangladesh: A case study of BRAC. Dhaka, Bangladesh.
Zaman, H. (1998b). The Links between BRAC Inputs and "Empowerment Correlates" in Matlab, Dhaka.

# 第7章 结论

*Christopher Gan*[*], *Gilbert Nartea*[†] *and Li Xia*[‡]

[*]Professor in Accounting and Finance, Faculty of Agribusiness and Commerce, Department of Financial and Business System, PO Box 85084, Lincoln University, Christchurch, New Zealand

Christopher.Gan@lincoln.ac.nz

[†]Associate Professor, Chairperson, Department of Finance, Waikato Management School, University of Waikato, Private Bag 3105, Hamilton 3240, New Zealand

narteag@waikato.ac.nz

[‡]Lecturer, New Zealand College of Business, New Zealand College of Business, 149-151 Hereford Street, PO Box 6064, Upper Riccarton, Chirstchurch

Judy.Li@lincolnuni.ac.nz

**摘　要：**信贷是稀缺的，资本不会自然地从富人流向贫困人口。由于缺乏抵押品以及传统信贷机构发现处理小额信贷交易成本高昂，贫困人口获得银行信贷的机会很少。小额信贷在很大程度上促进了贫困人口获得机构信贷，并具有经济和非经济影响，包括扶贫、妇女赋权和促进性别平等。然而，小额信贷并不是缓解贫困的灵丹妙药，社会中的贫困人群尤其是最贫困的人仍然无法获得信贷。为了使更多社会阶层受益，小额信贷应成为将其与其他社会保护计划相结合的更广泛战略规划的一部分。

**关键词：**小额信贷、信贷、信贷可及性、贫困、赋权

尽管金融服务在帮助贫困人口改善生活条件方面很重要，但贫困人口往往被排除在正规信贷体系之外，这种排斥的范围从发达国家的部分排斥到欠发达国家（LDC）的完全或几乎完全排斥（Brau和Woller，2004）。传统信贷机构不愿意为贫困人口服务，主要是因为贫困人口不符合信贷机构设定的实物抵押要求等选择标准。处理和服务无担保小额贷款所产生的高风险和高成本也使信贷机构不愿为贫困人口融资，这主要是出于对财务可行性的担忧。由于无法获得正规信贷，大多数贫困和低收入人群继续依赖微薄的自筹资金或非正规信贷，这限制了他们积极参与发展进程并从中受益的能力（Li，2010）。

信贷本质上是一种稀缺资源，由于贷方的风险评估，信贷的可用性因借款人而异。Stiglitz和Weiss（1981）基于两个主要假设引入了信用配给理论：（i）贷方无法区分安全和有风险的借款人相关的风险程度（ii）贷款借款人偿还贷款的责任应在投资期满后

结束（即，如果项目回报低于债务义务，借款人不承担自掏腰包的责任）。由于存在不对称的度量信息，贷方根据提供贷款前后的可用信息判断借款人的信誉。不完善的信息至少在小额信贷中造成了两类问题——逆向选择和道德风险。逆向选择问题出现在筛选过程中，可根据交易成本区分好坏借款人，利率可反映借款成本，即提高利率以弥补小额贷款的高交易成本可能会将好的借款人从借款人池中赶走。因此，只有高风险项目的或回报率高的借款人能够借款，而目标群体却无法借款。道德风险与监督和执行机制有关，借款人在收到贷款后可能不会尽一切努力偿还，因为他们知道他们的贷方可分担部分风险（Pham和Lensink，2007）。一般来说，贷方根据他们获得的一组信息来决定是否发放贷款以及发放多少，即并非所有借款人都会获得他们申请的贷款。这种信贷配给导致了一种问题，即家庭和小型企业无论还款能力如何都会面临信贷约束（Aghion和Morduch，2005）。

由于市场不完善和信息不对称，资本不会自然地从农村信贷市场的富人流向贫困人口，尤其是发展中国家的农村信贷市场（Aghion和Morduch，2010；Stiglitz和Weiss，1981）。借款人的风险评估定义了信贷可及性，而信贷可及性又由逆向选择和道德风险行为决定。鉴于他们的信用价值有限（例如缺乏抵押品证明），贫困人口很难从农村信贷市场的正规信贷机构借款。一些部门主张政府出台公共政策去干预纠正市场失灵，从而扩大信贷范围；然而，这些政策如果单独存在，并不能保证为农村信贷市场提供更好的解决方案。从实施小额信贷计划开始的扶贫政策面临着在利润最大化和政府补贴之间的权衡，以及贷款实践中的第三方激励（Adams和Vogel，1986）。利润最大化和第三方激励有助于解释无法获得小额信贷计划的原因。农村信贷市场中各方之间的相互联系被不同的经济理论所论证，但理论存在就有它的合理性（证明农村信贷市场的存在是合理的，并使其有效地朝着减贫目标迈进），但对农村发展的作用还需要进一步推进。

贫困人口在获得银行信贷方面面临两个主要问题（Beck和Demirgüç-Kunt，2008）。首先，贫困家庭没有抵押品，他们无法用未来的收入借款。其次，信贷机构发现处理小额信贷交易（例如，小额贷款）的成本很高。在没有任何外部支持的情况下，农村贫困人口无法获得小额贷款。因此，农户们在寻求替代的信贷来源。小额信贷的发展被视作为贫困人口提供信贷的一种战略工具，尽管政府对农村信贷市场的干预存在争议，但这种对贫困人口的外部支持被广泛接受，因为政府的干预可以改善农村信贷市场中贫困人口很难获得贷款的情况（Phan，2012）。Aghion和Morduch（2005）的研究为政府进行干预以扩大农村家庭获得信贷的机会提供了许多建议。然而，大多数农村信贷市场以不同的方式为涉农的组织和部门提供信贷。因此，很大一部分农村家庭被排除在正规信贷市场之外。当农户申请贷款为农业生产融资时，对他们施加的抵押要求引发了其对获得正规信贷能力的担忧。谈到农村贷款实践，Pham和Lensink（2007）指出了不同贷方为避免逆向选择和道德风险问题而采用的各种策略。例如，在逆向选择问题中，正规信贷提供者倾向于将违约概率与合同相关联的项目（如利率和贷款偿还）作为客户以前信用记录的一部分。在道德风险问题中，非正规贷方倾向于将违约风险与家庭相关特征联系起来，尤其是贷方借款人社会关系的特征。因此，总有一部分农户无法获得信贷。为了满足信贷需求，农村家庭必须以更高的利率寻求非正规的信贷来源，以支持它们的生产和消费。这种非正式债务被认为会使家庭收入边缘化，并可能导致借款人陷入债务和贫困的循环。这种市场失灵在农村金融市场运作不佳的许多发展中国家尤为突出（Phan，2012；Musinguzi和Smith，2000）。

Hermes和Lensink（2011）认为，通过增加对创收活动的投资可能使低收入群体（尤其是农村家庭）的收入来源多样化，获得融资可能有助于收入的长期增长。小额信贷使农村家庭能够积累资产，在经济冲击时平稳消费，减少因疾病、干旱和作物歉收而造成的家庭金融脆弱性，并改善借款人家庭的教育、健康和住房条件。对于农村家庭来说，提高小额信贷的可及性可以从家庭本身开始，积极参与信贷团体。在这种情况下，贫困人口由于资金限制而陷入贫穷；他们没有足够的土地和营运资金来产生足够的收入以维持生计。鉴于此项前提条件，小额信贷显示出对目标家庭的积极影响（Phan，2012）。然而，极端贫困者很难从小额信贷中受益，因为他们需要预先的支持（例如，特殊援助、社区支持）来克服内部配给的缺陷。极度贫困的人，例如营养不良、身患疾病、缺乏技能等的人，不能成为旨在为创收活动提供小额信贷的目标。在这种情况下，小额信贷形式的干预将不是一个有效的解决方案；相反，这个目标群体需要福利和小额信贷计划的结合。然后，小额贷款的作用不能被忽视，小额信贷应始终被视为农户（贫困人口）能够进行下一阶段生产的有力支撑（Gibbons等，2000；Seibel，1989）。

小额信贷计划的主要目标是通过提供小额无抵押贷款向贫困人口提供信贷，这些贷款有意使借款人能够积极地去改善其经济状况（世界银行，2010）。Islam（2007）假设小额信贷可以为贫困借款人创造一个增长循环，因为“低收入家庭需要信贷进行投资以创造更多的收入，更多信贷往往预示着更多收入”。换言之，小额信贷促进收入增长，从而提高家庭的消费水平，有助于快速改善家庭情况。例如，增加的借贷收入会鼓励贫困人口增加对营运资金和实物资产的投资，而小额信贷的资本和实物资产积累增强了借款人的创收能力（Aghion和Morduch，2005；Hossain和Diaz，1999）。Hulme（2000）进一步说明，传统的小额信贷计划提供的小额信贷会导致家庭收入的变化，从而导致经济安全、教育和工作技能的变化。最终，这些变化会导致家庭福利和社会政治关系和结构的改变。因此，通过小额信贷计划提供贷款是一种对贫困和低收入家庭目标群体产生预期影响的工具。例如，年收入较高的家庭获得小额信贷的可能性较高，因为它们往往有更多的投资机会，从而导致对信贷支持的潜在需求更大。高收入家庭更容易获得信贷，因为它们比低收入家庭更有能力偿还贷款（Li，2010）。

作为一种特殊形式的金融服务，小额信贷的特点是可以通过消除传统贷款中的障碍，在很大程度上促进了贫困人口获得机构信贷的机会。改善以合理成本获得信贷的机会，使贫困人口能够顺利消费（食品和非食品），更好地应对危机，发展个体经营业务，提高创收能力并逐步积累资产。贫困人口可以用产生的收入来支付分期贷款，同时保持其原始资本不变。因此，贫困人口的资本基础通常随着他们不断借贷而大量增加，这给了他们进行中长期投资的机会。因此，小额信贷借款人有可能通过参与创业活动来维持长期发展，从而通过经济增长摆脱贫困。

小额信贷通过改善贫困人口获得信贷的机会对他们在各个方面产生了影响，这种影响可以是经济的，也可以是非经济的，也称为社会影响（世界银行，2006）。通过以负担得起的成本向贫困人群提供小额无抵押贷款，小额信贷使借款人能够积极从事创造就业的活动，从而改善其经济状况。Islam（2007）指出，小额信贷可以在收入、就业、资产/资本积累和生产力方面对贫困人口的福利产生积极影响。根据Islam（2007, p.101），小额信贷可以为贫困借款人创造一个“良性循环”：低收入、信贷、投资、更多收入、更多信贷、更多投资和更多收入。收入的持续增长将推高家庭的总消费水平，这构成了从小额信贷计划借款的直接福利。此外，借款人收入的增加鼓励贫困人口增加对营运资金（例如原材料、种子和化肥）和资产（实物，例如机械；金融，例如现金储蓄）的投资。由于小额信贷以相对较短的时间间隔（通常为一周）分期偿还，借款人很容易从他们的收入中分期偿还，同时不影响原始资本（Aghion和Morduch，2005；Hossain和Diaz，1999）。资本/资产积累是小额信贷带来的长期福利效应，反过来又会增强借款人的创收能力（Islam，2007）。

小额信贷对贫困家庭的经济福祉产生积极影响，例如提高收入/消费水平和创造就业机会，因此被普遍认为是消除贫困的有效工具。此外，小额信贷具有增强贫困人口特别是妇女权利的潜力，这反映了小额信贷的社会影响。小额信贷通常针对贫困妇女，她们是许多发展中国家贫困人口中最边缘化的群体，在经济和社会上都处于不利地位（Ang，2004）。向女性贷款的理由还与这样一个事实有关，即与男性借款人相比，女性具有更好的信用风险，并且更倾向于利用增加的收入来改善家庭福祉（Ang，2004；Mourji，2000）。

除了作为抗击贫困的有力工具之外，小额信贷还有可能通过直接赋予贫困妇女权利来促进性别平等。由于小额信贷计划通常以贫困妇女为客户，因此获得小额信贷可以通过增加她们对家庭收入和资产建设的贡献来增加贫困妇女的权利，这是提高她们的自我价值和改善其家庭地位的重要因素。参与小额信贷计划的结果是，女性借款人在经济上更加独立，更有可能参与社交网络和商业化进程，并且能够更好地应对系统性的性别不平等（Li，2010）。世界银行（2006）的一项区域研究表明，印度自助团体（SHG）的女性借款人中有90%可以自由在当地市场购物并独立进行小额和大额采购，而尼泊尔68%的女性借款人可以在关于财产、子女教育和婚姻的悬而未决的问题上独立做决定。

Osmani（2007）描述了如何通过参与小额信贷计划赋予贫困妇女权利。首先，小额信贷使贫困妇女能够获得独立的收入并为家庭做出经济贡献，这快速提高了她们的自我认知以及在他人眼中自尊的形象，这可以赋予女性更大的家庭权利。其次，女性将在贷款和利用贷款开展创收活动的过程中，摆脱家庭的狭隘局限，走向更广阔的世界。接触外部世界，以及与社区中的其他女性建立网络，可以帮助女性培养自信和勇气，从而在家庭内外行使更多权利。妇女赋权可以体现在多个方面，例如决策权的增加、妇女在家庭和社区中的地位更加公平，以及在参与社交网络时更加积极和主动。

获得小额信贷还可以让贫穷的借款人享受一些特权，例如接受教育和医疗保健，否则如果没有小额信贷，他们就不可能获得这些特权。由于减少贫困和赋予妇女权利的巨大潜力，小额信贷已被许多国家推广为一种有效的发展干预计划，并已成为实现联合国（UN）制定的千年发展目标（MDG）的关键驱动机制之一。千年发展目标包括在2015年的目标日期之前将极端贫困减半、阻止艾滋病毒/艾滋病的传播以及普及初级教育（联合国千年项目，2005）。联合国指定2005年为国际小额信贷年，进一步强调了小额信贷的重要性，呼吁全球关注建立可持续的小额信贷行业，为贫困人口服务。

根据Basher（2007，第1页）的说法，小额信贷在将其参与者从“被动的信贷接受者转变为在经济和非经济生活方面反应灵敏且积极的代理人”方面发挥着催化剂的作用。由于具有减少贫困和赋予妇女权利的潜力，小额信贷在许多国家的性别和发展战略中发挥着重要作用。

虽然小额信贷极大地有助于减轻贫困，但它并不是减贫的灵丹妙药。在帮助最贫困人口提高生活水平方面，它目前还不太成功，甚至有时会适得其反，因为贫困借款人的贷款使用效率低于富裕借款人，前者的经济基础相对较弱。Islam（2007）发现，极度贫困的小额信贷借款人的境况并没有得到改善，而是进一步恶化。Islam（2007）指出，那些经历进一步恶化的人要么被非正规贷方的先前债务所困，以至于他们无法将小额信贷用于其生产目的；要么用于抵抗自然灾害或疾病，或应对使用小额信贷购买的牲畜被盗或死亡等突发事件。同样，Maclsaac（1997）观察到小额信贷在帮助最贫困人口提高生活水平方面效果不佳，甚至适得其反。这可能是因为与更富裕的借款人相比，境况较差的借款人仅将贷款用于消费或投资于风险较低（通常报酬较低）的活动，而后者倾向于投资风险更大、生产力更高的企业，包括技术改进，这为创造更多收入以改善他们的生活水平提供了机会。

Mohamed（2003）还透露，农村信贷机构烦琐的贷款程序和严格的条件在更大程度上限制了农村家庭获得正规信贷。Atieno（2001）支持这一观点，他观察到抵押品、申请程序和还款计划中反映的贷款条款和条件极大地限制了肯尼亚的贫困人口获得正规信贷，反过来又迫使贫困人口去寻找非正规信贷等替代方案。同样，Umoh（2006）的一项实证研究也表明，抵押担保不足、贷款处理程序困难和利率高是尼日利亚微型企业家获得小额信贷的三大障碍。

小额信贷本身并不能最终减少贫困，如果与储蓄和保险等其他金融干预措施相结合，它会更加有效地减少贫困（Islam，2007；Maclsaac，1997）。例如，Islam（2007）强调，获得可靠和货币化的储蓄设施可以提高极端贫困人口的经济保障，只有当他们获得一定的经济保障时，获得信贷才能通过提高生产力来帮助他们摆脱贫困。小额信贷的业务或可创造新的生计来源。Khandker（1998）建议，超级贫困者需要公共工作计划提供的初步帮助，以跨越食品、健康或劳动力市场的门槛，然后才能有效利用金融计划为其生活带来积极的变化。

因此，小额信贷应作为更广泛的消除贫困战略的一部分，与社会保护计划等其他干预计划相结合（Chowdhury，2004）。此外，最贫困的人仍然无法获得小额信贷，因为小额信贷机构首先要保护自我维持能力，然后才能促进更大规模的减贫（Druschel，2002）。

## 参考文献


Adams, D. W. & Vogel, R. C. (1986). Rural financial markets in low-income countries: Recent controversies and lessons. World Development, 14(4), 477-487.

Aghion, B. A. & Morduch, J. (2005). The Economics of Microfinance. Cambridge, Mass: MIT Press.

Anderson, L. E. & Nina, O. (2000). Micro-credit and Group Lending: The Collateral Effect. Economics Working Papers, School of Economics and Management, University of Aarhus. Retrieved from http://econpapers.repec.org/RePEc:aah:aarhec:1998-18.

Ang, M. H. (2004). Empowering the poor through microcredit. Entrepreneurship and Innovation Management, 4(5), 485-494.

Atieno, R. (2001). Formal and informal institutions'lending policies and access to credit by small-scale enterprises in Kenya: An empirical assessment. Nairobi, Kenya: The African Economic Research Consortium.

Basher, A. (2007). Empowerment of microcredit participants and its spillover effects: Evidence from the Grameen Bank of Bangladesh. Journal of Developing Areas, 40(2), 173-183.

Beck, T. & Demirgüç-Kunt, A. (2008). Access to finance: An unfinished agenda. The World Bank Economic Review, 22(3), 386-396.

Brau, J. C. & Woller, G. M. (2004). Microfinance: A comprehensive review of the existing literature. Journal of Entrepreneurial Finance and Business Ventures, 9, 1-26.

Chowdhury, A. K. (2004). Implementation of the first United Nations Decade for the Eradication of Poverty (1997-2006). Statement in the Second Committee of the 59th Session of the United Nations General Assembly. Retrieved from http://www.un.org/special-rep/ohrlls/ohrlls/UNGA59/HRs%20statement%2015%20Nov%2004-item89a-Eradication%20of%20Poverty.pdf.

Druschel, K. (2002). Microfinance in China: Building Sustainable Institutions and a Strong Industry. Master's thesis, School of International Service, American University, 2002. Retrieved from available at: www.american.edu/sis/idp/resources/Druschel%20SRP.pdf. Accessed on August 16, 2007.

Gibbons, D., Quiñones, B., Remenyi, J. & Seibel, H. D. (2000). Microfinance for and by the Poor: Lessons from Experience. Microfinance and Poverty Alleviation: Case Studies from Asia and the Pacific. Pinter, London and New York, pp. 253-269.

Hossain, Mahabub & Diaz, Catalina, P. (1997). Reaching the poor with effective microcredit: Evaluation of a Grameen bank replication in the Philippines. Journal of Philippine Development, XXIV(2), 275-308.

Hulme, D. (2000). Impact assessment methodologies for microfinance: Theory, experience and better practice. World Development, 28(1), 79-98.

Islam, T. (2007). Microcredit and Poverty Alleviation. Aldershot, England; Burlington, U.S.A.: Ashgate Publishing.

Khandker, S. R. (1998). Fighting poverty with microcredit: Experience in Bangladesh. New York, U.S.: Oxford University Press.

Li, X. (2010). An Empirical Analysis of Microcredit on Rural China Household. Unpublished PhD Thesis, Faulty of Commerce, Department of Accounting, Economic and Finance, Lincoln University, Christchurch, New Zealand, p. 250.

MacIsaac, N. (1997). The Role of Microcredit in Poverty Reduction and Promoting Gender Equity. Discussion paper, Canadian International Development Agency, Quebec, Canada.

Mohamed, K. (2003). Access to Formal and Quasi-formal Credit by Smallholder Farmers and Artisanal Fishermen: A case of Zanzibar, Research Report No. 03.6. Dar es Salaam, Tanzania: Research on Poverty Alleviation (REPOA).

Mourji, F. (2000). Impact Study of the Zakoura Microcredit Program. Microfinance Gateway.

Retrieved from http://www.microfinancegateway.org/p/site/m//template.rc/1.9.25435.

Musinguzi, P. & Smith, P. (2000). Saving and Borrowing in Rural Uganda. Southampton, UK, University of Southampton, Discussion Papers in Economics and Econometrics, 0016, p. 20.

Pham, T. T. T. & Lensink, R. (2007). Lending policies of informal, formal and semiformal lenders. Economics of Transition, 15(2), 181-209.

Phan, D. K. (2012). Microcredit: The Rural Credit Market in the Mekong River Delta, Vietnam. Unpublished PhD Thesis, Faulty of Commerce, Departmentof Accounting, Economic and Finance, Lincoln University, Christchurch, New Zealand, p. 230.

Stiglitz, J. E. & Weiss, A. (1981). Credit rationing in markets with imperfect information. The American Economic Review, 71(3), 393-410.

The Consultative Group to Assist the Poor (CGAP). (2003). About Microfinance. Retrieved from http://www. cgap. org / portal / site / CGAP / menuitem. 9a218408ac5bc61fae6c6210591010a0/. Accessed on August 7, 2007.

Umoh, G. S. (2006). Empirical investigation of access to micro-credit in an emerging economy: Evidence from Nigeria. Journal of African Business, 7(1/2), 89-117.

UN Millennium Project. (2005). Investing in Development: A Practical Plan to Achieve the Millennium Development Goals: Overview. Washington, D.C: Communications Development Inc.

World Bank(2006). Microfinance in South Asia: Toward Financial Inclusion for the Poor. Washington D.C., U.S.: Pangraphics.

World Bank(2010)Access to Finance for the Poor. CGAP Annual Report 2010.

# 第8章 农村信用合作社小额信贷项目对农村家庭的可及性和影响：以中国湖北省为例

*Mohamad D. Revindo*[*] and Christopher Gan*[†]*

[*]PhD Candidate，Faculty of Agribusiness and Commerce，Department of Financial and Business System，PO Box 85084，Lincoln University，Canterbury，New Zealand

Mohamad.Revindo@lincolnuni.ac.nz

[†]Professor in Accounting and Finance，Faculty of Agribusiness and Commerce，Department of Financial and Business System，PO Box 85084，Lincoln University，Christchurch，New Zealand

Christopher.Gan@lincoln.ac.nz.

**摘　要：**小额信贷计划于1994年在中国推出，旨在以财务上可持续的方式改善农村贫困。自2000年以来，小额信贷项目主要由农村信用合作社（RCC）开展，这些合作社成功地扩大了农民的金融融资渠道，同时实现了较高的及时还款率。本章以湖北省农村信用合作社小额信贷为例，考察农村信用合作社小额贷款的实施是不是提高农户福利的有效手段，是否真正惠及农村最贫困人口。有证据表明，由于一些与家庭相关的因素以及农村信用合作社制度层面的障碍，农村贫困家庭仍然难以获得小额信贷。农村信用合作社的小额信贷略微改善了借款人的福利，对福利的积极影响只会随着贷款累计金额的增加而增加。农村信用合作社的小额信贷使中国农村妇女获得了更好的社会地位，这体现在小额信贷对妇女赋权的积极影响上。

**关键词：**小额信贷、可及性、福利影响、妇女赋权、农村信用合作社、农村家庭、中国

## 8.1 简介

为了缩小农村贫困家庭获得信贷的差距，在20世纪90年代中期，中国政府启动了旨在以财务上可持续的方式改善农村贫困的小额信贷计划（Park等，2004）。小额信贷计划最初由非政府组织或准官方机构实施（1994—1996年），后由政府机构和政策性银行（1996—2000年）以及农村信用合作社（2000年以后）将小额信贷计划的覆盖面扩大（Li，2010）。农村信用合作社的小额信贷以灵活的贷款方式为特点，扩大了农民的融资渠道，同时实现了较高的及时还款率。2010年初，全国共有33 000家农村信用合作社，8 242万农户获得了农村信用合作社的小额信贷，占所有农村家庭的33.5%

（Han，2004；Lucock，2014；Zhang和Loubere，2015）。

本章基于Li（2010），Li、Gan和Hu（2011a、2011b、2011c）的研究，讨论了农村信用合作社为中国农业大省——湖北的农户提供小额信贷服务的案例。8.2节讨论农村家庭小额信贷的可及性。8.3节和8.4节分别讨论小额信贷对农村家庭福利和妇女赋权的影响。

## 8.2 农村信用合作社小额信贷服务的可及性

Li等（2011a）基于获得小额贷款的家庭和从未获得过农村信用合作社小额贷款的家庭的数据，通过对以下家庭借款的观察来研究需求方（家庭）的小额信贷可及性。研究使用logit模型来估计家庭成功获得小额信贷的概率如何受到家庭相关因素的影响。在研究中作者确定了11个显著影响农村信用合作社小额信贷可及性的因素（见表8-1）。

表8-1　显著影响家庭获得小额信贷的因素

| 家庭因素 | 预期符号 | 估计边际效应 |
|---|---|---|
| 家庭规模 | (+/-) | -0.0236 |
| 家庭收入 | (+/-) | 0.0012 |
| 户主从事自营业务 | (+) | 0.0547 |
| 经济依靠比率 | (-) | 0.0558 |
| 家庭资产价值 | (+/-) | -0.0064 |
| RCC的家庭储蓄 | (+) | -0.1895 |
| 家庭对债务的态度 | (-) | -0.1676 |
| 替代方案/获得其他信贷来源 | (-) | -0.1002 |
| 家庭在RCC中的份额 | (+) | -0.1544 |
| 住所到RCC办公室的距离 | (-) | -0.2495 |
| 户主受教育程度（中学） | (+) | 0.1797 |

资料来源：Li等（2011a）；Li（2010）。

家庭收入、户主从事自营业务、户主受教育程度等3个家庭相关因素对小额信贷的可及性产生积极影响。

年收入较高的家庭获得农村信用合作社小额信贷的可能性较高。一个可能的原因是高收入家庭往往拥有更多的投资机会，从而导致对信贷支持的潜在需求更大。高收入家庭也可能更有信心偿还贷款（Okurut，2006）。家庭收入每增加1 000元，农村信用合作社小额信贷项目的借款概率将平均提高0.12%。

由于投资自营企业需要额外的资金，因此当家庭除农业生产外还从事个体经营业务时，获得小额信贷的可能性会增加。当家庭从事个体经营时，成为小额信贷借款人的概率将增加5.47%。

然而，研究更谨慎地解释了户主受教育程度的估计结果。Li等（2011a）使用三个分类变量来表示受教育情况：未受过教育（作为基本变量）、受过中学教育和受过中学以上的教育。只有受过中学教育的系数显著，其户主获得小额信贷的概率比未受过教育的户主高17%。但是，受过高等教育的户主的加入概率与未受过教育的户主并无不同。虽然未受过教育的户主获得信贷的能力不如受过中学教育的人，但受过中学以上教育的人可能一开始就不需要小额信贷服务（Vaessen，2001）。

Li等（2011a）还发现五个与家庭相关的因素对小额信贷的可获得性产生负面影响，包括家庭规模、家庭资产价值、家庭对债务的态度、替代方案或获得其他信贷来源以及住所与当地农村信用合作社办公室的距离。

人口多的家庭不太可能从农村信用合作社借款。由于较低的未来人均预期收入，它们可能具有较低的还款能力，从而降低了借贷的可能性（Okurut，2006）。

对债务的消极态度会降低家庭获得任何类型信贷的可能性，包括小额信贷。当家庭对债务持消极态度时，获得小额信贷的概率会降低16.76%。

与没有其他选择的家庭相比，能够获得其他信贷来源的家庭也不太可能获得小额信贷。其他信贷来源（如非正规信贷）的可用性往往会降低从农村信用合作社小额信贷计划借款的可能性。这一发现与Vaessen（2001）一致，他观察到，由于交易成本低和贷款合同灵活，许多贫困家庭更愿意使用非正规信贷。

同样，小额信贷的可获得性受到家庭住所和RCC办公室之间距离的负面影响。在其他因素不变的情况下，与居住在距农村信用合作社分支机构10里①以内的家庭相比，居住在距农村信用合作社分支机构20里以上的家庭获得农村信用合作社小额信贷的可能性要低24.95%。这主要是由于旅行费用和时间机会成本导致的高借贷成本。

然而，Li等（2011a）报告了其他三个与家庭相关的因素，这些因素的估计预期与之前的研究相矛盾，包括经济依靠比、RCC的家庭储蓄，以及家庭在RCC中的份额。

经济依靠比率衡量没有收入的家庭成员与家庭收入者的比率（Husain，1998）。发现经济活动较少的家庭参与RCC的小额信贷计划的可能性更高。一种可能的解释是，抚养费比较高的家庭从事创收活动的家庭成员较少，因此更倾向于依靠贷款（包括农村信用合作社的小额信贷）进行消费和子女教育等家庭活动。

农村信用合作社的家庭储蓄与信贷可获得性之间的反比关系表明，在农村信用合作社存款的家庭获得农村信用合作社小额信贷的可能性较低。这是可能的，因为这些家庭在需要财政支持时可能更愿意使用它们在农村信用合作社的储蓄，这反过来削弱了从农

① 1里等于半公里（500米或1 640英尺）

村信用合作社借款的可能性[①]。

最后，购买RCC股份的家庭可能拥有自己控制的剩余资金，这降低了他们借贷的意愿。这可能解释了家庭在农村信用合作社中的份额与家庭获得农村信用合作社小额信贷之间的负相关关系。

Li等（2011a）还报告说，其他变量，例如户主的年龄和性别、住户所在村庄的地理位置（山区或低洼地区）以及农场规模，对家庭获得小额信贷的机会没有显著影响。

然而，Li（2010）发现，许多农户从未尝试向农村信用合作社借款，因为他们对农村信用合作社经营的小额信贷项目一无所知。对小额信贷项目的不了解主要是由于对“小额信贷”概念的认识不足、农村信用合作社对小额贷款项目的宣传力度不够以及对附近农村信用合作社分支机构不了解造成的。

一些农户不申请小额信贷，只是因为他们在一定时期内不需要借钱。其他一些家庭在需要借款时决定不申请农村信用合作社小额信贷的原因是：（1）收入微薄，不足以偿还贷款（2）农村信用合作社收取的利率太高（3）更喜欢非正规贷款而不是农村信用合作社小额信贷，因为前者容易获得（4）农村信用合作社在文件要求和处理时间方面的申请程序太复杂（5）缺乏适当的抵押品（6）信用记录不佳（Li，2010）。

Li（2010）还报告说，许多表示有信贷需求的农户实际上向农村信用合作社申请了小额信贷，但并未获得贷款。结果导致一些家庭去求助于其他正规贷款人（例如中国农业银行）或非正规贷款人（例如朋友、亲戚）。小额信贷申请被拒的主要原因包括：（1）农村信用合作社分行的信贷员认为由于家庭收入低，家庭偿还贷款有风险（2）抵押品不足或无法找到贷款担保人（3）不良信用记录，例如由于以前的贷款违约而导致的不良信用记录（4）难以满足农村信用合作社贷款人员的所需文件要求（Li，2010）。

简而言之，家庭获得小额信贷的原因在于信贷供求因素。由于家庭的信贷需求低或为零，小额信贷的获取可能会受到限制。家庭收入和替代信贷来源（例如，非正规信贷）的可用性显著影响家庭的借贷决定，并相应地影响它们获得小额信贷的机会。另外，利率、文件要求和贷款处理时间等制度层面的因素可能会降低家庭获得小额信贷的机会：导致贷款被拒绝或不愿申请。这与Umoh（2006）和Atieno（2001）的发现一致，他们指出获取问题也是由信贷机构的贷款政策造成的。此外，农村信用合作社必须加强对农户小额信贷项目的推广，让农户充分认识小额信贷的特点（如无抵押），以提高农户获得小额信贷的机会。

## 8.3 农村信用合作社小额信贷对家庭福利的影响

中国实施小额信贷计划的前提是，小额信贷是缓解农村贫困的有效工具，与孟加拉

---

① 农村信用合作社的储蓄并不是用来抵押小额贷款的强制性要求。取而代之的是，家庭可以自愿存钱并自由使用储蓄。

国和印度尼西亚的情况类似（Sun，2003）。然而，Li等（2011c）通过考察2002年（即RCC实施小额信贷计划之前）和2008年（计划之后）借款人家庭年收入（HAI）或年消费（HAC）的变化，得到了一些研究结果。

研究使用双重差分模型用于观察借款家庭和非借款家庭之间的差异。研究中控制一组家庭特征，包括户主年龄、学龄儿童数量、家庭规模和家庭收入者人数。采用固定效应法控制影响参与小额信贷计划家庭（或获得信用）的变量可获得调查结果（即选择偏差）。

研究发现计划参与对改善任一福利指标（HAI或HAC）没有显著影响。然而，当以家庭借入的累计贷款金额来衡量参与农村信用合作社的小额信贷计划时，得到了不同的结果。研究发现农村信用合作社提供的小额信贷的累计借款对家庭福利结果具有积极而显著的影响。平均而言，额外的1 000元小额信贷借款使HAI提高0.29%，使HAC提高0.23%。由于样本中借款家庭的平均贷款总额为44 012元，因此结果表明，与非借款家庭相比，借款家庭的年收入和消费平均分别增加了约12.76%和10.12%。因此，随着家庭更多地参与该计划（表现为贷款规模的增加），它们将受益更多。这些发现与Cuong等（2007）以及Pitt和Khandker（1998）研究结果一致。报告了贷款规模与一系列以收入和消费衡量的家庭福利之间的正相关关系。

虽然小额信贷对福利的影响从统计学的角度看是明显的，但影响的幅度在经济意义上并不显著（收入为0.0029，消费为0.0023）。福利影响的值表明小额信贷对农村家庭收入和消费的实际水平影响很小或在经济上不显著（Niño-Zarazua，2007）。

## 8.4 农村信用合作社小额信贷对妇女赋权的影响

Li等（2011b）研究了小额信贷如何影响中国农村妇女赋权的五个方面：对金融资产的控制、流动性、购买能力、参与决策和自由/法律意识。研究使用logit模型通过控制家庭的社会经济特征、妇女的个人特征和村庄因素来研究小额信贷参与如何影响赋权状态（赋权和未赋权）。为了包括对照组（非借款人）并同时纳入贷款的累积效应，他们使用分类变量表示该妇女从农村信用合作社借款的四种可能的累计贷款，包括无贷款（非借款人）、3万元以下、3万元至6万元、6万元以上的借款人。他们报告说，小额信贷对中国农村妇女赋权的各个方面都有积极而显著的影响，这与Hashemi、Schuler和Riley（1996），Zaman（1999），Pitt、Khandker和Cartwright（2003）报告的结果一致。

小额信贷的使用使妇女能够更好地控制自己的财政资源和资产，例如收入和储蓄。在文献中，女性对金融资产的控制被称为经济赋权的一种形式，而经济赋权是女性其他方面赋权（例如社会和政治赋权）的基础（Ansoglenang，2006；Mayoux，2002；Zaman，1999）。

小额信贷还提高了妇女的家庭地位，这体现在她们在家庭决策过程中的更大作用。妇女参与家庭决策的六个指标受到小额信贷借款的积极和显著影响，其中包括参与决定农田租赁、子女教育、购买的牲畜和农机类型、购买的耐用消费品类型以及开设储蓄账户银行的决定。然而，农村信用合作社的小额信贷借款对妇女参与房屋维修/建设、种植作物种类和生育决定的决策则没有显著影响。

RCC的小额信贷也影响了妇女的流动性。女性借款人单独进城的概率高于非借款人。例如，累计贷款在3万元至6万元和超过6万元的女性单独去城市的可能性分别比非借款人高27%和29%。

参与小额信贷计划还增强了妇女在购买除衣服以外的各种家庭需求方面的自主权。借款妇女独立购买器具和家具等小额采购，以及珠宝、牲畜和农业机械等大额采购的能力越来越强。

Li等（2011b）进一步报告说，即使在控制了教育水平等知识相关变量之后，成为一名小额信贷使用者也对提高妇女的自由和法律意识做出了巨大贡献。在评估农村信用合作社的小额信贷计划对“自由/法律意识”的影响时更为谨慎，因为所采用的指标可能反映了女性对赋权的看法，而不是她们的真实行为。任何意识是否会真正付诸实践尚不得而知，但可以说，更强的法律或自由知识在提高妇女在家庭领域甚至社区和社会等更高层面争取权利的意识方面起着重要作用（Zaman，1999）。

然而，Li等（2011b）发现，贷款规模有一个门槛，超过这个门槛，小额信贷会对女性赋权的一个或某些方面产生重大影响。对于样本中的大多数女性来说，贷款门槛为人民币3万元，达到或超过贷款门槛才会显著影响金融资产控制权、购买能力和参与家庭决策的能力。也就是说，小额信贷对这些指标的显著影响是在女性借款达到3万元或以上时出现的。此外，在贷款规模达到6万元后，体现在女性自由/法律意识上的赋权水平才开始显著提升。这些发现证实了Zaman（1999）的观点，她认为女性的借贷至少应该达到一定的数额，才能让小额信贷对女性赋权产生显著影响。

最后，小额信贷不仅对女性赋权具有积极而显著的影响，而且随着累计贷款规模的扩大，这种影响也会增加（Li，2010）。这意味着小额信贷计划可以进一步增强参与该计划的妇女的权益，并且与最初的赋权水平相比，随着妇女更多地参与该计划（反映为贷款规模的增长），妇女的赋权水平可能会提高。这一发现有助于解决影响评估中的自我选择偏差的问题，在这种情况下，即使在没有小额信贷计划的情况下，已经相对更有权益的女性可能比其他人更有参与该计划的倾向。换言之，妇女赋权的这种上升趋势可以反映出她们参与小额信贷计划后的真正影响（Hashemi等，1996；Osmani，2007）。

## 8.5 总结与结论

本章以中国的农业大省湖北省为例，介绍了中国农村信用合作社小额信贷的案例研究。该案例考察了农村信用合作社提供的小额信贷项目如何改善中国农村家庭的福利和妇女赋权。该案例还讨论了可能影响农户获得小额信贷的因素。

一些与家庭相关的因素影响小额信贷的可及性，包括家庭规模、收入、户主从事自营业务、经济抚养比率、资产价值、家庭持有的农村信用合作社储蓄、对债务的态度、替代方案/获得其他来源的机会信用、家庭在农村信用合作社中的份额、居住地与农村信用合作社办公室的距离以及户主的受教育程度。

农村信用合作社小额信贷增加了农村家庭的福利（由HAI和HAC衡量），尽管其影响幅度很小。此外，小额信贷只有随着贷款累计金额的增长才开始对借款人的福利产生影响。

农村信用合作社小额信贷还提高了农村妇女的社会地位，体现在妇女赋权的几个方面。小额信贷使农村妇女能够有更大的流动性和更多的自由/法律意识，并能够更多地控制金融资产、增强购买能力和参与家庭决策。

## 参考文献


Ansoglenang, G. (2006). Rural Women and Micro-Credit Schemes. Cases from the Lawra District of Ghana.

Atieno, R. (2001). Formal and informal institutions′ lending policies and access to credit by small-scale enterprises in Kenya: An empirical assessment, Vol. 111: African Economic Research Consortium Nairobi.

Cheng, E. (2007). The demand for microcredit as a determinant for microfinance outreach-evidence from china. Savings and Development, 307-334.

Cheng, E. & Xu, Z. (2004). Rates of interest, credit supply and China′s rural development. Savings and Development, 131-156.

Cuong, N. V., Pham, M. T., Minh, N. P., Thieu, V. & Toan, D. (2007). Poverty Targeting and Impact of a Governmental Micro-Credit Program in Vietnam, PEP-PMMA.

Druschel, K. (2002). Microfinance in China: Building Sustainable Institutions and a Strong Industry. American University.

Du, X. (2004). Attempts to implement micro finance in rural China. Rural Finance and Credit Infrastructure in China, 271.

Du, X. (2005). The regulatory environment for microfinance in China. Microfinance Regulation and Supervision Resource Center.

Dyar, C., Harduar, P., Koenig, C. & Reyes, G. (2006). Microfinance and gender inequality in China. International Economic Development Program, Ford School of Public Policy, University of Michigan.

Han, J. (2004). The creation of a favourable environment for investment in rural China: Current situation and future prospects. Organisation for Economic Co-operation and Development (OECD), Centre for Co-operation with Nonmembers, Rural finance and credit infrastructure in China, 23-33.

Hashemi, S. M., Schuler, S. R. & Riley, A. P. (1996). Rural credit programs and women′s empowerment in Bangladesh. World Development, 24(4), 635-653.

Heilig, G. K., Zhang, M., Long, H., Li, X. & Wu, X. (2006). Poverty alleviation in China: a lesson for the developing world. Geographische Rundschau, 2(2), 4-13.

Husain, A. M. (1998). Poverty Alleviation and Empowerment: The Second Impact Assessment Study of BRAC′s Rural Development Programme: BRAC, Research and Evaluation Division.

Jie, D. & Kanji, N. (2003). Gender Equality and Poverty Reduction in China: Issues for Development Policy and Practice: Department for International Development. Retrieved from http:/www.dfid.gov.uk/pubs/files/gender-equality-china.pdf.

Li, Xia. (2010). An Empirical Analysis of Microcredit on Rural China Household. Unpublished PhD Thesis, Faulty of Commerce, Department of Accounting, Economic and Finance, Lincoln University, Christchurch, New Zealand, 250 pp.

Li, X., Gan, C. & Hu, B. (2011a). Accessibility to microcredit by Chinese rural households. Journal of Asian Economics, 22(3), 235-246.

Li, X., Gan, C. & Hu, B. (2011b). The impact of microcredit on women′s empowerment: Evidence from China. Journal of Chinese Economic and Business Studies, 9(3), 239-261.

Li, X., Gan, C. & Hu, B. (2011c). The welfare impact of microcredit on rural households in China. The Journal of Socio-Economics, 40(4), 404-411.

Li, H., Rozelle, S. & Zhang, L. (2004). Micro-credit programs and off-farm migration in China. Pacific Economic Review, 9(3), 209-223.

Lin, J. Y. & Zhang, F. (1998). The Effects of China′s Rural Policies on the Sustainability of Agriculture in China Symposium Conducted at the Meeting of the 11th Biannual Workshop on Economy and Environment in Southeast Asia, Singapore.

Linton, K. (2007). Access to capital in China: Competitive conditions for foreign and domestic firms. SSRN Working Paper Series(1031223).

Lucock, D. (2014). People′s Republic of China: Knowledge Work on Credit Growth in Microfinance and Rural Finance, Asian Development Bank.

Mayoux, L. (2002). Microfinance and women's empowerment: Rethinking 'best practice'. Development Bulletin, 57(76-80).

National Bureau of Statistics of China. (2004). Statistical Yearbook.

Niño-Zarazúa, M. (2007). The impact of credit on income poverty in urban Mexico. An endogeneity-corrected estimation. An Endogeneity-Corrected Estimation (March 2007). Sheffield Economic Research Paper(SERP)No. 2007005.

Okurut, F. N. (2006). Access to credit by the poor in South Africa: Evidence from Household Survey Data 1995 and 2000. Department of Economics, University of Botswana Stellenbosch Economic Working Papers, 13(06).

Osmani, L. N. K. (2007). A Breakthrough in Women's Bargaining Power: The Impact of Microcredit. Journal of International Development, 19(5), 695-716.

Park, A. & Ren, C. (2001). Microfinance with Chinese characteristics. World Development, 29(1), 39-62.

Park, A., Ren, C. & Wang, S. (2004). Micro Finance, Poverty Alleviation, and Financial Reform in China. Rural Finance and Credit Infrastructure in China, 256.

Pitt, M. M. & Khandker, S. R. (1998). The impact of group-based credit programs on poor households in Bangladesh: Does the gender of participants matter? Journal of Political Economy, 106(5), 958-996.

Pitt, M. M., Khandker, S. R. & Cartwright, J. (2003). Does micro-credit empower women? Evidence from Bangladesh. Evidence from Bangladesh (March 2003). (World Bank Policy Research Working Paper No. 2998).

Sun, R. (2003). The Development of Microfinance in China Symposium Conducted at the Meeting of the International Workshop on Rural Financial Reforms in China, Beijing, China.

The People′s Bank of China (2001). Guidelines on rural household micro-credit by rural credit cooperatives. Retrieved from http://www.microfinancegateway.org/sites/default/files/mfg-en-paper-guidelines-on-rural-householdmicro-credit-by-rural-credit-cooperatives-dec-2001.pdf.

Umoh, G. S. (2006). Empirical investigation of access to micro-credit in an emerging economy: Evidence from Nigeria. Journal of African business, 7(1-2), 89-117.

Unger, J. (2002). Poverty credit and microcredit in rural China. Development Bulletin(57), 23-26.

Vaessen, J. (2001). Accessibility of Rural Credit in Northern Nicaragua: The Importance of Networks of Information and Recommendation / Accessibilité du Crédit Rural Dans le Nord du Nicaragua: L′importance Des Réseaux D′information et de Recommandation. Savings and Development, 5-32.

Zaman, H. (1999). Assessing the Poverty and Vulnerability Impact of MicroCredit in Bangladesh: A case study of BRAC.

Zhang, H. X. & Loubere, N. (2015). 8 Rural finance and development in China. Rural Livelihoods in China: Political Economy in Transiti.

# 第9章 农村小额信贷银行的可行性和推广：印度尼西亚人民银行的案例

*Mohamad D. Revindo*[*] and Christopher Gan*[†]

[*]PhD Candidate, Faculty of Agribusiness and Commerce, Department of Financial and Business System, PO Box 85084, Lincoln University, Canterbury, New Zealand

Mohamad.Revindo@lincolnuni.ac.nz

[†]Professor in Accounting and Finance, Faculty of Agribusiness and Commerce, Department of Financial and Business System, PO Box 85084, Lincoln University, Christchurch, New Zealand

Christopher.Gan@lincoln.ac.nz

**摘　要：**印度尼西亚人民银行（BRI）提供了一个大型农村小额信贷银行服务的例子，由于其商业银行和资本自给自足的原则，这些服务在财务上是可持续的。BRI在小额信贷服务的推广方面也很出色，在印度尼西亚几乎所有街道设有8 539个小额贷款网点，提供简单灵活的小额信贷银行产品，2015年小额信贷机构为全国4 300万小额储蓄者和785万小额借款人提供服务。本章概述了BRI及其从依赖政府向商业到资本自给自足的小额信贷银行的成功转变，同时又不忽视其主要任务是为农村贫困人口提供服务。本章展示了管理良好的小额信贷银行系统如何度过经济危机并帮助农村贫困人口应对经济冲击。本章还强调了对小额信贷机构（尤其是BRI）以及作为政策制定者的政府的一些影响。

**关键词：**BRI、小额信贷银行、商业银行、资本自给自足、金融可持续性、外展、印度尼西亚

## 9.1　简介

印度尼西亚人民银行（Bank Rakyat Indonesia），通常称为BRI，是印度尼西亚历史最悠久、规模最大的银行之一，经营120多年。它也是该国最大的小额信贷银行提供商，可以说是整个发展中世界最大的银行之一（Das，2015；Gerber，2013）。截至2015年底，BRI小额信贷银行业务共有4 300万小额储蓄者，为785万小额借款人提供服务，由8 539家小额网点提供服务，这些网点遍布印度尼西亚几乎所有农村地区（BRI，2016）。

BRI小额信贷银行服务的规模和范围十分庞大，但更重要的是，它遵循商业和资本

自给自足的原则。然而，直到1984年，BRI才对其小额信贷银行业务进行了改革，以采用完全商业化和自给自足的做法（Maurer，1999；Seibel，2000）。成功的改革使BRI小额信贷银行业务以及整个BRI机构经受住了1997年亚洲金融危机的冲击和2008—2009年全球金融危机的影响，并使BRI继续将其服务扩展到全国大部分农村地区（Seibel，Rachmadi和Kusumayakti，2010）。因此，这些改革可为学者和政策制定者提供一些借鉴，以帮助其他发展中经济体实施和发展小额信贷银行业务。

本案例研究旨在从BRI的小额信贷银行改革和发展中吸取一些教训。案例从BRI及其小额信贷银行服务的简要历史开始。然后讨论了BRI如何将其小额信贷银行业务转变为商业和资本自给自足的做法，以及它如何帮助银行抵御经济危机。该案例还讨论了政府和BRI在企业和小额信贷银行业务层面面临的未来挑战。

## 9.2 BRI改革历程

BRI的历史可以追溯到120多年前，总结在表9-1中。1895年，（当时的）荷属东印度群岛（现在独立的印度尼西亚）普禾加多的贵族Raden Bei Aria Wirjaatmadja①创立了Hulp en Spaarbank der Inlandsche Bestuurs Ambtenaren（土著公务员帮助和储蓄银行）。他的主要目标是帮助土著农民、工人和公务员摆脱债务。他从捐助者那里收集资金，然后通过简单的计划和灵活的还款条件发放贷款（Apriyono，2015）。

表9-1　　　　BRI改革的历史发展

| 年份 | 事件 |
|---|---|
| 1894—1895 | 成立于中爪哇的普禾加多（在（当时的）荷属东印度群岛） |
| 1942—1945 | 在日本占领下成为Shomin Ginko（人民银行） |
| 1945—1946 | 1945年印度尼西亚独立后，被印度尼西亚新成立的政府国有化 |
| 1968—1969 | 成为商业银行并承担为绿色革命和农村综合发展提供资金的任务 |
| 1983—1984 | 启动商业小额银行改革 |
| 1992 | 成为印度尼西亚共和国政府拥有100%所有权的有限责任公司 |
| 2003 | 通过在雅加达证券交易所（现为印度尼西亚证券交易所）上市，成为上市公司 |
| 2003以后 | 将贷款范围扩大到偏远地区和更广泛的借款人群体，并加强信息和通信技术（ICT）的使用 |

资料来源：BRI（2015），Seibel和Ozaki（2009），Apriyono（2015）。

① Wirjaatmadja于1894年通过De Poerwokertosche Hulp en Spaarbank der Inlandsche Hoofden（普禾加多贵族和储蓄银行的帮助）开始为贫困的土著人提供贷款活动，最初使用他自己的钱和清真寺基金。普禾加多是荷属东印度群岛爪哇岛的一个小型摄政区，该岛是后来成为现代印度尼西亚的荷兰殖民地。

在荷兰殖民时期，该银行历经数次变革，最终于1934年更名为Algemene Volkscredietbank（人民综合信贷银行，AVB）（Seibel和Ozaki，2009）。在第二次世界大战印度尼西亚被日本占领期间（1942—1945），该银行又更名为Shomin Ginkou（人民银行或人民财政部），它承担了AVB之前的使命，同时也发展了一些额外的任务，包括为碾米厂业务提供信贷和吸收居民储蓄。Shomin Ginkou还为土著中产阶级商人服务（Apriyono，2015；Seibel和Ozaki，2009）。

印度尼西亚于1945年宣布独立后，新政府将该银行正式国有化，然后于1946年更名为BRI。新的国家银行的任务是向政府、非正规部门的小企业和新兴中产阶级的企业提供贷款（Seibel和Ozaki，2009）。在接下来的20多年里，作为一家国有银行的BRI，由于新独立国家的各种政治和经济动荡，其业务方向和战略发生了几次变化。然而，随着印度尼西亚在20世纪60年代末逐渐走向政治稳定，BRI于1968年重新建立为商业银行（BRI，2015）。

尽管处于商业银行的地位，BRI还是履行了政府在农村综合发展和绿色革命融资方面的使命。虽然结果是，BRI的服务被政府和捐助机构设计的补贴农村信贷计划所掩盖（Seibel等，2010）。1969年，BRI被指定为唯一一家为大规模农业（主要是水稻）集约化提供政府补贴信贷计划的银行，使BRI能够在印度尼西亚大部分地区建立广泛的村庄单位（Unit Desa）网络（BRI，2015；Kuiper，2004）①。

然而，在1982年全球石油价格下跌导致该国石油出口收入减少后，政府停止了补贴信贷计划（Seibel等，2010）。1984年，在财政部长的鼓励下，BRI的管理层并没有关闭那些无利可图的村庄单位，而是选择对其进行改革（Maurer，2004）。它成功地将村庄单位转变为商业小额信贷银行单位，该决定成为BRI历史上最重要的里程碑。

1992年，BRI的法律地位发生变化，成为一家有限责任公司，这成为其未来部分私有化的基础（Maurer，1999）。然而，在银行于2003年上市之前，国家最初保持100%的所有权，后来其30%的股份在雅加达证券交易所（现为印度尼西亚证券交易所/IDX）上市。截至2015年，政府仍持有大部分股份（56.75%），其次是外国投资者（33.78%）和国内投资者（9.46%）（BRI，2016）。

近年来，BRI通过以下方式扩大服务范围：（i）将小额信贷银行服务扩展到遥远的村庄、偏远地区和小岛屿（ii）针对随着印度尼西亚经济增长而蓬勃发展的中产阶级人口和中型企业（BRI，2015；Kikkawa和Xing，2014）。为了支持这些服务任务，BRI利用信息通信技术加强服务，包括引入电子银行和自助（混合）银行，以及扩大服务网点。截至2015年，BRI有5 360个村庄单位、2 543个窗口、636个移动窗口和22 792台ATM，在该群岛的34个省份运营（BRI，2016）。

---

① 尽管名称如此，但在街道一级设立了一个村单位，为该街道内的村庄服务。村单位作为区/县级分支机构的零售窗口运作。

## 9.3 向商业和自力更生的小额信贷银行改革

BRI自120年前诞生以来，一直被指定为迎合小规模的客户。然而，作为政府银行，其机构设计和地位、经营战略以及主要目标领域和经济部门，往往会随着政府体制使命和方向的变化而发生变化。这在荷兰殖民政府、日本占领期间甚至印度尼西亚独立之后都表现得很明显（Seibel和Ozaki，2009）。然而，1984年，BRI开始实施完全商业化的小额信贷银行做法且对自给自足的资金来源进行改革，这两者对于小额信贷银行服务的可持续性和扩大贷款范围至关重要（Robinson，2004）。

有趣的是，政府补贴计划帮助BRI扩展其网络基础设施（分支机构和单位）的中断和失败导致BRI的改革。1969年，BRI被指定为唯一一家引导BIMAS（Bimbingan Massal，大规模指导/咨询）的银行，这是一项在中央银行提供流动性支持下的农业（主要是大米）集约化补贴信贷计划。BIMAS计划的规模和范围使BRI能够建立一个个村庄单位网络，这些单位位于街道中心，旨在为周围的几个村庄提供服务[①]。村单位数量从1969年的18个迅速增长到1982年的3 617个，几乎覆盖了全国所有的街道（Seibel等，2010）。

补贴信贷计划使BRI在印度尼西亚的农村金融中发挥了主导作用，但BRI的业务方向越来越被政府和捐助机构的主张所裹挟（Seibel和Ozaki，2009）。BIMAS计划推出两年后，BIMAS贷款占BRI贷款余额的15%和贷款账户的80%。1973年石油价格的上涨进一步增加了为政府提供的廉价信贷以及地方和农村发展赠款的额度（Kuiper，2004）。1974年，村单位被指派收集储蓄，所提供的利率比贷款收取的利率高3%，这一倒置利率结构造成的损失由政府承担（Seibel等，2010）。

然而，正如Seibel等（2010）所指出的那样，补贴信贷给BRI带来了一些严峻问题。小额信贷对借款人的好处在很大程度上被一些削弱信贷可及性的因素所抵消，这些因素包括给借款人带来负担的高交易成本、烦琐的程序、有限的贷款目的（用于农业生产）、超期的农业投入时间和非法额外收费。此外，许多贷款没有找到目标借款人，因为它们大多不是发放给农民，而是发放给与农业活动无关的村当局和个人（另见Park和Ren，2001）。

BIMAS贷款的另一个特点是还款缓慢。收取非法交易费的信贷员对强制还款显得犹豫不决，而且许多受益人将信贷视为赠款，这使情况更加复杂。由于缺乏对农户还款和村单位员工强制还款的激励，1971年村单位的损失率达到17.5%，BIMAS客户有1/3拖欠还贷。到1982年，违约率已超过50%，而3 617个村单元中没有一个是盈利的（Robinson，2004）。

继1982年全球油价下跌，导致政府石油出口收入减少后，印度尼西亚政府无法再在财政上支持小额信贷政策。政府通过取消利率上限和补贴、取消信贷上限、减少中央

---

① BRI最近将“村单位”改为“单位”。但是，为了保持一致性，我们在整章中都使用了村单位这一术语。

银行流动性信贷和终止BRI村单位的补贴信贷计划来扭转农村金融政策。新政策严重影响了BRI，其贷款组合以BIMAS补贴贷款为主。由于没有一个村庄单位盈利，BRI只有两个艰难的选择：关闭或改革。在财政部长的支持下，新任命的BRI管理层决定采用后一种选择——改革村单位（Kuiper，2004）。

1984年，BRI开始实施改革，在哈佛国际发展研究所（HIID）的技术援助下，村单位转变为商业小额信贷银行单位（Kuiper，2004）。新设计的商业小额信贷村单位在组织机构、细分市场和产品等方面均与以往体制不同。

在组织层面，村单位具有独立的行政结构，与分支机构分开（Robinson，2004）。村单位被设计为自我维持利润的中心，对管理人员和员工有明确的奖惩制度。当逾期欠款超过5%时，村单位经理的贷款权限和职位将被取消，但在盈利的情况下，将提供大量的利润分享奖励。无利可图的村单位将被关闭或降级为服务/窗口站。引导所有政府和捐助者支持项目的任务从村单位移交给了分支机构。村单位的工作人员规模标准化为4人，并可以扩大到11人，超过此人数将建立额外的村单位（Seibel等，2010）。

细分市场被重新定义和拓宽。与之前强调农民、农作物和季节性贷款的商品方法不同，新的信贷产品针对该分区内任何有信用的人和创收的活动，包括小额贸易、农业投入品贸易、工业、服务、农业、园艺、小型种植园、牲畜和消费信贷（Kuiper，2004）。这些单位使用更主动的方法来瞄准能够节省或偿还贷款的潜在客户。为了支持这种新方法，村单位从水稻种植区转移到当地商业中心，主要位于街道行政中心或传统市场，以便于农业和非农业人口更容易获得金融服务（Seibel等，2010）。

最后，对产品也进行了改革。贷款产品被修改以服务于新战略，此外还引入了一种新的储蓄产品，储蓄的创新和信贷产品的创新受到同等重视。由于村单位应该在商业基础上运作，小额储蓄和小额信贷产品都根据交易成本的谨慎计算提供出商业利率（Seibel等，2010）。

在贷款方面，BRI推出了Kredit Umum Pedesaan（一般农村信贷，KUPEDES），这是一种非定向小额信贷产品，可用于任何目的，提供给任何信用良好的人。其主要特点包括程序简单、期限短、为非农业收入的借款人按月定期分期付款、灵活的抵押要求（最高500美元的小额贷款没有抵押要求）、及时还款的激励措施、在成功还清贷款后可重复贷款和采用市场利率（Kuiper，2004）。贷款规模从最低310美元到最高5 000美元不等。贷款利率按月平息计算，每月还款固定，员工和借款人均可轻松管理。流动资金贷款的利率定为每月2%，投资贷款的利率为1.5%，分别相当于每年44%和33%的总有效利率，减去借款人及时还款的11%奖励。因此，大多数借款人的净实际利率分别为每年33%和22%，足以涵盖BRI的所有成本和风险（Seibel等，2010）。

在储蓄方面，BRI推出了Simpanan Pedesaan（农村储蓄，SIMPEDES），这是一种无限制提款的小额储蓄产品和每月公共活动有奖的彩票相结合的微型储蓄产品，以补充对定期存款和其他储蓄产品的需求（Kuiper，2004）。总利率定为13%，其中储蓄者获得11.5%，而另外1.5%则汇集到奖金基金中。因此，储蓄为储蓄者提供了实际的正回报，因为净利率高于通胀率，通胀率始终为个位数，1997/1998年亚洲金融危机期间除外。

SIMPEDES立即受到欢迎，并成为BRI在农村地区调动资源的有效工具（Seibel等，2010）。

在村单位商业化的初始阶段，储蓄存款不足以为KUPEDES贷款提供资金。因此，BRI村单位获得了另外两个资金来源：(i) 政府在1984年注入了2 100亿印度尼西亚盾（1.96亿美元）的种子资金作为启动流动资金（ii）世界银行贷款9 700万美元，于1989年发放（Seibel等，2010）。

改革在较短的时间内取得了成果。到1986年，大部分村单位已经实现盈利，1988年它们占BRI总净收入的30%。1989年，各村在动员储蓄和贷款余额方面收支平衡，从而开始产生流动性剩余。因此，1989年世界银行贷款被重新分配到分行网络（Seibel等，2010）。更重要的是，尽管KUPEDES按市场利率收取利息，但农村人口，尤其对是妇女的贷款程序和要求更为宽松，使其可以更便利地获得贷款（Yaron，1994）。

村单位通过调动自己的资源不断记录净利润并实现资本自给自足。此外，村单位工作中的净剩余流动性继续增长。资金调动和盈利能力方面的自给自足为村单位的自治和不受政治干预提供了基础，政治干预以前对BRI产生了负面影响（Kuiper，2004；Seibel和Ozaki，2009）。当政府支持的新信贷计划，即Kredit Usaha Rakyat（人民商业信贷，KUR）于2008年1月并入村单位，BRI已经吸取了改革经验，因此将其与BRI的KUPEDES贷款产品分开[①]。

## 9.4 抵御金融危机

### 9.4.1 1997/1998年亚洲金融危机

1997/1998年亚洲国家发生金融危机时，印度尼西亚盾对美元汇率暴跌，商业银行因外部区域因素和内部疲软而崩溃，BRI也不例外。在短短两年内（1996年12月至1998年12月），BRI的总资产从144.4亿美元下降到42.5亿美元（主要是由于印度尼西亚盾贬值），未偿贷款总额从112.3亿美元下降到54.1亿美元，存款从81.0亿美元下降到53.4亿美元，总股本从7.6亿美元增至30.8亿美元，而税前收入却从1.4亿美元增至33.1亿美元（Seibel和Ozaki，2009）。

有趣的是，BRI的资不抵债在很大程度上是由于其公司投资组合的失败，而不是村单位（小额信贷银行）业务的失败（Patten和Johnston，2001）。事实上，货币危机对村单位产生了积极的影响。村单位持有的存款账户（由政府担保）比以前增长更快，从1996年的1 610万个增加到1998年的2 170万个。在1997年9月至1998年8月的最初12个月危机期间，村庄单位的总储蓄存款几乎翻了一番，从7.98万亿印度尼西亚盾增加到15.13万亿印度尼西亚盾。在3个月的危机高峰期（1998年6月至8月），村单位开设了130万个新存款账户，另外2.84万亿印度尼西亚盾（3.54亿美元）存入了村单位（Seibel

① KUR由政府提供70%的信用担保，旨在使以前无法获得银行服务的新的微型和小型企业可以获得金融支持（未能满足BRI的抵押品要求）（Seibel和Ozaki，2009；Seibel等人，2010）。

等，2010）。

在贷款方面，由于未来的不确定性，农村人口不愿申请信贷额度（Patten和Johnston，2001）。村单位未偿还贷款的借款人从1997年的260万减少到1998年的250万，当时许多捐助者准备提供额外资金以加强农村信贷供应。以名义印度尼西亚盾计价的未偿贷款额几乎保持不变（尽管以美元计价的未偿贷款额大幅下降）。因此，在村单位系统中，存款超过贷款余额的幅度甚至更大（Seibel等，2010）。

同样，经济危机对村单位的贷款偿还也只有中等程度的影响（Patten和Johnston，2001）。表明还款延迟的不良贷款率（逾期≥1天）从1996年的3.7%上升到1998年的5.7%。尽管如此，村单位的还款延迟远没有BRI实体严重，BRI银行同期不良贷款率从10.6%上升到53.0%。村单位的12个月损失率从1996年的1.6%略微上升到1997年的2.2%，但在1998年8月危机高峰之后，1个月损失率显著为负（-0.21%），这表明已全部偿还超期贷款。这些事实可以用几个综合因素来解释，包括及时还款激励的有效性、小额借款人的弹性以及借款人也尽量避免延迟付款，因为借款人担心经济困难，可能使他们在未来无法还款（Seibel等，2010）。

BRI的小额信贷银行业务在亚洲金融危机期间保持盈利。由于印度尼西亚盾贬值，1997年以美元计算的利润减少了一半，但在1998年保持稳定，并在1999年翻了一番。资产回报率（ROA）从1996年的5.7%下降到1997年的4.7%，但很快在1998年恢复到4.9%，当时危机仍处于顶峰（Seibel等，2010）。

简而言之，虽然BRI获得了卓越银行业务的全球声誉，但主要归功于村单位（或小额信贷银行网络）的外展和财务业绩的结合。村单位的表现和声誉可能是推动印度尼西亚政府度过危机拯救整个BRI实体的决定性因素（Maurer，1999）。

### 9.4.2 2008—2009年全球金融危机

2008—2009年全球金融危机对BRI村单位的影响有限。从2008年到2009年，村单位的存款账户从1 960万个增加到2 120万个，存款余额从59亿美元增加到80亿美元（即使印度尼西亚盾贬值）。贷款账户数由450万户增至470万户，贷款余额由39亿美元增至58亿美元，同期净利润为从5.638亿美元增至7.867亿美元，未改变2000年以来的走势。同样，ROA在同一时期从9.8%增加到10.2%的历史最高水平（Seibel等，2010）。

危机对村单位的唯一不利影响是欠款比例从2008年的1.0%小幅攀升至2009年的1.4%。然而，进一步调查显示，这不是危机造成的，而是由于表现较差的KUR（新政府支持的信贷计划）于2008年1月并入村单位（Seibel和Ozaki，2009；Seibel，2010）。KUR高达6.0%的拖欠率影响了村单位的整体拖欠率。危机期间，村单位未偿还的KUR贷款也从2008年的4.08亿美元减少到2009年的3.03亿美元（Seibel等，2010）。

如果去除KUR的影响，2008—2009年全球金融危机对村单位没有显著的负面影响。2008年危机来袭时，村单位已经有25年的改革经验，加上1997—1998年亚洲金融危机的经验，都使村单位能够承受全球金融危机这样的外部冲击。然而，表现不佳的KUR贷款再次引发了有关捐助者或政府支持的信贷计划的可持续性的问题。

## 9.5 经验教训

大多数家庭，包括农村贫困家庭，都有储蓄服务的需求（Kikkawa和Xing，2014）。因此，满足它们的储蓄需求与满足它们的信贷需求同样重要。对于小额储蓄者来说，精心设计的适合农村家庭需求的储蓄产品将帮助它们管理财务并为不确定性做好准备。对于银行而言，在资金调动方面的自给自足将保护其自治和不受政治干预的影响，这些干预对银行系统可能产生负面影响（Maurer和Seibel，2001）。从更广泛的角度来看，小额信贷还将进一步刺激农村发展，因为它有助于将资金从有多余资金的家庭转移到有流动性需求的家庭。

大多数小额借款人愿意并能够按市场利率偿还贷款。因此，解决包括简单程序和简单抵押要求在内的信贷可及性问题比提供廉价信贷更为重要（Maurer和Seibel，2001）。从银行的角度来看，贷款的利率应该足以支付银行的成本和风险，以便银行在长期财务上可持续。因此，应该给予银行仅根据借款人的还款意愿和能力来批准信贷的自由（Seibel和Ozaki，2009）。

为农村地区的小额储蓄者和小额借款人提供服务可能会给银行带来高额的运营成本（IFAD，2001；Okurut、Schoombee和Berg，2005）。然而，BRI的经验表明至少有两种策略可以解决此类问题。首先，应向信用良好的小额信贷客户提供信贷，而不是针对其特定投资目的或经济活动。通过这种方式，可以分散和最小化间接成本。其次，日常运营应结合简单性和透明性、标准化以及将权利和责任下放给最低级运营单位（Maurer和Seibel，2001；Seibel和Ozaki，2009）。

当然，几乎不可能期望一家国有银行完全不受政府影响和干预。然而，在BRI的情况下，政府干预仅限于提供初始资金和设定KUPEDES贷款的上限，以便村单位可以拥有管理的自主权和为自己的生存负责（Maurer和Seibel，2001）。政府在宏观政策层面的作用更为恰当。BRI的改革包括：印度尼西亚政府在危机时期改革BRI村单位的强烈政治意愿、为新的村单位银行系统任命专业和能干的BRI董事会成员（Maurer和Seibel，2001）。

## 9.6 未来的挑战

尽管BRI在过去30年间在改革其村庄单位方面经受住两次金融危机并取得了整体成功，但仍有一些挑战或至少是可以预见的问题。挑战存在于BRI实体层面、BRI村单位的小额信贷银行以及作为BRI主要股东的印度尼西亚政府。

在BRI实体层面，挑战之一是以小额信贷银行业务改革的经验教训为例，改善BRI的整体业务。在1997—1998年亚洲金融危机期间，BRI的大部分单位（即分行网络）一直处于亏损状态，分行56%的贷款组合——主要是大型公司贷款，不得不注销（Maurer和Seibel，2001）。结果，1998年合并后的BRI在技术上资不抵债，实际上已经破产。正是村单位网络的生存、外展和盈利能力说服政府通过对印度尼西亚银行重组机构（IBRA）进行资本重组和转移不良贷款来挽救BRI（Maurer和Seibel，2001；Seibel和

Ozaki，2009）。因此，BRI可能会效仿村单位的改革，将整个BRI业务转变为完全商业化、财务上可行和长期可持续的。

BRI层面的另一个关键点是如何以最佳方式将村单位的利润再投资，以确保小额信贷银行的可持续性。BRI不应像以前那样使用村单位的利润交叉补贴其他部门的非营利业务（Maurer和Seibel，2001）。相反，村单位的利润应归入村单位的基础设施中，以改善其对借款人和储蓄者的服务。

在BRI的小额信贷银行业务层面，成功的村单位还面临着如何将其运营中的多余资金引导到农村人口的挑战上。自1989年以来，SIMPEDES的储蓄动员已超过KUPEDES的贷款，多余的资金主要存入BRI城市分支网络（Maurer和Seibel，2001）。金融危机进一步扩大了差距，1998年70%的存款被转移到BRI分行，从而将农村家庭的资金转移到城市，因此并没有对农村发展给予支持。

BRI可能会重新考虑如何使用多余的资金来扩大对农村人口的帮扶。尽管BRI的农村贷款范围广泛，但印度尼西亚农村地区的贷款需求仍未得到满足（Johnston和Morduch，2008；Robinson，2004）。KUPEDES经济部门未偿还贷款的分布表明，贷款明显集中用于小额贸易和固定员工的工资上，而只有一小部分贷款用于农业和小工业。因此，BRI只接触到了所有经济部门的潜在客户中的一小部分。印度尼西亚农村的农业和农业相关活动、住房和消费金融领域仍然存在巨大的潜在信贷需求（Maurer和Seibel，2001）。当农村地区更加发达，农村人口经济活动日益多样化和异质化时，BRI也可以考虑打造适应新需求的新贷款产品，从而扩大对特定行业/领域的覆盖，进一步推动农村发展。

然而，扩大贷款需要调整组织设置、运营策略和配套基础设施。信贷员存在生产力上限（即每位信贷员可以处理的借款人数量）（Maurer和Seibel，2001；Patten和Johnston，2001）。因此，扩大贷款范围需要额外的员工，否则会牺牲服务和贷款质量。也可以考虑向更偏远的地区、较小的村庄和小岛屿提供贷款，但要仔细考虑成本。

最后，政府还应解决一些挑战。主要的挑战是停止将成功的BRI村单位作为政府项目进行干预。政府在BRI的早期发展中深入参与小额信贷银行改革，包括机构设置、初始资金和人力资源培训的帮助，这对于村单位的成功无疑是重要的。然而，政府放松银行监管放宽了利率，停止了廉价信贷流动性，并将村单位从政府政策中解放出来，这对村单位的成功至关重要（Maurer和Seibel，2001）。2008年开始实施的KUR计划表现不佳再次证实了对微型银行业务进行深度干预的潜在威胁。

政府面临的另一个挑战是在农村金融领域创造良性竞争（Kikkawa和Xing，2014）。尽管在一些地区，来自在街道一级经营的小型私人农村银行（Bank Perkreditan Rakyat，BPR）和在村一级经营的村级信贷机构（Badan Kredit Desa，BKD）的竞争日益激烈，但BRI村单位在印度尼西亚的农村信贷体系中仍保持其主导地位。BPR银行难以与BRI村单位竞争，因为银行的存款没有政府担保，而且大多数银行没有垂直分散风险，也无法获得流动性资金池。同样，BKD努力与BRI单位竞争，因为BRI的财务实力目前仅限于小额贷款（Maurer和Seibel，2001；Seibel和Parhusip，1998）。

从BRI的角度来看，村单位在农村融资中的主导地位可能更可取，因为它可以带来可观的利润空间。然而，从政策制定者和监管者的角度来看，竞争之所以重要，至少有两个原因。竞争是创新和适应的驱动力，这对于应对快速变化的印度尼西亚、亚洲和全球经济的环境非常重要（Maurer和Seibel，2001；Robinson，2004）。竞争对于小额信贷的中长期发展也很重要，因为这将挑战小额信贷银行提供者保持并不断提高其金融服务质量和运营效率。此外，竞争将确保利润再投资回农村客户，而不是交叉补贴组织其他部分的不良绩效和低效率投资（Maurer和Seibel，2001；Robinson，2004）。

## 9.7 总结与结论

BRI是印度尼西亚乃至整个发展中世界历史最悠久的银行和最大的小额信贷银行提供商。2015年，BRI小额信贷银行业务为4 300万储蓄者和785万借款人提供服务，由遍布印度尼西亚几乎所有街道的8 539家微型网点提供服务。更重要的是，BRI小额信贷银行业务自1984年成功改革以来一直按照商业和资本自给自足的原则运营。

在改革之前，BRI实施了多项政府农村金融政策，包括大规模的BIMAS水稻集约化补贴信贷计划，该计划最初帮助BRI在全国范围内扩展其村单位网络。村单位的运营由BIMAS补贴信贷计划主导，因此没有一个单位盈利。1983年，由于石油价格冲击，政府补贴和流动性支持停止，迫使BRI对其村单位进行改革。村单位转变为在商业基础上运作的自主小额信贷银行单位。

村单位改革包括取消对分支机构的政府计划，明确激励管理人员和工作人员，以及管理制度的标准化。推出了一种新的小额贷款产品（KUPEDES），具有吸引人的特点，例如程序简单、期限短、按月分期付款、灵活的抵押要求、及时还款的激励、根据先前贷款成功偿还的重复贷款和市场利率。小额贷款提供给任何有信用的人和创收活动，包括小额贸易、农业投入贸易、工业、服务、农业、园艺、小型种植园、牲畜和消费信贷。此外，BRI还推出了SIMPEDES，这是一种允许无限提款的小额储蓄产品，提供高于通胀率的利率和每月奖励。

村单位的小额信贷银行业务使BRI能够抵御1997—1998年的亚洲金融危机和2008—2009年的全球金融危机。危机期间，借款人数量和村单位持有的贷款余额略有变化，但还款率居高不下，原因是很多借款人有及时还款的积极性，为以后的贷款申请保持良好的记录。危机也增加了对小额储蓄的需求，因为农村家庭需要保留一些闲置资金以应对经济不确定性。

BRI成功的村级改革为小额信贷银行的讨论提供了一些经验教训。市场利率不会限制农户获得小额贷款，但烦琐的程序和不灵活的贷款条件会限制农户获得小额贷款。因此，对于农村家庭来说，更容易获得信贷比提供廉价信贷更重要。市场利率还使银行能够承担所有成本，从而使小额信贷银行服务得以维持和发展。除了信贷需求，农户还需要灵活的小额储蓄产品。从银行的角度来看，储蓄存款可能是资本/流动性的重要来源。

尽管BRI的小额信贷银行业务取得了成功，但仍面临一些挑战。BRI应着眼于对银行实体的其余部分（即分支机构的公司和零售业务）效仿村单位改革。BRI应利用小额信贷银行业务的利润进一步改善小额信贷银行服务，例如改善村单位的基础设施（即ICT系统）和员工能力建设，而不是交叉补贴不良的BRI业务。BRI还应该将村单位的过剩流动性引导回农村发展，而不是资助城市发展项目。

最重要的是，政府除了提供初始资金和管理能力建设援助外，还必须避免以政策性金融干预农村小额信贷银行业务。政府还应确保农村小额信贷银行业的良性竞争。良性竞争将迫使小额信贷银行提供者改善其金融服务，并适应农村人口金融需求的变化和不断变化的全球经济环境。

## 参考文献


Apriyono, P. (2015). Dinamika Bank Rakyat Indonesia Tahun 1946–1965 (Kajian Sejarah Lembaga Perkreditan Rakyat Di Purwokerto). Universitas Sebelas Maret.

BRI (2015). BRI's 2014 Annual Report: Continuous Innovations in Extending Services, Built Upon Integrity and Cutting Edge Technology. Jakarta: BRI.

BRI(2016). BRI 2015 Annual Report. Jakarta: BRI.

Das, A. (2015). Slum upgrading with community-managed microfinance: Towards progressive planning in Indonesia. Habitat International, 47, 256–266.

Gerber, J. F. (2013). The hidden consequences of credit: An illustration from rural Indonesia. Development and Change, 44(4), 839–860.

IFAD (2001). People's Republic of China: Thematic Study on Rural Financial Services in China. Rome: International Fund for Agricultural Development.

Johnston, D. & Morduch, J. (2008). The unbanked: Evidence from Indonesia. The World Bank Economic Review, 22(3), 517–537.

Kikkawa, K. & Xing, Y. (2014). 3 Financial Inclusion in Indonesia: A Poverty Alleviation Strategy. Financial Inclusion in Asia, 45.

Kuiper, K. (2004). Act or Accident? The Birth of the Village Units of Bank Rakyat Indonesia. Eschborn: Deutsche Gesellschaft für Technische Zusammenarbeit (GTZ) GmbH.

Maurer, K. (1999). Bank Rakyat Indonesia (BRI), Indonesia (Case Study). Working Group on Savings Mobilization. Eschborn, Alemania: CGAP.

Maurer, K. (2004). Bank Rakyat Indonesia: Twenty Years of Large-Scale Microfinance. Consultative Group to Assist the Poor & World Bank Financial Sector Network, Scaling up Poverty Reduction: Case Studies in Microfinance.

Maurer, K. & Seibel, H. D. (2001). Agricultural Development Bank Reform: The Case of Unit Banking System of Bank Rakyat Indonesia (BRI): IFAD Rural Finance Working Paper No. B5.

Okurut, F. N., Schoombee, A. & Berg, S. (2005). Credit demand and credit rationing in the informal financial sector in Uganda. South African Journal of Economics, 73(3), 482–497.

Park, A. & Ren, C. (2001). Microfinance with Chinese characteristics. World Development, 29(1), 39–62.

Patten, R. H. & Johnston, D. E. (2001). Microfinance success amidst macroeconomic failure: The experience of Bank Rakyat Indonesia during the East Asian crisis. World Development, 29(6), 1057–1069.

Robinson, M. (2004). Why the Bank Rakyat Indonesia Has the World's Largest Sustainable Microbanking System. Symposium conducted at the meeting of the BRI International Seminar, Bali, Indonesia.

Seibel, H. D. (2000). How an Agricultural Development Bank Revolutionized Rural Finance: The Case of Bank Rakyat Indonesia: Working paper/University of Cologne, Development Research Center.

Seibel, H. D. & Ozaki, M. (2009). Restructuring of State-owned Financial Institutions: Lessons from Bank Rakyat Indonesia.

Seibel, H. D. & Parhusip, U. (1998). Attaining Outreach with Sustainability: A Case Study of a Private Micro-Finance Institution in Indonesia1. IDS Bulletin, 29(4), 81–90.

Seibel, H. D., Rachmadi, A. & Kusumayakti, D. (2010). Reform, growth and resilience of savings-led commercial microfinance institutions: The case of the microbanking units of Bank Rakyat Indonesia. Savings and Development, 277–303.

Yaron, J. (1994). What makes rural finance institutions successful? The World Bank Research Observer, 9(1), 49–70.